General Principles of EU Civil Law

作者简介

诺贝特·赖希（Norbert Reich），1937—2015

德国著名民法学家、经济法学家，欧洲著名学术期刊《消费者政策杂志》创始人。德国汉堡经济与政治学院教授（1972—1978）；德国汉堡大学法学院教授（1978—1982）、院长（1979—1981）；德国不来梅大学比较法和欧盟经济法教席教授（1982年直至2005年退休），其间担任不来梅大学欧洲法律政策中心主任（1982—1991）、不来梅法学院院长（1995—1996）。2000年至2002年担任欧洲法学院协会主席、商法和消费者法国际学会主席。

译者简介

金 晶

中国政法大学民商经济法学院民法研究所副教授。中国政法大学钱端升青年学者，德国柏林洪堡大学访问学者，中国欧洲学会欧洲法律研究分会理事。中国政法大学法学学士、法学硕士，德国慕尼黑大学法学硕士（LL.M.），德国明斯特大学法学博士。曾任教于中国青年政治学院法学院（2013—2017）。

主要研究方向为合同法、数据法，著有《数据交易法：欧盟模式与中国规则》（2024），曾在《法学研究》《中外法学》《法学家》《环球法律评论》《欧洲研究》《政治与法律》等期刊发表论文若干。

欧盟民法基本原则

GENERAL PRINCIPLES OF EU CIVIL LAW

〔德〕诺贝特·赖希 著 ｜ 金晶 译
（Norbert Reich）

本书出版受德国阿登纳基金会北京代表处
(Konrad Adenauer Stiftung, KAS) 资助
特此致谢

译者序
重塑基本原则：欧盟民法的现代发展

目次

一、重塑经典原则："有限"自治 ... 004

二、初探新兴原则：诚实信用 ... 005

三、方法论新工具：比例原则 ... 007

四、原则遇上原则：判例中的角力 ... 008

五、转换私法范式：诺贝特的学术人生 ... 009

六、致谢 ... 013

傲立于法律王国"金字塔顶"的法律原则，是立法技术的抽象结晶，是法律体系的逻辑构成，更是法律价值的终极映射。民法基本原则承载着民法的基础价值，构筑起民法的内部体系。基本原则的古典意涵、解释适用与未来发展，可谓大陆法、英美法的共同理论命题，亦是理论研究与司法实践的一项"希尔伯特问题"。

《欧盟民法基本原则》一书为"消费者法的创始人和先驱"[1]、德国著名民法学家、经济法学家、法政治学者诺贝特·赖希教授所著。此书是诺贝特教授学术生涯的封山之作，亦是其暮年学术技巧炉火纯青的巅峰之作。若论学术流派，诺贝特教授是欧盟民法与经济法的

---

〔1〕 Hans-W. Micklitz, Norbert Reich, Founder and Pioneer of Consumer Law 1937-2015—Obituary, *Journal of Consumer Policy*, Volume 39, 2016, pp. 3-7.

"先锋派"和"开拓者",其与汉斯·米克利茨(Hans Micklitz)、阿瑟·哈特坎普(Arthur Hartkamp)、马汀·海塞林克(Martijn Hesselink)、斯蒂芬·韦瑟里尔(Stephen Weatherill)、克劳斯·通纳(Klaus Tonner)一道,可谓独树一帜,在最广泛意义上的欧洲法领域"开疆拓土",建构了公私法交融的欧洲私法研究维度。他们的研究以使用开放而多元的方法论工具见长,他们的观点中法政策与法规范相互交织,以批判性地建构欧洲私法为特色。在《欧盟民法基本原则》一书中,诺贝特教授极具远见,将欧盟民法置于欧盟内部市场建构、成员国与联盟权力博弈及欧洲社会结构变迁的大变局之下,跳出法教义学的逻辑金字塔,以更开放的姿态,从法律层面应对新的社会经济变迁。这部著作走在了时代发展的前列,其基本观点、研究进路对当下的欧盟数字单一市场而言,仍极富适用性。

本书以极为鲜明的学术立场、极其开阔的政策视野、极富批判性的学术论证,带您踏上探索欧盟民法基本原则的未知之旅。全书结构精练,内容精当,除去绪言、结语两章,其余七章聚焦于如下七项原则:"有限"自治原则、弱势主体保护原则、非歧视原则、有效原则、平衡原则、比例原则、诚信和禁止权利滥用原则。您将发现,从传统原则到新兴原则,从经典领域到交叉法域,待解之谜和理论宝藏存在于每一项原则之中,使这场探索充满了惊喜。诺贝特教授将带您进入欧盟民法的"新世界",他将用独具一格的观察方式,为我们描绘欧盟民法规范和欧洲法院判例如何自成体系,进而寻找欧盟民法基本原则的初步线索,最终呈现欧盟现代民法新的发展。

本书有两项理论创新,一是**以新的维度解析基本原则**,二是**以新的概念重构民法规范**。诺贝特教授提出**实体性原则**、**救济性原则**、方

法论原则的原则三分法:将"有限"自治、弱势主体保护和非歧视三大原则界定为实体性原则;有效原则自成一体,构成救济性原则;平衡原则与比例原则则属于方法论原则。诺贝特教授以**规制性民法**(regulatory civil law)为概念起点,以全然有别于传统民法的逻辑,配置欧盟民法的强制性规范和任意性规范。他提出,欧盟民法"由一整套大多旨在实现欧盟条约特定目标的强制性规定组成,其中最重要的是与建立和运行内部市场相关的规定,但也延伸到社会政策和非歧视领域"。从对救济性原则的论证中,我们也能一窥成员国与欧盟的权力让渡关系中欧盟民法的独特位置。尤其是从欧盟民法的"权限困境"和消费者保护的"权限蔓延"中,我们将更多维地理解民法"政治化"的一面。

本书提出的七项基本原则,有些为我国法学界所熟谙,有些则是对我们尚属陌生的内容。但就民法基本原则而言,我们和欧洲学者有着相同的未解难题,有着类似的理论困惑,但又有着不同的规范体系和解释选择。例如,"有限"自治原则是对经典原则的深入与延伸,在意思自治原则的适用范围、形式和限制上,欧盟民法有了进一步的发展。又如,诚信原则在大陆法上可谓历史悠久,但在欧盟法上却是新生事物。诚信原则如何冲破大陆法和英美法的体系屏障,如何在欧盟民法中安顿下来,是学界未曾深入考证,也是作者试图厘清的新命题。

后文将从四个维度简要介绍《欧盟民法基本原则》:一是重塑意思自治经典原则,二是在欧盟法上初步探讨诚实信用这项历久弥新的经典原则,三是重新界定作为方法论新工具的比例原则,四是对欧洲法院司法裁判"角力"的新观察。阅读本书时,无论是新知,还是旧识,皆须读者放下所有学术前见,抛下对民法原则的固有认知,全心投入独立的欧盟法"海洋"。可以认为,本书扎根于欧盟民法的规范体系和判例集群,描摹、建构了欧盟民法基本原则,进而探索、推进了欧盟民法的现代发展,是一部极具创新性的先锋法学著作。

一、重塑经典原则:"有限"自治

新的生活事实要求经典原则应势而变。意思自治原则即为一例,其在欧盟民法的世界里衍生出新的意涵。诺贝特教授用"有限"自治原则来精准描述在欧盟内部市场中受到法律限制的合同自由。这种对经典原则的重塑并非凭空想象,而是以欧盟内部市场的基础规则,即《欧盟条约》第3条第3款提及的"高度竞争性的社会市场经济"为依据。"'自治'是欧盟法律的一项基本原则,但当欧盟基础性法律和派生性法律规则的保护目标与合同自由齐平甚至比其更高时,自治原则就在某种程度上受到基础性法律和派生性法律规则的限制。其中最重要的规则包括欧盟竞争法规则……这些规则构成市场经济'社会性'的一部分。"诺贝特教授试图打破传统民法和经济法之间的"壁垒",立足《欧洲联盟运行条约》第101条,从竞争法的维度,将"有限"自治原则描述为"只要合同的履行不以反竞争为目的或产生反竞争效果,竞争规则就包含了对自治原则的默示(消极)承认"。在此语境下,诺贝特教授探讨了竞争规则的有限适用范围,将《欧盟运行条约》第102条的禁止规则限定于"具有支配地位企业的特定类型行为",并以集体谈判是否适用竞争法为实例,探讨竞争和自治的相互关系,进而基于欧洲法院判例,得出"劳动关系领域的集体自治优位于竞争规则"的基本结论。

苏永钦教授曾言,"在第三法域外,还有一种被贡塔·托依布纳(Gunther Teubner)描述为'反身法/自律法'(reflexive law)的强制自治模式,此时,公法的强制和私法的自治不是作为某种选项,而是有机的组合"[1]。诺贝特教授亦如此认为,他多次提及"反身性合同治理"中协调、趋同和改进欧盟立法的开放方法。诺贝特教授并未止步于单纯提出"'有限'自治"这一新的原则名称,而是深入未知之境,以强制自治为思考起点,并援引托马斯·威廉姆森(Thomas Wilhelmsson)的"合同法的福利主义"(welfarism in contract law)模型,将之与强制性民法(mandatory civil law)的权利方法相结合,提出了知情权、(实现)实体和程序正义的权利、核心条款(价格)公平性的权利、非歧视的权利、有需要时(社会不可抗力)的(例外性)权利五种分析框架,以探明欧盟民法中"'有限'自治"的角色、功能和局限。

二、初探新兴原则:诚实信用

诚实信用,可谓大陆法系最为古老的原则之一。在合同法上,"诚信"(good faith)概念,可以从大陆法、英美法两个角度分而论之。在大陆法系,诚信一般条款隶属于债法总则,而在英美法系,诚信这样的一般概念似乎被忽视。海塞林克就曾引用英国一位著名法官的表述,"英国法的特点在于,其并无诚信这样的首要原则,而是针对实际出现的不公平问题制定了一些零散的解决方案"[2]。诺贝特认为,

---

[1] 苏永钦:《私法自治中的经济理性》,中国人民大学出版社2004年版,第247—249页。

[2] 参见 M. Hesselink, "The General Principles of Civil Law": Their Nature, Roles and Legitimacy, in: D. Leczykiewicz/S. Weatherill (eds.), The Involvement of EU Law in Private Law Relationships, 2013, 173 at note 157, 作者引述了宾厄姆法官(Bingham LJ)在 Interfoto Picture Library Ltd v Stiletto Visual Programmes Ltd [1989] QB 433 案件中的表达。

在此情形下，欧洲法院在 Messner 案中提到"民法原则，例如诚信原则"无疑是令人讶异的，这在德国合同法上当然不足为奇，但对英国律师而言一定是令人震惊的，欧洲法院至今也仍未解释，诚信原则在多大程度上仅指向可适用的德国法或一般意义上的欧盟民法。

诺贝特教授认为，"诚信"概念本身具有模糊性，可用于在更客观的意义上修正现行合同法的僵化之处。例如，因外部因素无力偿债时，允许债务人以"艰难情势"（hardship）或"情势变更"为由抗辩。诺贝特教授意图证实，新近欧盟民法中的忠实协作义务（duty to loyal cooperation）构成（客观）诚信概念，并尝试用一种"自下而上"的方法检视现行欧盟法律。诺贝特还认为，在金融服务这个看似极为重要的领域，其实并不存在诚信概念。而在民事法律关系中，根据欧盟法确立和实施忠实协作义务，这样的类似结果不一定要提及"诚信"一词，而可以用其他概念替代。

诺贝特教授一针见血地指出，"欧盟民法中的诚信原则，呈现出一种明显的法律拼凑现象。诚信原则俨然成为消费者合同的一部分，不再被视为（托依布纳语中的）'法律刺激因素'（legal irritant）。但截至目前的欧洲法院新近判决，诚信原则的适用也只是限于不公平条款实践……但在其他领域……银行的诚信义务仍然是缺位的。在商事合同中，除了一些极不一致的例外情形，诚信几乎无迹可寻。欧盟在'旧'《商事代理人指令》和'新'《迟延支付指令》中的规定，似乎也仅是零敲碎打，全未以诚信原则为导向"。诺贝特精辟总结道，从欧盟法律规定"若干实例中，可以发现对诚信原则的间接承认。但所有这些规定都缺乏法律明确性，并且在采取客观方法还是主观方法上摇摆不定"。即便如此，诺贝特仍然坚定地指出，诚信原则成为欧盟民法基本原则的趋势是显而易见的,诚信原则在英国法上的缺失和在金融服务领域的缺位,不应成为诚信原则发展的绊脚石。

三、方法论新工具:比例原则

比例原则当属欧洲法院最重要的审查工具之一,欧洲法院以此来审查那些限制基本自由的成员国法律,尤其是"严格审查"那些以合法公共利益为由而采取的限制措施。对此,诺贝特精辟总结道:"比例原则之适用,是以个案为基础的。有些案件中,欧洲法院会自行作出必要的价值判断,而在其他案件中,欧洲法院则会将之留给成员国法院处理。"

比例原则对于发展独立的欧盟民法体系有何影响,是一项重要议题。诺贝特将观察重点放在《欧盟运行条约》的内部市场、非歧视以及社会政策条款的权限问题上,探讨具体授权条款下欧盟权力可在多大程度上扩展至更一般的民法领域。与此同时,诺贝特也巧妙地将比例原则与当时欧盟民法的立法蓝图相结合,提供了一个新的观察维度,即作为一项与方法论相关的基本原则,比例原则与欧盟民法的法政治问题密切相关,在制定一部法典或是选用性的买卖法时,也不能忽视比例原则。

本书在方法论层面的新理解,是将比例原则界定为"**欧盟立法的法律控制和支持工具**"。诺贝特教授认为,比例原则是审查成员国立法是否符合欧盟基本自由和基本权利的最重要标准之一。欧洲法院也使用"显失比例"标准审查,来决定欧盟立法措施是否为实现基本权利和欧盟基本自由所"必需"。诺贝特教授提出了严格适用比例原则所产生的所谓"双重效果"理论,即"在对欧盟民法(尤其是合同法)严格适用比例原则时,在消极维度,比例原则将使得编纂合同法的任何立法措施都有可能受到质疑……在积极维度,比例原则也要求欧盟在有利于内部市场的必要领域有所作为"。

四、原则遇上原则:判例中的角力

本书不同于寻常法学专著之处,在于以七十五个欧洲法院判例为"内部线索",用贯穿始终、自成体系的欧洲法院判例法(case law),展示欧盟民法是如何以不同于大陆法系民法的方式,以判例为"主角",推进基本原则的发展。

一个个鲜活多变、极具代表性的欧洲法院判例,使欧盟民法基本原则这个抽象的学理主题,转化为具象化的生活事实。诺贝特教授原汁原味地呈现判例:或是在书中单列一段,径直引用欧洲法院核心论证、主要推理与最终观点;或是在论证中原文直呈,节选欧洲法院佐审官法律意见;或是在论述时一一罗列,陈述成员国法院提出的疑点问题;或是左右互搏,将欧洲法院最终裁判与佐审官意见的矛盾、冲突和评价置于读者面前。诺贝特教授甚至明确指出,欧洲法院司法裁判存在个人主义"前见"。由此,我们在欧洲法院法官、欧洲法院佐审官和成员国法院的"三角关系"中,得以身临其境,直面裁判,观察法院究竟是如何用或温和或激烈的方式,来适当解释欧盟法律,甚至宣布成员国规定无效,从而使"拉锯"中的欧盟法和成员国法趋近于统一的价值体系。

欧洲法院判例就像基本原则的"隐形脉络",构筑起民法的内部体系,牵引着民法的价值线索,这些判例也像民法"海洋"的层层"波浪","海浪推沙一般,逐步推进欧盟民法的现代发展。

五、转换私法范式:诺贝特的学术人生

诺贝特教授的一生,是充满了开拓精神的传奇人生。诺贝特教授于1937年9月9日出生于柏林,于1966年获得法学博士学位,1972年在法兰克福大学完成教授资格论文,2000年获得赫尔辛基大学法学荣誉博士(Dr. h.c.)学位,于2015年逝世。他的职业生涯包括:德国汉堡经济与政治学院教授(1972—1978);德国汉堡大学法学院教授(1978—1982)和院长(1979—1981);德国不来梅大学比较法和欧盟经济法教席教授(1982年直至2005年退休),其间担任不来梅大学欧洲法律政策中心主任(1982—1991)和不来梅法学院院长(1995—1996)。他还曾担任拉脱维亚里加法学院院长(2001—2004)。

诺贝特教授曾在全球多所知名大学担任访问教授,包括美国斯坦福大学法学院(1982)、法国蒙彼利埃大学(1984)、澳大利亚悉尼大学法学院(1991)、瑞士弗里堡大学(1997)、塔尔图大学(2006—2008)、立陶宛维尔纽斯大学(2008)、比利时鲁汶大学(2008)、意大利佛罗伦萨欧洲大学学院(2009)、瑞士卢塞恩大学(2006—2009)、格罗宁根大学(2013—2014)。2000年至2002年,他还曾任欧洲法学院协会主席(European Law Faculties Association, ELFA)、商法和消费者法国际学会主席(International Academy of Commercial and Consumer Law, IACCL)。

诺贝特教授的研究涉猎广泛,研究领域涵盖欧盟和入盟国的公民

权利和自由流动、比较经济学、欧盟竞争法和消费者法。教授著作丰硕,在法学期刊发表论文四百余篇,其代表性著作包括《欧盟的市民权利》(Civil Rights in the EU, 1999)、《理解欧盟内部市场法》(Understanding EU Internal Market Law)、《理解欧盟消费者法》(Understanding EU Consumer Law)、《欧盟的个体和团体消费者保护》(Individueller und kollektiver Verbraucherschutz in der EU, 2012)以及《欧盟民法基本原则》(General Principles of EU Civil Law, 2014)。

在其逝世后,德国不来梅大学法学院对其一生作出如下评价:"诺贝特是欧洲法和私法领域的领军学者,早在20世纪70年代,他就与其他几位学者一同强调消费者保护,主张对格式条款进行内容控制,强化了法治国的福利国家维度。在《市场与法律》(Markt und Recht, 1977)一书中,诺贝特根本性地考虑了经济和消费世界法律化的重要替代方案,尤其是在正常运行、不受扭曲的竞争问题上。诺贝特还是《德国民法典》替代性评注(Alternativkommentar zum BGB)的创始人和合著者。他是最早拾起欧洲私法研究线索,并将其与许多日益生态化的新课题联系起来的学者之一……作为一个在20世纪五六十年代接受过法教义学教育的人,他的多语种能力令人惊讶。事实证明,诺贝特是一个与时俱进、具有批判精神的矛盾体。法学院将缅怀他的宇宙观和智慧。"[1]

消费者法的权威学者米克利茨教授专门撰文评价诺贝特教授:"作为消费者法的创始人和先驱,诺贝特是《消费者政策杂志》(Jour-

---

〔1〕 不来梅大学法学院官网悼文,参见 https://www.uni-bremen.de/fileadmin/user_upload/fachbereiche/fb6/fb6/Professoren/Nachruf_Gedenktafel/Nachruf_Reich.pdf,访问日期:2024年7月3日。

nal of Consumer Policy)的创始人之一。他对法律这门学科的理解,深深植根于美国的法社会学以及德国和美国的批判性法律理论,这是他跨学科和跨文化理解的来源。在诺贝特的学术生涯中,消费者法律与政策恰逢其时地成为一个热门议题。消费者法律与政策迫使我们停止在特定的社会科学学科或国家法律秩序的框架中思考问题。"[1]米克利茨将诺贝特对消费者法律与政策的学术研究总结为两个阶段:"第一阶段是早期致力于德国消费者法的研究,第二阶段则更为关注欧洲消费者法和政策。1977年,诺贝特与格哈德·舍尔霍恩(Gerhard Scherhorn)和福尔克·厄兰德(Folke Ölander)共同创办《消费者政策杂志》(Zeitschrift für Verbraucherpolitik)。在以德文出版数年后,该刊物更名为《消费者政策杂志》(Journal of Consumer Policy)。改用英文出版的原因之一,是跨学科期刊无法在思想狭隘的德国学术出版市场上生存。但从长远来看,正是这种跨学科的视野,使该刊独树一帜、奠定声誉。在此,诺贝特走在了同行的前面,他理解了对消费者法律和政策采用跨学科方法的必要性——在过去十多年中,这种方法才真正被广泛接受。"[2]

诺贝特教授的突出学术贡献,在于"**为消费者法奠基固本**"(laying down the foundations)。"早在20世纪70年代中期,诺贝特就开始研究德国消费者法。他连同克劳斯·托纳(Klaus Tonner)、哈特穆特·韦格纳(Hartmut Wegner),代表时任德国政府发表了后来被称为

---

[1] Hans-W. Micklitz, Norbert Reich, Founder and Pioneer of Consumer Law 1937-2015—Obituary, *Journal of Consumer Policy*, Volume 39, 2016, pp. 3-7.

[2] Hans-W. Micklitz, Norbert Reich, Founder and Pioneer of Consumer Law 1937-2015—Obituary, *Journal of Consumer Policy*, Volume 39, 2016, pp. 3-7.

消费者法的初稿。但他并不满足于教条式地分析消费者法这项新课题,而是强调,要以衍生、创造一种批判性的经济法为重点,而消费者法在其中发挥着至关重要、长期持续的作用。早在1974年,他就主张并发起基于身份的民法结构重组,他提出,'……我希望区分三个领域:(1)企业的法律交流(在生产资本领域),即公司法(从反托拉斯法的角度而不是从商法的角度看公司);(2)企业与最终消费者之间的商品交换(生产资料所有权与消费品所有权之间的关系),即消费者法;(3)市民之间的私人法律交流领域(消费资料所有权的分类和交换),即市民法(citizen law)'。公司法、消费者法和市民法的三重划分,使诺贝特得以确定私人自治的重要性,而私人自治仍是公司法和市民法的指导原则。但消费者法有所不同,消费者法需要结构重组、规则倒置,由此方能发现民法中的政治维度。诺贝特引用费迪南德·拉萨尔(Ferdinand Lasalle, 1972)的话说,'当私法中的法律要素开始脱离政治要素,它比政治要素本身更具政治性,原因在于,它是社会要素'。作为自主消费者法的逻辑结论,诺贝特极具说服力地主张消费者法的宪法化、任意法与强制法的关系倒置以及法教义学原则的重新定位,使其面向社会科学。"[1]

正如米克利茨所言,"诺贝特一次又一次地走在了时代前列。当其他学者忙于争论欧盟法律宪法化的基础,甚至争论其合法性时,诺贝特已揭示了欧洲法院所发展的基本原则……诺贝特留下的学术遗产,是所有致力于研究消费者法的人们取之不尽的灵感源泉,他的创

---

[1] Hans-W. Micklitz, Norbert Reich, Founder and Pioneer of Consumer Law 1937-2015—Obituary, *Journal of Consumer Policy*, Volume 39, 2016, pp. 3-7.

造力和思想所推动的,远不止于德国和欧洲消费者法"[1]。

六、致谢

笔者首先要感谢已经故去的诺贝特教授。2014年夏,笔者初识诺贝特教授,因着《欧盟民法基本原则》这样一部独具一格的奇妙作品,受教授的热情邀请,笔者有机会前往他位于德国汉堡阿尔斯特湖畔的美丽居所。在那里,笔者有幸与教授讨论本书翻译中的一些疑难问题,有幸与教授畅谈并初识教授的传奇学术人生。教授曾向我展示了他硕大的书桌,并笑言"这是学者著书立说的原始投入"。多年之后,当笔者在北京的家中添置书桌时,教授的音容笑貌仿佛仍在眼前。也因着这本书,笔者有幸加入了诺贝特教授的学术朋友圈,其中交往最多的是汉斯·米克利茨教授,此外还有欧盟消费者法领域的诸多青年学者。这些学者来自五湖四海,从意大利佛罗伦萨到塞尔维亚,从德国汉堡到英国伦敦,我们的学术友谊不分国界、从未停歇,当时的青年也已成长为欧洲的学术中坚。时至今日,我们仍在就数字时代的消费者保护展开激烈的学术讨论与交流。这一切友谊的因缘,都归因于诺贝特教授。2015年,教授因病突然去世,我曾懊悔不已,懊悔自己不能更快、更早地完成翻译。2015年至今,本书的翻译工作从未停歇,对于翻译过程中很多存有疑问、拿捏不准的章节、术语、表达,笔者也反复考量、斟酌,力图呈现出最为精准、专业、流畅的表达。对笔者

---

[1] Hans-W. Micklitz, Norbert Reich, Founder and Pioneer of Consumer Law 1937-2015—Obituary, *Journal of Consumer Policy*, Volume 39, 2016, pp. 3-7.

而言，《欧盟民法基本原则》是前所未有的学术冲击，诺贝特教授所展现的法政治学的广阔视野、自由游弋于不同法域的独特视角、立足教义学又超越教义学的批判风格，深刻影响也极速改变了笔者自身的研究风格。时隔十年，这部翻译作品终于可以与读者见面，笔者谨以这部翻译作品，深深悼念诺贝特教授，感谢他一生的学术贡献。

本书所涉领域广泛，诸多专业术语的翻译取舍，得到安德烈·杨森（Andre Jansen）、陈大创、丁皖婧、汉斯·米克利茨、韩伟、雷磊、李昊、李子瑾、柳建龙、王芳蕾、缪宇、聂卫锋、欧元捷、申海恩、沈建峰、沈小军、孙海波、谭袤、王天凡、于飞、姚明斌、易军、章程、张焕然、朱明哲、朱晓峰教授等诸多师友的帮助与指导，中国政法大学比较法、民商法专业研究生边晓艾、吴若璇、杨茂峰、张瑜同学审校全书，于此一并致谢。本书与中国民法联系密切的三个章节，在得到授权后曾先后发表于《财经法学》，于此表示感谢。我的母亲褚国媛女士通读全书，对多处中文语词表达提出了建设性的意见，中国政法大学比较法学研究院教授、欧盟让·莫内讲席教授、中国欧洲学会欧洲法律研究会副会长张彤教授，也是本人欧盟法学习的领路恩师，对书中多处存疑译法、条约理解，皆给予了"一锤定音"式的指导，于此特别致谢。

本书出版得到德国阿登纳基金会北京代表处资助，亦得到中央高校基本科研业务费专项资金资助，本书也是中国政法大学钱端升杰出学者支持计划的阶段性成果之一。

金 晶

2024 年 7 月 16 日于德国柏林洪堡大学

前 言

本书围绕欧盟法上一场持续进行、颇具争议、并在某种程度上相当混乱的论争展开，即如何发现、形塑，甚或捍卫能够统合私法（笔者更愿称其为民法关系）异质性内容的基本原则。这一论争既存在于学术界，也见诸欧洲法院的判例法。但本书无意为欧盟民法的编纂、整合或重述"开辟"道路，而仅是想温和地解释欧盟民法的现状，由此摒弃所谓的"选用性工具"。对欧盟法律原则的讨论，欧盟宪法和行政法更为深入，欧盟民法似乎已落于其后。但随着欧盟法愈发关注（有人称为"入侵"）私主体之间的"横向"关系，加之欧盟自身实体和程序救济措施的逐步形成，欧盟民法必将焕发新的活力。

欧盟民法的七项基本原则，在绪言中有所阐释，后续七章将详细展开。这些原则对实体性、程序性和方法论议题皆有影响，这些议题传统上属于成员国法律范畴，但其（立法）权限和合法性已向欧盟转移。这种转变，可谓喜忧参半。就这场论争，本书并未表明立场，而仅分析了在欧洲法院大量判例推动下，在一定程度上引发的显著的权限"蔓延"。丰富的欧洲法院判例，构成本书"自下而上"研究之基础。

本书涵盖欧盟民法的诸多领域，例如自由流动和竞争问题、雇佣关系、消费者法、非歧视、符合普遍经济利益的服务、起草中的《欧洲共同买卖法》，以及欧盟法的相关程序问题。最后但同样重要的是，本书反复提及基本权利，即《欧盟基本权利宪章》所规定的权利，以及

《欧洲人权公约》和欧洲法院早期判例所包含的权利。唯应注意,本书从未试图就所提及的任何领域作详尽讨论,而是将其作为横向方法的例子,以探寻欧盟民法的基本原则。欧盟民法的若干领域,尤其是冲突法、公司法和知识产权法,不在本书研究范畴之内。

作为前期成果,本书使用了在先发表的许多著作,各章参考文献都有提及。第一章的"'有限'自治原则"是以笔者 2005 年出版的《理解欧盟法》(Understanding EU Law)第二版第十七节为基础,曼彻斯特大学的安妮特·诺德豪森·斯科尔斯(Annette Nordhausen Scholes)将在联合出版的《理解欧盟内部市场法》(Understanding EU Internal Market Law)(第三版)(即将出版)中予以更新。

本书写作还需要感谢如下四所大学,笔者正是在那里撰写、展示和讨论了相关章节。首先是佛罗伦萨的欧洲大学学院,汉斯·米克利茨就本书所涉多项主题主持并召开多次学术会议,同时出版了多部著作。笔者发表于汉斯·米克利茨、罗杰·布朗斯沃德(Roger Brownsword)等主编的 2011 年版《欧洲私法基础》第 185 页至第 220 页有关"私法中的平衡与公共利益的必要性"的论述,现被纳入本书第五章。其次,牛津大学法学院与多罗塔·莱齐凯维奇(Dorota Leczykiewicz)和斯蒂芬·韦瑟里尔组织了一场令人振奋的研讨会,并于 2012 年出版《欧盟法在私法关系中的参与》(The Involvement of EU Law in Private Law Relationships),笔者提交了论文《非歧视原则对意思自治的影响》并发表于前书第 253 页至第 278 页,本书第三章是该文的最新延续。再次,乌尔夫·贝尔尼茨(Ulf Bernitz)领导的斯德哥尔摩大学欧盟法研究所在 2013 年初主办了"欧盟法和私法的基本原则"的主题会议,笔者提交了论文《欧盟私法中的有效原则》,该论文将随会议论文集一并出版,其亦构成本书第四章更为广泛讨论的基础。最后,2013年春,格罗宁根大学的劳伦斯·戈姆利(Laurence Gormley)、奥里莉亚·恰基(Aurelia Ciacchi)和巴特·克兰斯(Bart Krans)为笔者提供了担任客座教授的研究和讨论机会,笔者在那里完成了本书绪言的写作。正是在上述机构中的讨论,鼓励笔者将尚未成熟的想法整理为一部关于"欧盟民法基本原则"的综合性著作,对此,笔者心存感激。当然,对于本书的所有疏漏、误解和错误,笔者自负文责。

诺贝特·赖希
汉堡,2013年夏

总目录

绪　言　什么是欧盟民法基本原则？　　001

第一章　"有限"自治原则　　025

第二章　弱势主体保护原则　　053

第三章　非歧视原则　　085

第四章　有效原则　　125

第五章　平衡原则　　184

第六章　比例原则　　218

第七章　新兴的诚信和禁止权利滥用原则？　　268

结　语　七项论点和一项结论　　303

附录一　欧洲法院判例（字母顺序）　　305

附录二　欧洲法院判例（时间顺序）　　316

附录三　索引　　325

目 录

绪 言 什么是欧盟民法基本原则？

一、持续的论争："原则"与"规则"之争 …………………… 001
二、若干初始建议 …………………………………………… 007
三、《欧盟基本权利宪章》对基本原则的明确承认 ………… 010
四、欧盟民法的内涵："共同体现行法"抑或"现行共同法" … 014
五、欧盟民法的权限困境 …………………………………… 019
六、为什么是七项原则？ …………………………………… 021
本章参考文献 ………………………………………………… 022

第一章 "有限"自治原则

一、法律限定的自由 ………………………………………… 026
二、基本自由、自治和公共利益限制 ……………………… 029
　（一）货物流动自由和合同自由 ………………………… 029
　（二）服务提供自由 ……………………………………… 031
　（三）资本流动自由 ……………………………………… 032
　（四）人员流动自由和合同自由 ………………………… 033

（五）欧盟基础性法律对自治的限制　　　　　　　　　　　　034
　　（六）允许成员国限制自由流动条款的公共利益但书：若干示例 035
三、合同自由作为基本而有限的权利和原则……………………039
　　（一）《欧盟基本权利宪章》通过前：承认合同自由是一项基本权利 039
　　（二）《欧盟基本权利宪章》　　　　　　　　　　　　　　039
四、竞争法和自治…………………………………………………041
　　（一）禁止通过合同限制竞争的规定　　　　　　　　　　041
　　（二）第101条第2款无效条款的合同效力　　　　　　　041
　　（三）执行合作协议作为竞争的先决条件　　　　　　　　042
　　（四）竞争规则的有限适用范围　　　　　　　　　　　　044
　　（五）竞争法和集体自治　　　　　　　　　　　　　　　045
五、结语：福利主义视角下对自治的限制——超越传统进路？…… 047
本章参考文献……………………………………………………050

第二章　弱势主体保护原则

一、弱势主体保护的内容………………………………………053
二、工作时间和带薪年假的最低标准…………………………057
　　（一）《工作时间指令》的目标　　　　　　　　　　　　057
　　（二）什么是"工作时间"，由谁决定？　　　　　　　　058
　　（三）带薪年假权利：欧盟的一项基本权利？　　　　　　062
三、欧盟消费者法：知情抑或保护……………………………066
　　（一）欧盟消费者合同法：家长主义抑或保护？　　　　　066
　　（二）消费者知情的盛行　　　　　　　　　　　　　　　068

（三）与内容相关的强制性规定作为例外 …………………… 071
　　（四）谁是需要信息和保护的消费者？ …………………… 072
　　（五）"弱势"消费者标准 …………………… 076
四、结语：弱势主体保护的一般化及其局限性 …………… 079
本章参考文献 …………………………………………… 082

第三章　非歧视原则

一、非歧视对民法的"溢出"效应？ ………………………… 086
二、雇佣法律关系中的非歧视：概述 ……………………… 091
　　（一）欧盟国籍作为一项歧视性因素 …………………… 091
　　（二）性别歧视 …………………… 094
　　（三）种族歧视 …………………… 095
　　（四）年龄歧视 …………………… 096
　　（五）性取向歧视 …………………… 099
　　（六）残疾歧视 …………………… 101
三、公民身份：通过基础性法律扩大非歧视原则的范围 ……… 102
四、欧盟派生性法律将非歧视原则扩大到经营者与消费者之间的关系 ………………………………………………… 105
五、一项争议：统一男女保险费率及与意思自治的冲突 …… 108
　　（一）欧洲法院对非歧视原则的"一元论"解读？ ……… 108
　　（二）对判决的可能批评："平等待遇"过多，自治所剩无几？ … 113
六、普遍经济利益的服务和网络服务的获得以及待遇上的非歧视：有限自治 ……………………………………………… 115

七、超越非歧视的平等待遇？ …………………………………… 119
　（一）广播电视服务的信息接入 ………………………… 119
　（二）公众公司的小股东不享有平等待遇 ……………… 122
八、结语：非歧视原则对民法关系的不同影响 ……………… 122
本章参考文献 …………………………………………………… 123

第四章　有效原则

一、《欧盟基本权利宪章》第47条和《欧盟条约》第19条：
　有何新意？ ………………………………………………… 126
二、有效原则的"涤除"功能 …………………………………… 128
三、有效性作为一项"解释性"原则 …………………………… 132
四、有效性作为一项"救济性"原则："升级"成员国救济措施…… 136
五、欧盟民法中适用有效性审查的若干示例 ………………… 138
　（一）从有条件救济到直接救济：Von Colson 案和 Kaman 案　138
　（二）开放的宪法维度：Kücükdevici 案 ……………………… 141
　（三）针对消费者合同的不公平条款提供有效保护：Invitel 案、
　　　Camino 案和 Aziz 案 ………………………………………… 142
　（四）买卖法上严格责任的范围：Weber-Putz 案 ……………… 149
　（五）错失良机：Heininger 案 …………………………………… 152
　（六）判例研究汇总 ……………………………………………… 155
六、欧盟基础性法律：竞争规则 ………………………………… 156
　（一）竞争规则的直接效力 ……………………………………… 156
　（二）竞争法的新趋势：Courage 理论及其后续 Manfredi 案　159

（三）损害赔偿的范围和限度：*Courage* 案和 *Manfredi* 案的影响 … 161
七、违反欧盟基础性法律中直接适用条款的损害赔偿…………… 164
八、重新审视《欧盟基本权利宪章》第 47 条和《欧盟条约》
　　第 19 条第 1 款对欧盟民法的重要性 …………………… 169
　　（一）对《欧盟基本权利宪章》第 47 条和《欧盟条约》第 19 条
　　　　　"串联"的实质理解 　　　　　　　　　　　　　169
　　（二）"充分"实效：过于"充分"，过于"空洞"，还是"恰到好
　　　　　处"？采取平衡方法的必要性 　　　　　　　　　173
　　（三）有效原则与集体救济的相关性？ 　　　　　　　　175
九、结语：有效原则，效力如何？ ………………………… 181
　　本章参考文献 ……………………………………………… 181

第五章　平衡原则

一、引言：关于欧盟民法中平衡的对话 ……………………… 185
二、不公平条款裁判中的平衡：透明度、"核心条款"和不公平性
　　审查 …………………………………………………… 188
　　（一）英国最高法院的商法平衡路径 　　　　　　　　　189
　　（二）德国联邦法院适用的平衡 　　　　　　　　　　　191
　　（三）欧盟对"分散平衡"的偏好 　　　　　　　　　　193
三、避免"过度保护"的平衡方法 …………………………… 198
　　（一）针对所谓"过度保护"的"民法原则"及其限制？ 　198
　　（二）劳动者保护中的平衡：*Paletta I & II* 案中权利滥用的模糊
　　　　　概念 　　　　　　　　　　　　　　　　　　　　202

四、"平衡"在社会冲突中的作用:基本权利 vs. 基本自由? …… 204
 (一)欧洲法院作为社会冲突的最终裁判者?   204
 (二)佐审官波亚雷斯·马杜罗的意见   206
 (三)欧洲法院在 Viking 案中的裁判方法   208
  1. 芬兰海员工会的情况   208
  2. 国际运输工人联合会的特殊情况   209
  3. 如何平衡牵涉不同自治实体的"横向冲突"?   210

五、结语 ………………………………………………… 214

本章参考文献   216

第六章　比例原则

一、比例原则对欧盟民法的重要性:概述 …………… 219
 (一)"严格审查"成员国立法   219
 (二)欧盟立法的"合比例性"   221
 (三)合比例性的"积极"方法?   224

二、《共同参考框架草案》 ……………………………… 226
 (一)《共同参考框架草案》总体评估   226
 (二)《共同参考框架草案》原则和示范规则的(有限)
  法律效力   228
 (三)欧洲法院判例法对《共同参考框架草案》的选择性援引?   235

三、《可行性研究》和《欧洲共同买卖法》 ……………… 236
 (一)《欧洲共同买卖法》的产生   236
 (二)《欧洲共同买卖法》的结构   237

（三）作为混合合同法的《欧洲共同买卖法》 243
  1. 对"经营者-中小企业"跨境交易并无必要 245
  2.《欧洲共同买卖法》对消费者合同有无"必要"？ 248
四、欧盟反身性合同治理中协调、趋同和改进立法的开放方法 254
五、欧盟民事立法的"积极比例"原则：两则示例 257
 （一）商事合同中的不公平条款 257
 （二）在"《欧洲共同买卖法》助力下"提升消费者合同立法的
  一致性：数字合同 260
六、结语：比例原则作为欧盟立法的法律控制和支持工具 264
本章参考文献 265

第七章　新兴的诚信和禁止权利滥用原则？

一、合同法上对诚信的一些误解：合同忠实协作义务的内容 268
二、商法中的诚信 272
三、针对不公平条款的《不公平条款指令》 276
 （一）不明确的"不公平性"审查 276
 （二）不公平的法律后果 282
 （三）欧盟特有的不公平条款"黑/灰"清单 284
四、消费者金融服务中银行诚信义务之缺位 285
五、作为间接诚信义务的"共同责任"：若干示例 287
六、近期软法提案中的诚信要素 291
七、《欧盟基本权利宪章》第54条与欧盟权利滥用概念的
 相关性？ 295

八、结语：发展中的诚信？ …………………………… 299
　　本章参考文献 …………………………………………… 301

结　语　七项论点和一项结论 …………………………… 303
附录一　欧洲法院判例（字母顺序） …………………… 305
附录二　欧洲法院判例（时间顺序） …………………… 316
附录三　索引 …………………………………………………… 325

绪言

什么是欧盟民法基本原则？

目次

一、持续的论争："原则"与"规则"之争　　001

二、若干初始建议　　007

三、《欧盟基本权利宪章》对基本原则的明确承认　　010

四、欧盟民法的内涵："共同体现行法"抑或"现行共同法"　　014

五、欧盟民法的权限困境　　019

六、为什么是七项原则？　　021

本章参考文献　　022

一、持续的论争："原则"与"规则"之争

长久以来，欧盟法律"基本原则"（"General principles" of EU law）被认为是不成文法的一部分，其由欧洲联盟法院（CJEU, ECJ, 简称"欧洲法院"）* 的判例法发展而来，后者的职权则源于《欧洲联盟条约》　　0.1

---

* 根据《欧洲联盟运行条约》第256条（原《欧洲共同体条约》第225条）以及《欧洲联盟法院规约》第50a条，欧洲联盟法院由欧洲法院（Court of Justice）和综合法院（General Court）组成。基于此，本书术语分为两个维度：（1）成员国提请先予裁决的审理法院，采取"欧洲法院"的表达；（2）整体描述欧盟法院体系时，使用"欧洲联盟法院（欧盟法院）"的表达。另参见〔英〕保罗·克雷格、〔爱尔兰〕格兰妮·德布尔卡：《欧盟法：教程、案例与资料（上册）》，叶斌、李靖堃译，中国社会科学出版社2023年版，第121页以下。——译者注

(TEU,简称《欧盟条约》)第19条第1款"法院应确保在解释和适用条约时法律得到遵守"之规定。"法律"(law, das Recht, le droit)这一表述,在最初版本的《欧洲经济共同体条约》中就已存在,其不仅延续至《阿姆斯特丹条约》第220条,连最新的《里斯本条约》亦未改措辞。但是,从《欧洲联盟运行条约》(TFEU,简称《欧盟运行条约》)(前身为《欧洲经济共同体条约》)"升级"为目前包含欧盟基本原则和机构的《欧盟条约》,"法律"的"升级",表明了其在政治和法律秩序中的至高地位和重要意义。

"法律"这一表述,有意超越了单纯的实证主义法律概念,显然涵盖了欧盟基础性法律(primary law)和派生性法律(secondary law)。基础性法律,是指欧盟条约中被称为"基础性法律"的法律渊源,依据《欧盟条约》第6条第1款,现亦包括《欧洲联盟基本权利宪章》(简称《欧盟基本权利宪章》)。派生性法律,是指《欧盟运行条约》第288条意义上的条例、指令和决定这三类派生性立法。尽管采用欧洲法院的措辞,"基本原则"具有宪法上的重要性(constitutional relevance),但"基本原则"似乎处于基础性法律和派生性法律的"中间地带"。[1]此种基本原则在特里迪马斯(Tridimas)的基础研究中已经得到了描述、分析和发展,其多与宪法和行政法相关。[2]综上,尽管"基本原则"的起源、范围和法律性质仍存争议,但欧洲法院、佐审官(Advocate General, AG)和学界似乎普遍接受了这些原则,由于本书研究仅限于欧盟民法,在此不作讨论。

---

[1] 参见 K. Lenaerts/J. Gutiérrez-Fons, CMLRev 2010,作者论及"基础性法律的地位"(status of primary law)(第1641页)以及基于欧洲法院判例法的"宪法地位"(constitutional status)(第1647页)。

[2] T. Tridimas, *The General Principles of EU Law*, 2nd ed. 2006.

前述有关欧盟法律渊源的讨论表明,欧盟对"法律"的遵守,是以 0.2
法治国(Rechtsstaatlichkeit)为基础的政治组织所固有的模式,欧盟也明
确认同这一模式。确保法律得到遵守的权力,属于欧盟的所有法
院,尤其是包括欧洲法院(ECJ)在内的欧洲的法院(European courts)。
法院正是通过"发现"(discovering)和发展基本原则,来指引作为"实在
法"(positive law)的欧盟基础性法律和派生性法律的解释和适用,以确
保法律得到遵守。因此,欧盟法律的特点在于区分"规则"(rules)和
"原则"(principles),规则是欧盟的实在法规范,原则是指引法律解释
和适用的一般性的概念。一方面,规则为民事交易的当事人创设权
利、设定义务,前提是规则足够具体且不附条件。欧盟法的"直接效
力"(direct effect)理论建立在上述规则适用的条件之上,尽管该理论允
许民事主体之间指令效力的例外情形存在,即所谓的不产生"直接横
向效力"(direct horizontal effect)。[3] 另一方面,原则并无具体的法律效
力,更广泛灵活、极不具体,须经司法适用,方能成为民法义务或交易
制度的一部分。原则的重要性体现在对法律解释和适用的方法论的
影响。原则与规则相关,但原则本身不是规则。

"规则"和"原则"的这一根本区别,在德国学者约瑟夫·埃塞尔
(Josef Esser)和美国学者罗纳德·德沃金(Ronald Dworkin)的法律理论
和方法论研究中得到了发展。前述区别有助于理解欧盟法律的演
进,亦有助于理解欧洲法院在遵循先例原则之外的裁判拘束力。[4]

---

[3] 详见 S. Prechal, *Directives in EU Law*, 2nd ed. 2006; N. Reich et al., *Understanding EU Internal Market Law*, 3rd ed. 2013, paras 2.5-2.13。

[4] 详见 N. Reich, in: R. Brownsword et al. (eds.), *The Foundations of European Civil Law*, 2011, 221 at 225。

时至今日,20世纪60年代埃塞尔有关"原则和规则"[5]和"前见和方法选择"[6]的著述仍具价值,他指出了法律原则的重要性,必须将原则纳入对"规则"的发现和评估之中。埃塞尔反对将法律思维中的价值中立理论(theory of Wertfreiheit)视为一种"意识形态"。相反,他认为,法律思维和解释中存在一种前见(Vorverständnis),即对法律文本理解的"概念化",在对法律文本的理解中,公正的结果是——或应该是——终极目标。

美国法上,德沃金坚持"规则"与"原则"(或标准)的区别[7],即"规则"具有命令性(imperative character),仅能作出"是"或"否"的回答并以"全有全无的方式"[8]适用;而"原则"(或标准)"是正义或公平或其他道德要素的要求",故应予遵守。[9]德沃金还主张,"原则具有规则所不具备的维度——分量或重要性维度。欲解决不同原则交叉时所生之矛盾,就须考虑诸原则的各自分量。……此种维度是原则概念的内在组成部分,这才使得追问原则的分量或重要性具有意义,但规则不具备这一维度"[10]。

本书将展示,欧洲法院坚持将这些基本原则视为埃塞尔和德沃金的"司法的法律发现"(judicial law discovery)的一部分,欧盟法律的主要发展正是由此实现的。这一点在特里迪马斯的专著中得以证明,他明

---

[5] J. Esser, *Grundsatz und Norm in der richterlichen Fortbildung des Privatrechts*, 1956, 4th ed. 1968.

[6] 参见 J. Esser, *Vorverständnis und Methodenwahl in der Rechtsfindung*, 1970。广受欢迎的袖珍版出版于1972年。

[7] R. Dworkin, *Taking Rights Seriously*, 1977.

[8] R. Dworkin, *Taking Rights Seriously*, 1977, at 24.

[9] R. Dworkin, *Taking Rights Seriously*, 1977, at 22.

[10] R. Dworkin, *Taking Rights Seriously*, 1977, at 26.

确援引德沃金的观点,提出了"欧盟法律基本原则"理论(theory of "the General Principles of EU Law")。[11] 这些原则经过发展并得到认可,尤其是经过反复适用,就会成为"法律"的一部分。通常,欧洲法院须适用部分冲突、部分重叠的原则,例如,法律确定性与实质正义;或者欧盟合同法承认当事人意思自治与非歧视原则限制当事人意思自治;又或是保护基本自由与尊重基本权利。欧盟的裁判理论(theory of adjudication)在很大程度上是基于上文德沃金的平衡"交叉原则"(intersecting principles),或是如埃塞尔所言,是对"实质正义"的追求。本书第五章将单独讨论平衡概念。正如著名学者莱纳茨(Lenaerts)和欧洲法院的古铁雷斯-冯斯(Guitiérrez-Fons)所言:

> 因此,通过诉诸由法律、道德或政治理论完善的不同而又趋同的平衡标准,欧洲法院确保基于个案的、灵活的欧盟法律秩序的构建,欧盟法律的各项基本原则也体现了这一点。[12]

一方面,人们可能会质疑,规则和原则之间的明确区分是否总符合新兴的欧盟法律秩序。特里迪马斯和莱纳茨以欧洲法院的判例法为主要参考,认为原则似乎具有拘束力。另一方面,欧盟的规则往往缺乏德沃金和埃塞尔所要求的精确性和具体性。原则和规则都需要借助司法实践被"发现"和认可,以解释和适用欧盟法律。实践中,在适用《欧盟基本权利宪章》这样的一般性文件时,"规则"和"原则"的区分界限并不总能轻易明确,这种界限及其与欧盟民法的关系,构成

---

[11]　R. Dworkin, *Taking Rights Seriously*, 1977, at 2.
[12]　参见 K. Lenaerts/J. Gutiérrez-Fons, CMLRev 2010, 1629 at 1653(同样提及这类平衡的限度)。

本书的主要研究对象。

0.3　　　欧盟民法的"原则"和"规则"之争远未如此激烈【欧盟民法的概念，参见边码0.9】，可能是基于历史性原因。最初的欧盟法律多为行政法，即调整在欧盟自由和其他规范性法案影响下公民与成员国之间的所谓"纵向关系"(vertical relations)，以及对欧盟权力和权限的"横向"和"纵向"分配的宪法问题。《马斯特里赫特条约》通过后，民法事项，即所谓的"横向关系"(horizontal relations)才成为欧盟议程的一部分，其涉及非歧视、劳动者和消费者保护等"新议题"，甚至涉及一些商事关系中的问题，例如，更强势的企业和政府采购机构的迟延付款【边码6.22】，此举尤其损害了中小型企业(SMU)的利益。竞争法具有混合性，主要通过欧盟委员会"纵向"执行，后来也可由成员国当局执行。竞争法通过《欧盟运行条约》第101条第2款的无效条款对商事合同产生影响，但该条并未规定任何明确的损害赔偿救济【边码1.14】，而是由欧洲法院通过判例法予以补充【边码4.25】。

关于基本原则的论争，是在欧洲法院看似相互矛盾的论点推动下(发展)的，仅举几例如下：

其一，作为一个激进的、在一些观察者眼中几乎是咄咄逼人的机构，欧洲法院的判例法对非歧视原则的关注主要是基于国籍和性别，后来也基于种族和年龄等其他遗传特征。欧洲法院的判例与合同自治原则存在冲突，影响了民法("横向")关系。第三章将详细展开论述【边码3.6】，其中最著名和最具争议的案件为 Mangold 案。[13]

其二，欧洲法院主要会在解释消费者法的欧盟指令时提及民法

---

[13]　C-144/04 *Mangold v Helm* [2005] ECR I-9981.

(基本)原则【边码 5.9】。欧洲法院在 Hamilton 案[14]、Messner 案[15] 和 Friz 案[16] 中明确提到诸如诚信、不当得利、合理平衡以及不同利益主体之间风险的公平分配等"民法(基本)原则"。欧洲法院的这些论述颇为重要,引发了一场颇具争议的论争,详见第五章。[17]

其三,在 Audiolux 案[18] 中,欧洲法院曾根据佐审官特尔斯泰尼亚克(Trstenjak)于 2009 年 6 月 30 日的详细分析,断然否认存在"股东平等待遇"基本原则【边码 3.22】。

二、若干初始建议

初看之下,欧盟民法基本原则的起源、存续和功能似乎是混乱的。关于基本原则在民法中的地位,学界也分化出存疑甚至是敌视的不同立场。英国律师韦瑟里尔[19]认为:

0.4

---

[14] C-412/06 Annelore Hamilton v Volksbank Filder [2008] ECR I-2383, para 24.
[15] C-489/07 Pia Messner v Firma Stefan Krüger [2009] ECR I-7315, para 26.
[16] C-215/08 Friz [2010] ECR I-2749, paras 48-49.
[17] 有关这一发展的全面分析,参见 M. Hesselink, in: D. Leczkiewicz/S. Weatherill (eds.),*The Involvement of EU Law in Private Law Relationships*, 2013, 131; S. Weatherill, "The 'principles of civil law' as a basis for interpreting the legislative acquis", ERCL 2010, 74; J. Basedow, "The Court of Justice and civil law: vacillations, general principles, and the architecture of the European judiciary", ERPL 2010, 443; M. Safjan/P. Miklaszewicz, "Horizontal effect of the general principles of EU law in the sphere of civil law", ERPL 2010, 475; A. Hartkamp, "The General Principles of EU Law and Civil Law", RabelsZ 2011, 241。将基本原则限于宪法和行政法的狭义视角,参见 M. Dougan, in: D. Leczkiewicz/S. Weatherill (eds.), *The Involvement of EU Law in Private Law Relationships*, 2013, 71 at 81。有关《欧盟基本权利宪章》第 52 条第 5 款的"原则"与欧盟民法的相关性,参见欧洲法院佐审官克吕·维拉隆(Cruz Villalón)于 2013 年 7 月 18 日就 C-176/12 *Association de médiation sociale v CGT* 案发表的详细意见,其论述与本书提出的原则相符。
[18] C-101/08 Audiolux [2010] ECR I-9823.
[19] J. Esser, *Grundsatz und Norm in der richterlichen Fortbildung des Privatrechts*, 1956, 4th ed. 1968, at 80.

即便人们已准备着手参与欧盟现行法的"体系化"探索,这种探索的成功也会无可避免地限制所涉领域的国家自主——欧盟只是在这些领域作渐进式的"拼凑"工作。欧盟层面更为连贯的体系可能会削弱成员国层面的体系连贯性。这种明显的破坏性结果并非不可避免,但这正是欧洲法院使用基本原则可能导致的结果,这也是它令人不安的原因之一。

上述判断正确与否,后续将予讨论。海塞林克(Hesselink)对欧盟民法基本原则提出了另一项质疑,即究竟如何从欧盟合同法的条例"拼凑体"中推导出欧盟民法基本原则,"欧洲法院在未提供任何证据的情况下简单假定了基本原则(之存在)"[20]。海塞林克指出,欧盟合同法中只能找到若干"中间层级"原则。巴泽多(Basedow)[21]在讨论欧洲法院 Mangold 案和 Audiolux 案中看似矛盾的论证时指出,"平等"或"平等待遇"这些基本原则之发现,始终以价值判断为基础,故或难以扩大适用。梅茨格(Metzger)[22]的方法论研究也提出,"司法裁判中的法律原则十分罕见",本书将对此提出质疑。

0.5　就"基本原则"在欧盟民法(公司法)中的地位问题,欧洲法院佐审官特尔斯泰尼亚克在对 Audiolux 案的意见中提出了一种实用的方法论进路。她明确区分"原则存续"与"个案影响"两类问题,即原则存续与否,是更一般性的问题,而原则对 Audiolux 案争议的影响,则是更具体的问题。她指出,在"发展欧洲共同体法律秩序"中,用原则这

---

[20] M. Hesselink, in: D. Leczkiewicz/S. Weatherill (eds.), *The Involvement of EU Law in Private Law Relationships*, 2013, 17, 1730.

[21] J. Basedow, "The Court of Justice and civil law: vacillations, general principles, and the architecture of the European judiciary", ERPL 2010, 443.

[22] A. Metzger, *Extra legem-intra jus*, 2009, at 352.

一辅助解释手段填补漏洞,意义重大【第68段】。为此,她援引特里迪马斯[23]的著作,认为特里迪马斯之所以坚持要填补欧洲共同体的法律漏洞,是因为"欧洲共同体是新兴法律秩序,仍有待后续发展"。上述某些法律漏洞,例如国家责任,是来自"成员国法律中共有的基本原则"(《欧盟运行条约》第340条第2款)。通过将这些成员国法律中共同存在的基本原则纳入、适用于欧盟法律秩序,将其扩展到国家责任,这些原则或将成为欧盟法律基本原则。[24]而另一些原则可能是欧盟法律特有的,例如《欧盟条约》第4条第3款的真诚合作原则,这些原则不会对民法产生影响。

就民法原则而言,并无理由将其排除在欧盟法律的"原则化"进程之外。[25]正如哈特坎普(Hartkamp)所言,民法原则对漏洞填补和法律解释均为必要。他甚至建议将民法原则用于"从欧盟法律基本原则的角度评估成员国立法的合法性"。[26]这一点可以从莱纳茨和古铁雷斯-冯斯所解释的原则的"宪法性特征"中获得正当性,他们力主民法原则的漏洞填补功能。[27]

---

[23] T. Tridimas, *The General Principles of EU Law*, 2nd ed. 2006, 1729.

[24] T. Tridimas, *The General Principles of EU Law*, 2nd ed. 2006, 502.

[25] X. Groussot/H. Lidgard, in: U. Bernitz et al. (ed.), *General Principles*, 2008, 155.

[26] A. Hartkamp, "The General Principles of EU Law and Civil Law", RabelsZ 2011, 245.

[27] 参见 K. Lenaerts/J. Gutiérrez-Fons, CMLRev 2010, 1629 at 1641:"status of primary law", at 1631. M. Dougan 批判认为,应"将'漏洞填补'留给立法者",参见 M. Dougan, in: D. Leczkiewicz/S. Weatherill (eds.), *The Involvement of EU Law in Private Law Relationships*, 2013, 71 at 83。

三、《欧盟基本权利宪章》对基本原则的明确承认

0.6 欧盟法律的"基本原则"之争,在《欧盟基本权利宪章》中有所解决。很多人忽视的是,《欧盟基本权利宪章》除包含"基本权利"之外也包括(基本)"原则",这些原则"可以通过欧盟的机构、实体、办事处和代表处的立法和行政行为实施,也可以通过成员国行使其权力,将欧盟法转化为成员国法而得到实施。仅在解释此类行为并裁定其合法性时,这些原则方具有司法上的可审理性(judicially cognisable)"(《欧盟基本权利宪章》第52条第5款)。

《欧盟基本权利宪章》前言对该条进行阐释[28],在进行区分时提到,"主观权利应受尊重,原则应予遵守(《欧盟基本权利宪章》第51条第1款)……相应地,仅在解释或审查这些行为时,它们才对法院具有重要意义"。由此,《欧盟基本权利宪章》明确承认了原则的解释功能和审查功能。原则或许并不居于宪法规范体系顶端,但仍具有宪法上的重要性。尽管《欧盟基本权利宪章》未明确提及特尔斯泰尼亚克和哈特坎普的"漏洞填补功能",但因漏洞填补本就是解释过程的一部分[29],解释时须将原则纳入考量,因此,并无必要将漏洞填补功能排除在原则的规范功能之外。在2012年10月23日 *Nelson* 案中,欧洲法院在对《航空旅客条例》将航班取消的赔偿范围扩大到延误三小时以上航班的正当性论证中指出:

---

[28] OJ C-303/17 of 14.12.2007, at 35.

[29] 参见 J. Neuner, in: K. Riesenhuber, *Europäische Methodenlehre*, 2nd ed. 2010, 385。作者在"在法律之外发现法律"(Rechtsfinding praeter legem)的标题项下提及上述内容。

应当指出,平等待遇原则要求不得区别对待可比情形,也不得以同等方式对待不同情形,除非这种对待是客观正当的。[30]

这显然是明确承认了基本原则的功能,即将损害赔偿适用于存在较长延误的起飞航班案件。在填补欧盟条例的法律漏洞时,欧洲法院通过类推平等待遇原则,来达到解释欧盟法的目的,《欧盟基本权利宪章》第 52 条第 5 款也为漏洞填补提供了正当性依据。不足为奇的是,这种"漏洞"的存在,遭到了许多学者和成员国法院质疑,他们在反对早先欧洲法院的 Sturgeon 案[31]判决时坚持认为,将长时间延误排除在损害赔偿范围之外,是立法者的有意之举。[32]

一方面,不应夸大《欧盟基本权利宪章》第 51 条对"原则"和"权利"的区分。权利应受"尊重",原则应得"遵守",但这两个相当模糊的概念区别何在? 根据《欧盟基本权利宪章》第 52 条第 2 款,"权利"应"依条约规定的条件与范围行使"。正如欧洲法院佐审官特尔斯泰尼亚克在 2011 年 9 月 8 日 Dominguez 案中作出的正确认定所言,这里的权利并非"独立的权利",不产生有利于个人的直接效力。[33]另

---

[30] 合并审理案件 C-528+619/10 *Nelson et al. v Lufthansa et al.* [2012] ECR I-(23.10.2012), para 33。

[31] 参见合并审理案件 C-402/07+C-432/07 *Sturgeon et al* [2009] ECR I-10923;J. Neuner, in:K. Riesenhuber, *Europäische Methodenlehre*, 2nd ed. 2010, 385,作者将之视为"经典的类推论证"(den klassischen Analogieschluss);但由于《欧盟条约》第 19 条第 1 款仅规定了"解释",欧洲法院似乎并未采用此种方法论论证。

[32] 参见 K. Riesenhuber, "Comment on *Sturgeon*", ERCL 2010, 384。遗憾的是,欧洲法院佐审官 Bot 在 *Nelson* 案的意见书中,并未讨论上述反对意见。

[33] C-282/10 *Dominguez v CICOA* [2012] ECR-I-(24.01.2012), para 83.

一方面，正如 Kücükdevici 案[34]所证明的【边码2.6】，与原则类似，《欧盟基本权利宪章》中的权利可用于解释欧盟法律和成员国转化欧盟法的本国法律，甚至会与现行欧盟指令一起产生"消极的直接横向效力"(negative direct horizontal effect)，这一效力可以扩展到《欧盟基本权利宪章》中的其他基本权利和原则，这与实践的结果似乎并无二致。

0.7　　立足《欧盟基本权利宪章》探讨基本原则的概念时，或许可以回溯到承认基本原则的欧盟早期立法和法院判例。《欧盟基本权利宪章》仅在一定程度上巩固了现行欧盟法中的民法基本原则，并将之"升级"至宪法地位(constitutional status)，本书后续将详细展开叙述。但须注意，依照《欧盟基本权利宪章》之阐释，其中的一些条款可能同时包含权利和原则。

其一，"有限"自治原则。该原则在欧盟基础性法律的自由流动和竞争规则中就已存在，现规定于《欧盟基本权利宪章》第16条"营业自由"(freedom to conduct a business)和第17条"财产权保护"(protection of property)中。这种自治不具有自洽性，可能或必须受到欧盟和成员国法律规制，即受到本书第二章至第七章的相互冲突的法律原则的限制。本书第一章将阐述与自治有关的一般性问题。

其二，**弱势主体保护原则**。《欧盟基本权利宪章》第31条和第38条对劳动法和消费者合同法中的弱势主体保护原则进行了宪法性确认(constitutional confirmation)。该原则不仅被多项指令认可，也在欧洲法院的指令解释中得到贯彻，基于对欧盟民法的个人主义理解，欧洲

---

[34]　参见 C-555/07 *Seda Kücükdevici v Swedex* [2010] ECR I-365。该案裁决的第22段提及《欧盟基本权利宪章》第21条，但最终并未论证"权利"之存续，而是在第50段至第53段论证了"平等基本原则"。

法院作出了有利于消费者和劳动者的解释,本书第二章将对此展开叙述。

其三,**非歧视原则和平等原则**。早在《欧盟基本权利宪章》颁布前,第21条"非歧视原则"和第23条"男女平等原则"就已存在。此前的规定尤其禁止基于性别(《欧盟运行条约》第157条及其前身)或国籍(《欧盟运行条约》第18条)的歧视。后来,派生性法律将之扩展到诸如种族、残疾、年龄、性取向等固有特征,赋予其"宪法上的重要性",并对私法自治产生了重大影响,本书第三章将予讨论。

其四,**有效法律保护原则**。这一原则最初规定于《欧洲人权公约》第6条和第13条,并由欧洲法院适用于欧盟法律,现规定于《欧盟条约》第47条第1款和第19条第1款。该原则对欧盟民法的实体和程序的重要意义,详见本书第四章。

其五,**平衡冲突利益原则**。《欧盟基本权利宪章》第51条、第52条和第54条间接规定了民法关系中的平衡冲突利益原则(the principle of balancing opposing interests)。该原则兼具个体与集体维度,亦可用于限制欧盟所确保的权利之行使。第五章论及欧盟法律的影响时,该原则被视为民法关系的一项重要的解释性原则。

其六,**比例原则**。第六章围绕比例原则,结合《欧盟条约》第5条第4款和《欧盟基本权利宪章》第52条第1款,"欧盟行动的内容和形式不得超出实现条约目标之必要所限"展开叙述。合比例性不仅应被视为行使欧盟权力的一项"消极"原则,还应被视为在必要时要求欧盟采取行动的一项"积极"原则。检视此原则,得以对当下欧盟民法的"法典编纂""整合"或"选用性(工具)"的诸种立法提案进行质疑。在条约适用范围内,在制定多层级的欧盟民法法律工具时,本书倾向于类似"协调趋同的开放性方法"(open method of coordination and convergence)的更灵活的法律工具,并在确有必要的领域引入强制性规范。

其七,**诚信原则**。虽然成员国法律各异,尤其是大陆法系和英美法系国家的法律实质差异巨大,但第七章将探讨,欧盟民法是否正在形成诚信原则,即"忠实协作"义务(duty to "loyal cooperation")和"权利滥用"禁止(prohibition on "abuse of rights")。笔者将在第七章检视,在前述情形下,《欧盟基本权利宪章》第54条的禁止权利滥用是否具有意义。

四、欧盟民法的内涵:"共同体现行法"抑或"现行共同法"

0.8 　　本书研究仅限于民法关系,关注与民法明确相关并对民法产生影响的原则。欧盟法能否区分"私法"(民法)和"公法"(行政法)?考虑到欧盟法能否实现条约特定(有限)目标(尤其是社会政策领域)和在内部市场的特定职能,似乎很难对公法和私法作出区分。[35] 由于成员国对公私法区分的解释标准不同,加之欧盟民法欠缺系统连贯的法律体系,故而本书采取解释进路(hermeneutical approach),但不涉及在某种程度上较特殊但又重要的冲突法、公司法和知识产权法

---

[35] 相关概述参见 N. Reich, "The public/private divide in European law", in: F. Cafaggi/H.-W. Micklitz, *European Private Law after the Common Frame of Reference*, 2011,56;米克利茨和其他学者也讨论了"社会正义"原则(the principle of "social justice")的重要性,参见 H.-W. Micklitz (ed.), *The Many Concepts of Social Justice in the EU*,2011。学者们近期也强调了包括消费者保护和社会正义在内的欧洲合同法的市场创建价值(market-creation value),参见 K. Purnhagen, RabelsZ 2013,592 at 611。

内容。

本书主要研究合同法和民事责任。对此,法学文献存在两项概念性标准:

一是横向关系(horizontal relationships)概念。这一概念涉及民事主体之间的关系,例如经营者与消费者的关系(经营者与经营者、经营者与消费者、消费者与消费者)以及雇员与雇主的关系等。反之,纵向关系涉及个人与成员国、个人与欧盟的关系,这些内容或可归入行政法范畴。

二是救济(remedies)概念。哈特坎普的研究特别使用了救济概念[36],即民法上的救济包括损害赔偿、不当得利返还以及合同条款无效等内容。不同于禁令、行政处罚等专属于国家机构(包括法院)的处罚措施,民法救济亦可针对国家。

实践中,横向关系和救济存在大量重叠,在涉及民事主体、欧盟法和成员国的关系时尤其如此。Unilever 案[37]即为一则典型示例,该案涉及一项违约之诉,即买受人意大利橄榄油进口商 Central Food 拒绝向出卖人 Unilever 付款,理由是出卖人未按照意大利的新规定对橄榄油进行包装并贴上标签。由于欧盟委员会未按照相关欧盟指令的要求对意大利的新规定作适当通知,导致新规定在意大利法院的民事程序中不适用。[38]因此,此案的真正问题在于欧盟法律工具的效

---

[36] A. Hartkamp, *European Law and National Private Law*, 2012, paras 79 and 84.

[37] 参见 C-443/98 *Unilever Italia v Central Food* [2000] ECR I-7535;批评意见参见 S. Weatherill, in: D. Leczykiewicz/S. Weatherill (eds.), *The Involvement of EU Law in Private Law Relationships*, 2013, 9 at 17。

[38] C-194/94 *CIA Security International SA v Signalson SA and Securitel SPRL* [1996] ECR I-2201.

力,即在当事人之间(横向效力)的民事诉讼中,未得到成员国(纵向关系)适当转化的欧盟法律工具有何效力。*Masdar* 案[39]则恰恰相反,该案涉及民事主体向欧盟委员会提起无过错赔偿的"纵向"诉讼中不当得利的民法救济措施。

0.9　　本书不会提出任何在概念上区别于欧盟"公法"的"民法"特别理论,相反,本书将着眼于民法的特征,以米克利茨提出的"规制性民法"概念为起点展开研究。[40]与成员国民法形成鲜明对比的是,欧盟民法由一整套大多旨在实现欧盟条约特定目标的强制性规定组成,其中最重要的是与建立和运行内部市场(《欧盟运行条约》第 114 条第 1 款)相关的规定,但也延伸到社会政策(《欧盟运行条约》第 153 条)和非歧视领域(《欧盟运行条约》第 19 条、第 157 条以及《欧盟基本权利宪章》第 21 条和第 13 条)。甚至在欧盟有关特定商事关系的立法中,也包含强制性规定,例如,《商事代理人指令》[41]第 19 条有关合同终止的损害赔偿条款就包含了保护商事代理人的强制性规定。此外,2011 年 2 月 16 日欧盟颁布的旨在打击迟延付款的《迟延支付指令》[42]第 7 条的付款条款,也禁止损害债权人利益的"显失公平条款"存在。这当然不否认许多欧盟派生性法律也包含任意性规定的事实[43],只不过,任意性规定似乎并不构成欧盟民法的特征,这显然区别于成员国合同法。在成员国法中,任意性规定和强制性规定的关

---

[39] C-47/07P *Masdar/Commission* [2008] ECR I-9761.
[40] H.-W. Micklitz, *YEL* 2009, 3 at 33.
[41] [1986] OJ L 382/17.
[42] [2011] OJ L 48/1.
[43] 一般性的讨论,参见 F. Möslein,*Dispositives Recht*,2011。作者提到合同法中功能导向的欧盟权限(第 349 页),但夸大了成员国通过任意性规定转化欧盟强制性规定时的自由裁量权(第 363 页)。

系恰恰相反,任意性规定旨在设定原型(规则),强制性规定意在设置例外。

欧盟民法由大量不成体系、不相连贯的强制性规定以及例外性的任意性规定组成。遗憾的是,许多学者似乎并未理解授权原则(《欧盟条约》第5条第1款和第2款)下欧盟权限的有限性。因此,"基本原则"之发展,就必须顾及欧盟民法作为功能导向的规制法(regulatory law)具有略为杂乱的性质。但这并不表明,在解释上述规定并填补上述意义上的漏洞时,不存在一般性特征。但必须谨慎的是,不得将原则用于扩大"一般规定"的适用范围。《欧盟基本权利宪章》第51条第2款明确规定,权利应受尊重,原则应得遵守,不得将其用于增设新的欧盟权力或变更欧盟现有的权力。当然,如前所述【边码0.6】,这并不豁免欧盟法律和成员国的转化法律遵守这些原则并接受司法监督。

本书有意识地将研究范围限定于共同体现行法(acquis communautaire)的框架之下。换言之,本书既不研究欧盟范围下的民法基本原则,也不是在比较分析,即在所谓"现行共同法"(acquis commun)的基础上研究"成员国共同原则"[44],而是试图探讨欧盟法律中民法规范的具体贡献,考证基础性法律和派生性法律中的民法规范是否处于《欧盟基本权利宪章》的"阴影"之下。在欧盟大量立法提案、国际民法和比较法学者以及科研机构的推动下,现行共同法已有长足发展。其中尤值一提的是著名丹麦学者奥利·兰多(Ole Lando)教授主导下

0.10

---

〔44〕 关于共同体现行法和现行共同法差异的解释,参见 N. Jansen, "Legal Pluralism in Europe", in: L. Niglia, *Pluralism and European Private Law*, 2013, 109 at 121。

的《欧洲合同法原则》(PECL)。[45] 国际层面,国际统一私法协会制定了《国际商事合同通则》(PICC),并于2010年出版第三版。[46] 最后,鉴于欧盟民法典研究小组(Study Group on a European Civil Code)和现行法小组(Acquis group)在欧盟民法发展中的卓越贡献,为延续《欧洲合同法原则》和《国际商事合同通则》,欧盟委员会邀其筹备《共同参考框架草案》(DCFR)【边码6.6】。在主编克里斯蒂安·冯·巴尔(Chrinstian von Bar)教授的主导下,上述小组组成的团队于2008年出版《共同参考框架草案》临时纲要版,又于2009年出版《共同参考框架草案》完整注释版。[47] 杨森对上述不同立法提案的评论如下:

> 毋庸置疑,在共同体现行法和现行共同法的发展进程中,一种崭新的欧盟法正在形成。私法的欧洲化究竟应被视为一种崭新的(虽具有形式拘束力但却是点彩式的)超国家私法体系(共同体现行法),抑或一种延续欧洲共同法(European ius commune, acquis commun)轨迹、对现行私法的非正式重构,这是一个立场问题。[48]

本书以共同体现行法为研究重点,尤其是通过研究基本原则自身的宪法价值,来发展欧盟民法基本原则,并以此解释现行欧盟民法、填

---

[45] O. Lando/H. Beale (eds.), *Principles of European Contract Law*, Vols I and II, 2000; O. Lando et al. (eds.), *ibid.*, Vol III, 2003.

[46] S. Vogenauer,"Die UNIDROIT-Grundregeln von 2010", ZEuP 2013,7.早期版本的相关评论,参见 S. Vogenauer/J. Kleinheisterkamp (eds.), *Commentary on PICL*, 2009。

[47] C. von Bar/E. Clive/H. Schulte-Nölke (eds.), *Principles, Definitions and Model Rules of European Private Law*, Vols I-VI, 2009.

[48] N. Jansen, "Legal Pluralism in Europe", in: L. Niglia, *Pluralism and European Private Law*, 2013, 109 at 125.

补法律漏洞,进而最终审查其合法性。但如杨森所述,这并不排斥在发展欧盟特有的"诚信原则"(参见第七章)时参考现行共同法。不过,构建真正完全成熟的欧盟民法,必须尊重欧盟民法的权限限制。

五、欧盟民法的权限困境

当下的共识是,欧盟并无规范民法议题的一般权限,例如,欧盟无权制定一般性的合同法、债法法典甚或是民法典。[49] 欧盟权限不以主题或体系为导向,而以功能为导向。本书有关欧洲合同法和民事责任研究中的民法内容,主要是《欧盟运行条约》的四项最重要的授权条款,同时兼顾《马斯特里赫特条约》和《阿姆斯特丹条约》的一些平行或修正条款:

其一,《欧盟运行条约》第114条的建立和运行内部市场条款,该条款多与消费者合同相关,但与商事合同的关联有限;

其二,《欧盟运行条约》第153条的社会政策条款;

其三,《欧盟运行条约》第157条和第19条的雇佣和消费中的非歧视条款;

其四,"民事司法合作"标题下《欧盟运行条约》第81条的冲突法规则。

---

[49] 参见 S. Weatherill, "Competence and European Private Law", in: C. Twigg-Flesner (ed.), *European Union Private Law*, 2010, 58, 该书提到"权限敏感性"(competence sensitivity)(第65页)并坚持支持"欧洲私法"的"宪法限制"(constitutional constraints)(第69页)。柯林斯(Collins)更具雄心,他无视权限问题,而是试图在与社会正义相关的"欧洲经济宪法"(European Economic Constitution)的基础上制定私法的共同原则(第89页),但笔者在此不作深入研究,参见 H. Collins, *The European Civil Code*, 2008, 65 and 69。

本书并无兴趣深入探讨极具争议且事实上多此一举的权限问题。

尽管欧盟的立法举措仍然受到学界质疑,有一些批评意见,例如消费者保护的"权限蔓延"(competence creep)[50],以及将限制工作时间作为社会政策的一部分【边码2.2】[51],但本书提到的欧盟立法举措经受住了司法挑战。此外,即便欧洲法院的烟草广告案并未直接涉及欧盟民法,但判决中对欧盟权限过度扩张的下列"警告"仍应铭记:

> 将《欧盟运行条约》第114条(原《欧洲经济共同体条约》第100a条)解释为赋予共同体通过立法规制内部市场的一般性权力时,此种解释与前述条款内容背道而驰,也与《欧盟条约》第5条(原《欧洲经济共同体条约》第3b条)体现的原则不相兼容,即共同体(欧盟)的权力"仅以专门授权事项的授权原则为限"。此外,依据《欧盟运行条约》第114条所采取的(立法)举措必须能够真正改善内部市场的建立和运行条件。如果仅仅发现成员国规则存在差异,以及存在妨碍基本自由行使的抽象风险或由此导致的竞争扭曲,就足以证明《欧盟运行条约》第114条作为法律依据具有正当性的话,那么基于适当的法律依据进行合规性司法审查可能也是徒劳的。如此一来,欧洲法院将无法履行原《欧洲经济共同体条约》第164条(现为《阿姆斯特丹条约》第220条)所赋予的职能,即欧洲法院应确保在解释和适用条约时遵守欧盟法律。[52]

---

[50] 欧盟的"权限蔓延"困境,参见 S. Weatherill, *EU Consumer Law and Policy*, 2005, 14 and 72。

[51] C-84/94 *UK v Council* [1996] ECR I-5755.

[52] C-376/98 *Germany v Parliament and Council* [2000] ECR I-8419, paras 83-84.

欧洲法院的上述"警告"也可以延伸至一般民法事项的立法。本书讨论的举措似乎并无此种危险。但即便欧盟具备了权限,权限的行使也仍须遵守特定的宪法基本原则,尤其是《欧盟条约》第 5 条第 4 款和《欧盟基本权利宪章》第 52 条第 1 款规定的比例原则。第六章【边码 6.12 至 6.19】将结合新近的《欧洲共同买卖法》(CESL)草案进一步展开论述。

六、为什么是七项原则?

或许有人会问,为何本书提出的欧盟民法基本原则不多不少、恰为七项?笔者既不迷信古希腊历史学家劳伦斯(T.E. Lawrence)"智慧七柱"的神奇数字,亦不会对认为欧盟民法存在更多或更少原则的批评意见予以回应。即便《欧盟基本权利宪章》或多或少地体现了这些原则,其结构和内容也有所不同,或许,这些差异可以从原则的起源和功能中得到解释。

0.12

有限自治原则(原则之一)、弱势主体保护原则(原则之二)和非歧视原则(原则之三)构成欧盟实在法(主要是合同法)的一部分。这三项原则在某种程度上可能存在冲突(详见相关章节),也可能需要平衡,例如,自治概念和弱势主体保护之间的冲突,以及自治概念和非歧视之间的矛盾。

有效法律保护原则(原则之四)和对等原则(the principle of equivalence),可谓欧盟法的"老生常谈"了,其多与程序议题相关,但也能(笔者认为应当)扩展到实体和救济议题。

平衡原则(原则之五)和比例原则(原则之六)主要与方法论问题

相关。平衡原则与欧盟民法的司法解释和适用更为相关,比例原则,则与批判和积极意义上(制定)一部(存疑的)法典化或选用性欧盟民法的未来(尤其是买卖法)的法政治问题相关。

诚信原则(原则之七)可能仅是一项新兴原则,或许根本还不能算是一项基本原则。但本书认为,目前已经存在一些相关内容,这些内容未来可能会发展为一项更加连贯的原则,这取决于欧盟民法,尤其是欧洲法院判例法的发展。

本章参考文献

1. Acquis Group, *Principles of Existing EC Contract Law*(*Acquis Principles*), Contract I 2007, Contract II 2009.

2. C. von Bar et al. (eds.), *Principles, Definitions and Model Rules of European Civil Law-Draft Common Frame of Reference*(*DCFR*), interim outline ed. 2008, outline ed. 2009, full ed. I-VI 2009.

3. J. Basedow, "The Court of Justice and civil law: vacillations, general principles, and the architecture of the European judiciary", ERPL 2010, 443.

4. U. Bernitz et al. (eds.), *General Principles of EU Law in a Process of Development*, 2008.

5. F. Cafaggi/H. Muir Watt (eds.), *Making European Private Law*, 2008.

6. F. Cafaggi/H. Muir Watt (eds.), *The Regulatory Functions of European Private Law*, 2010.

7. O. Cherednyshenko, *Fundamental Rights, Contract Law, and the Protection of the Weaker Party*, 2007.

8. A. Ciacchi, "The Constitutionalisation of European Contract Law: Judicial Convergence and Social Justice", ERCL 2006, 167.

9. H. Collins, *The European Civil Code-The Way Forward*, 2008.

10. M. Dougan, "The Impact of the General Principles of Union Laws upon Private Relationships", in: D. Leczkiewicz/S. Weatherill (eds.), *The Involvement of EU Law in Private Law Relationships*, 2013, 71.

11. R. Dworkin, *Taking Rights Seriously*, 1977.

12. J. Esser, *Grundsatz und Norm in der richterlichen Fortbildung des Privatrechts*, 1956, 4th ed. 1968.

13. J. Esser, *Vorverständnis und Methodenwahl in der Rechtsfindung*, 1970.

14. X. Groussot, *General Principles of Community Law*, 2008.

15. K. Gutman, *The Constitutional Foundations of European Contract Law*, 2011.

16. A. Hartkamp, "The General Principles of EU Law and Civil Law", RabelsZ 2011, 241.

17. A. Hartkamp, *European Law and National Law*, 2012.

18. M. Hesselink, "If You Don't Like Our Principles We Have Others: On Core Values and Underlying Principles in European Civil Law: A Critical Discussion of the New Principles Section in the 'Draft Common Frame of Reference'", in: R. Brownsword et al. (eds.), *The Foundations of European Civil Law*, 2011, 59.

19. M. Hesselink, "The general principles of civil law: their nature, role and legitimacy", in: D. Leczkiewicz/S. Weatherill (eds.), *The Involvement of EU Law in Private Law Relationships*, 2013, 131.

20. K. Lenaerts/J. Gutiérrez-Fons, "The Constitutional Allocation of Powers and General Principles of EU Law", CMLRev 2010, 1629.

21. C. Mak, *Fundamental Rights in European Contract Law*, 2008.

22. A. Metzger, *Extra legem, intra ius: Allgemeine Rechtsgrundsätze im Europäischen Privatrecht*, 2009.

23. H.-W. Micklitz (ed.), *Constitutionalisation of Private Law*, 2013.

24. H.-W. Micklitz (ed.), *The Many Concepts of Social Justice in European Private Law*, 2011.

25. H.-W. Micklitz, "The Visible Hand of European Regulatory Civil Law", YEL 2009, 3.

26. F. Möslein, *Dispositives Recht*, 2011.

27. L. Niglia (ed.), *Pluralism and European Private Law*, 2013.

28. S. Peers/A. Ward (eds.), *The European Charter of Fundamental Rights*, 2004.

29. P. Popelier/C. Van de Heyning/P. Van Nuffel (eds.), *Human rights protection in the European legal order: The interaction between the European and the national courts*, 2011.

30. D. Pölzig, *Normdurchsetzung durch Privatrecht*, 2013.

31. K. Purnhagen, "The architecture of Post-National European Contract Law from a Phenomenological Perspective", RabelsZ 2013, 592.

32. N. Reich, "The Social, Political and Cultural Dimension of EU Civil Law", in: R. Schulte/H. Schulte-Nölke, *European Civil Law-Current Status and Functions*, 2011, 57.

33. K. Riesenhuber, *Privatrechtsgesellschaft: Entwicklung, Stand und Verfassung des Privatrechts*, 2007.

34. K. Riesenhuber, *Europäische Methodenlehre*, 2nd ed. 2010.

35. H. Rösler, *Europäische Gerichtsbarkeit auf dem Gebiet des Zivilrechts*, 2012.

36. M. Safjan/P. Miklaszewicz, "Horizontal effect of the general principles of EU law in the sphere of civil law", ERPL 2010, 475.

37. C. Schmid, *Die Instrumentalisierung des Privatrechts durch die EU*, 2010.

38. E: Steindorff, *EG-Vertrag und Privatrecht*, 1996.

39. T. Tridimas, *General Principles of EC Law*, 2nd ed. 2006.

40. C. Twigg-Flesner (ed.), *European Private Law*, 2010.

41. C. Twigg-Flesner, *A Cross-Border Regulation for Consumer Transactions in the EU-A Fresh Approach to EU Consumer Law*, 2012.

42. S. Weatherill, "The 'principles of civil law' as a basis for interpreting the legislative *acquis*", ERCL 2010, 74.

第一章
"有限"自治原则

目 次

一、法律限定的自由　　026

二、基本自由、自治和公共利益限制　　029

　（一）货物流动自由和合同自由　　029

　（二）服务提供自由　　031

　（三）资本流动自由　　032

　（四）人员流动自由和合同自由　　033

　（五）欧盟基础性法律对自治的限制　　034

　（六）允许成员国限制自由流动条款的公共利益但书：若干示例　　035

三、合同自由作为基本而有限的权利和原则　　039

　（一）《欧盟基本权利宪章》通过前：承认合同自由是一项基本权利　　039

　（二）《欧盟基本权利宪章》　　039

四、竞争法和自治　　041

　（一）禁止通过合同限制竞争的规定　　041

　（二）第101条第2款无效条款的合同效力　　041

　（三）执行合作协议作为竞争的先决条件　　042

　（四）竞争规则的有限适用范围　　044

　（五）竞争法和集体自治　　045

| 五、结语:福利主义视角下对自治的限制——超越传统进路? | 047 |
| 本章参考文献 | 050 |

一、法律限定的自由

1.1　　欧盟基础性法律最初并未就经济主体(活跃市场主体)的自治作出明确保障,而将之预设于法律规则中。[1]《欧盟条约》第3条第3款将"高度竞争性的社会市场经济"作为内部市场的基础。欧盟法律并不是一个全面系统的法律秩序,而是建立在成员国法律体系的基础上。盖因自由法律秩序以私人自治为基本理念[2],欧洲法院并无必要将自治明确规定为一项基本原则。仅当市场主体能自由决定是否、何时以及如何进入市场之时,开放的市场经济方能存续。而在需求侧,经营者或消费者这些潜在客户应能依其对价格、条件的偏好,来自由选择产品、服务与供应商。活跃市场主体的决定自由(freedom of decision)以及消费者和客户的选择自由(freedom of choice),构成自由市场体系的两大指导原则。

　　作为决定自由和选择自由之补充,合同自由(freedom of contract)现已被承认为一项基本权利【边码1.13】。欧盟法律所限定的合同自由,积极与消极维度并存。

　　合同自由的积极维度,是指合同自由既意味着自由选择合同磋商

---

[1] P.-C. Müller-Graff, in: S. Grundmann et al., *Party autonomy and the role of information in the internal market*, 2001, 135-150; A. Hartkamp, *European Law and National Private Law*, 2012, §139.

[2] K. Riesenhuber, *Europäisches Vertragsrecht*, 2006, §4, II.

对象和最终缔约对象,也意味着合同条款自由,例如购买产品和提供服务的价格、质量等事项,以及决定何种内容构成合同有效履行的自由。

但相较于早前的社会主义经济[3],合同自由的消极维度,是指通常不得强迫任何人缔约。至少就成员国合同法体系中的非强制性规范而言,当事人可以通过选择准据法、管辖权条款来排除适用成员国合同法,国家或其他第三方通常也不会规定这些合同内容。[4]

1.2 合同自由是成员国法律的一项基本原则,虽无明确规定,合同自由亦内蕴于欧盟基础性法律。这不仅源于欧盟从经济共同体演变为联盟的历史进程,还归因于欧盟法律并非完整连贯法律体系,而是至少在一定程度上以成员国共同的法律传统为基础。

法律强制违约方继续履行合同或向对方支付损害赔偿,这一后果并不决定于法定规则,而是当事人自由意志的必然结果。因此,作为合同法的一项基本规则,契约严守(pacta sunt servanda)并不是强制性规定强加的,而是当事人自由意志之实现。在 *Société thermale* 案中,欧洲法院明确提及民法基本原则:

> 根据民法基本原则,合同主体受合同条款之拘束并据此履行合同义务。因此,履行合同的义务既非源于缔约(尤其是专为此目的而订立其他协议),亦不取决于可能因迟延产生的赔偿或违

---

[3] 历史维度的探讨,参见 N. Reich, *Sozialismus und Zivilrecht*, 1972;另参见 N. Reich, *Transformation of contract law in new Member countries*, 2004 以及 O. Remien, *Zwingendes Vertragsrecht und Grundfreiheiten des EG-Vertrages*, 2003。

[4] 除非在极个别情形下,例如电力经销商和电信服务供应商,出于用户保护的理由,存在普遍服务义务(universal service obligation),包括确保用户不受歧视地获得(服务)的权利,这类服务供应商使用的合同条款通常由法律规定,参见边码 3.19。

约金,更与是否提供担保或保证无涉。合同义务仅源于合同本身。[5]

在涉及"货币换算为欧元时不利于消费者的四舍五入规则"的 VZ Hamburg/O2 案[6]中,欧洲法院认为,除非当事人另有约定,否则就应坚持"合同的连续性原则"(principle of continuity of contracts)。

尽管在界定"合同"(第4:101条)和"缔约"(第4:102条)时,《现行法原则》(Acquis Principles)【边码0.11】并未明确提及自治。但以成员国法律体系和现行欧盟法为基础的《共同参考框架草案》(DCFR)【边码0.12】第 II.-I:102 条规定,作为一项基本原则,合同自由仅受诚实信用、公平交易和其他强制性规则之限制【边码7.15】。

1.3 在欧盟民法的保障和限制下,自治及其必然结果——合同自由,就由此被"限定"(framed)[7]。"自治"是欧盟法律的一项基本原则【边码1.13】,但当欧盟基础性法律和派生性法律规则的保护目标与合同自由齐平甚至比其更高时,自治原则就在某种程度上受到基础性法律和派生性法律规则的限制。其中最重要的规则包括欧盟竞争法规则【边码1.14】,以及欧盟劳动法和消费者法中保护合同弱势主体的规则。依据《欧盟条约》第3条第3款【边码2.1】,这些规则构成市场

---

[5] C-277/05 Société thermale d' Eugénie-les-Bains v Ministère de l' Économie, des Finances et de l' Industrie [2007] ECR I-6428, para 24; M. Hesselink, "The General Principles of Civil Law: Their Nature, Role and Legitimacy", in: D. Leczykiewicz/S. Weatherill (eds.), The Involvement of EU Law in Private Law Relationships, 2013, 131 at 133.

[6] C-19/03 VZ HH v O2 [2004] ECR I-8183, para 54.

[7] "限定"(framing)概念可追溯至戈夫曼(Goffman)的研讨会论文,其谈到"所有的限定(frames)都涉及规范性预期",参见 E. Goffman, Frame Analysis-An Essay on the Organisation of Experience, 1974, 345。

经济"社会性"[8]的一部分。(相关规则)还包括民事关系中的反歧视立法【边码3.1】。此外,应从这一角度考量那些对自治作出限制的成员国法律,尤其是那些与基本自由相关并预设了合同自由的法律。不过,成员国可以从非歧视、合比例性和公共利益角度对合同自由加以限制【边码1.9】。确切而言,公共利益标准的目的,就在于避免合同强势一方行使单方面自由,或是避免损害竞争和开放市场的滥用情形,倘若缺失了公共利益标准下限制自治的反向原则,自治这一基本原则在理论和实践上均无从谈起。法秩序的任务,恰在于探寻前述两类原则的合理平衡(第五章),这也是欧洲法院判例法引领下的欧盟法和成员国法须面对的一项恒久挑战,此亦构成本书研究之焦点。

二、基本自由、自治和公共利益限制

(一)货物流动自由和合同自由

众所周知,《欧盟运行条约》第34条(原《欧盟条约》第28条)构成欧洲经济宪法(European economic constitution)的一项基本规则,该条设定了"禁止不合理或不成比例地限制成员国产品"的开放市场原则(the principle of open markets)。此条并未规定合同自由,而认为其是理所当然的。合同自由是货物流动自由的必要前提,只有经济主体(economic actor)能自由选择其他成员国的合同伙伴,货物自由流动方能

1.4

---

[8] 参见 H.-W. Micklitz (ed.), *Social Justice in EU Private Law*, 2011; D. Schiek, *Economic and Social Integration*, 2012。

实现。如若经济主体无法就合同内容、价格、条款、法律适用和管辖展开磋商，基于合同的货物自由流动就无从谈起。至少在商事交易中，只能通过合同来实现货物所有权之移转。所以，当对合同自由的限制落入欧盟管辖范围时，欧盟法原则上禁止此类限制。例如，在 *Libro* 案中，奥地利法规定进口商必须按照出版国（德国）的定价销售图书，欧洲法院认为此规定违反了《欧盟运行条约》第 34 条（原《欧盟条约》第 28 条）。[9]

一方面，欧洲法院已经表明，自由流动规则并不排斥合同主体采取合法措施，以避免适用某些限制合同自由的成员国法律。在 *Alsthom* 案中[10]，依据法国货物买卖法的规定，出卖人应就分销链上的产品瑕疵承担严格责任。欧洲法院的关切在于，前述规定是否构成对《欧盟运行条约》第 34 条和第 35 条（原《欧盟条约》第 28 条和第 29 条）意义上货物流动自由的限制。欧洲法院坚持认为，国际货物买卖的商事合同中，当事人通常可以自由选择合同关系的准据法，以避免受到法国法上合同链严格责任的所谓"直接诉讼"（action directe）的管辖。至少就商事交易而言，这相当于默示承认了当事人的合同自由。如果当事人能自由规避限制合同自由的成员国规定，欧盟法就无须介入。在 *Alsthom* 案中，欧洲法院认为，合同主体可以自由选择适用不含此类限制规则的其他成员国法律。另一方面，如果成员国设置了强制性规则，而当事人无法通过选择更自由的法律予以规避，那么该规

---

[9] C-531/07 *Fachverband der Buch-und Medienwirtschaft v LIBRO Handelsgesellschaft* [2009] ECR I-3717.

[10] C-339/89 *Alsthom Atlantique v Compagnie de construction mécanique Sulzer SA* [1991] ECR I-107, para 17.

则就可能与自由流动规则存在矛盾。[11] 但仅在保护最重要的公共利益,且适用强制性规则符合比例原则时,此类规则才被允许,例如限制销售特定类型的货物【边码 1.9】。

(二)服务提供自由

通常,服务内容(尤其是金融服务)由合同自身决定,因此,与服务提供自由相关的欧盟法律规则更接近于合同自由基本原则。欧盟法的唯一要求是,仅当提供服务以报酬为对价时[12],欧盟法方得适用,但报酬不必是合同的一部分,例如由第三方为服务提供资金。[13] 倘若成员国法律包含针对特定服务内容的强制性规则,或通过授权国有机构垄断来对提供特定跨境服务予以限制(例如彩票)[14],或对服务提供者设置资质要求,例如服务提供者必须预先取得某种授权、注册或许可,这不仅构成《欧盟运行条约》第 46 条(原《欧盟条约》第 49 条)意义上对服务提供自由的限制,也是对通常由成员国法律规定的合同自由的限制,除非这些限制能通过合比例的公共利益审查(public

1.5

---

〔11〕 在 *CMC Motorradcenter* 案中,欧洲法院认为,不能将德国的法官法所发展的(强制性)缔约过失原则视为对货物自由流动的障碍,即使该原则强制出卖人告知消费者,其以平行贸易方式从其他成员国进口的摩托车在执行合同担保上仍存在困难。参见 C-93/92 *CMC Motorradcenter v P. B.*〔1993〕ECR I-5009。

〔12〕 C-159/90 *The Society for the Protection of Unborn Children v Grogan*〔1991〕ECR I-4685.

〔13〕 例如涉及广播服务的案件 352/88 *Bond van Adverteerders v The Netherlands State*〔1988〕ECR I-2085。

〔14〕 德国对彩票的国家垄断,参见 C-316/07 *Markus Stoß*〔2010〕ECR I-8099;C-46/08 *Carmen Media*〔2010〕ECR I-8175;但这种限制可以通过合比例并且连贯一致的公共政策理由得到正当化,而欧洲法院认为,前述案件并无此种正当化理由,这一点在为数众多但不总是十分明确的判例法中可以看到,参见 N. Reich et al., *Understanding EU Internal Market Law*, 3rd ed. 2013, paras 7.19。

interest test)得以正当化【边码1.9】。在经济活动中,开放市场和合同自由规则互为表里,服务提供自由不仅受到确立内部市场这一客观利益的保障,还是经济主体自身的一项主观权利(subjective right)。由此,欧盟法律就有了一项间接而有力的工具来承认合同自由,包括缔约自由以及就价格和其他条件进行谈判磋商的自由。

(三)资本流动自由

1.6　　尽管最初的《欧洲经济共同体条约》已经包含与资本流动自由相关的条款,但这些条款无法直接适用。[15] 从另一视角来看,欧洲法院很早就承认支付自由(freedom of payment)是货物和服务自由流动的必然结果。[16] 这当然与受到普遍默示认可的合同自由相符。如果当事人能自由提供待售的货物和服务,并同意将之出售,相对方应能自由地接受(或拒绝)商定价格的标的并实际支付。若无支付自由之补充,货物和服务的自由流动犹如无源之水。成员国对跨境交易支付自由的限制,与自由流动规则本身相悖。但作为辅助性自由(ancillary freedom),支付自由仅涉及合同履行(例如货物买卖合同),不涉及以投资和/或投机为目的的资本自由流动问题。

　　直至最近,欧盟基础性法律才确立了直接适用于资本自由流动的规则。《马斯特里赫特条约》修改了第 73b 条,现行《欧盟运行条约》第 63 条(原《欧盟条约》第 56 条)引入了直接适用于资本自由流动的

---

　　[15] Case 203/80 *Casati* [1981] ECR 2595.
　　[16] Cases 26 and 286/83 *Luisi and Carbone v Ministero del Tesoro* [1984] ECR 377.

规则,涵盖了资本市场的所有投资和货币交易。[17] 这也意味着,除非条约例外地允许特定限制,否则就可以在所有成员国[18]自由买卖不动产。在大多数欧盟新成员国的入盟条约中,都含有购置农业用地的限制,但此种限制仅针对入盟国本国公民。除了此类豁免(代表"一次性"政治妥协),持有财产的权利(包括知识产权)亦被视为一项基本权利,被作为一项欧盟法律基本原则[19]加以保护,其同时也是《欧洲人权宪章》第17条明确承认的权利【边码1.13】。

(四)人员流动自由和合同自由

欧盟公民享有自由流动的权利,表明其有权订立任何合同,以有效行使其自由流动权利。反之,自由流动的权利禁止一切基于国籍的歧视,即便相关歧视是依据私法(签订)的集体协议而施加的。[20] 人员流动自由主要适用于雇佣合同,但也能扩展适用于与住房、扶养、教育相关的附属性协议(ancillary agreements)。如果成员国法律或集体协议对求职者提出语言要求,则(相关规则)不得强迫求职者参加仅受该国认证的(特定)机构组织的语言测试。[21] 这清楚表明了开放市

1.7

---

〔17〕 C-478/98 *Commission v Belgium* [2000] ECR I-7587.

〔18〕 参见 C-423/98 *Albore* [2000] ECR I-5965,最近适用资本自由流动规则的判决,参见合并审理案件 C-197+C-203/11 *E. Libert et al v Gouvernement flamand* [2013] ECR I-05.05.2013),该案涉及成员国(荷兰)法律要求土地转让以潜在买受人与目标土地之间存在"充分联系"(sufficient connection)为前提,法院从合比例性的角度对成员国的前述要求进行了批判分析。

〔19〕 C-479/04 *Laserdisken* [2006] ECR I-8089, para 65; C-275/06 *Productores de Música de España (Promusicae) v Telefónica de España SAU* [2008] ECR I-271, para 62.

〔20〕 C-415/93 *ABSL v Bosman* [1995] ECR I-4921.

〔21〕 C-281/98 *Roman Angonese v Casa di Risparmio di Bolzano* [2000] I-4139.

场、选择自由和合同自由三者之间的密切联系。

(五)欧盟基础性法律对自治的限制

1.8　　正因欧盟是作为一个经济共同体发展的,所以,欧盟基础性法律大多关注自治的经济维度,而非个人或哲学维度。[22] 但可以证实的是,对欧盟自由的广义解释也包含个人因素(personal element),这可以被视作是个人主义(individualistic)的法律概念,而不仅仅是经济性的概念。[23] 欧盟公民的自由流动权利蕴含了对合同自治的默示承认,如前所述,若无合同自治,人员自由流动的权利就毫无经济价值。对此种权利之限制,就须以欧盟法的特定正当理由为前提。

不仅是商事关系,民事关系(经营者与消费者之间)也确保了此种自治。由于自治主要涉及跨境交易,故而通常不适用于"纯粹内部情形"(purely internal situations),但随着成员国市场的一体化发展【边码1.10 示例】,"纯粹内部情形"概念变得有些模棱两可。[24] 正因为成员国有义务确保其他成员国公民的自治等基本权利,所以,成员国否认本国公民的自治等基本权利几乎是难以想象的。不过,所谓的"反向歧视"(reverse discrimination)不属于欧盟法的适用范围[25],除非成员国的限制性规则旨在阻碍其他欧盟国家公民在该国投资。[26]

---

[22] J.M. Broeckman, *A Philosophy of European Law*, 1999, 106 ff.

[23] N. Reich, *Bürgerrechte*, 1999, 158 ff.

[24] C-332/90 *Steen v Deutsche Bundespost* [1992] ECR I-341.

[25] Case 14/68 *Walt Wilhelm and others v Bundeskartellamt* [1969] ECR 1; Case 355/85 *Driancourt v M. Cognet* [1986] ECR 3231, para 10.

[26] 参见 C-197+C-203/11 *E. Libert et al v Gouvernement flamand* [2013] ECR I-(05.05.2013), para 47。

(六)允许成员国限制自由流动条款的公共利益但书:若干示例

成员国法律可能包含限制合同自由的规则,倘若这些限制具有跨境因素,就可能与前述基本自由相矛盾。成员国的限制(规则)可能涉及合同标的、价格、缔约主体、条款公平性、争议解决等内容。在许多情形下,欧盟法并不会就整个内部市场的目标、内在限制的界定标准进行协调或(设定)统一规则。但若成员国法律影响到了内部市场,就必须证明成员国限制措施的正当性。

1.9

很大一部分欧洲法院的判例法,就是要对"允许此类(成员国)限制的标准"作出界定,而这是"永无止境"的。本书于此不对欧盟的跨境缔约详细展开叙述。前述欧洲法院的判例法,仍是基于所谓的 *Gebhard* 审查(Gebhard test)展开:

> 然而,从欧洲法院判例的角度考察,成员国措施若可能妨碍或削弱行使条约保障的基本自由,则必须满足以下四项前提:必须以非歧视的方式适用;必须通过符合一般利益(general interest)的必要要求得到正当化;必须适合于确保实现所追求的目标;不得超越实现目标的必要限度。[27]

这一审查尤其被用于证明对合同自治的限制措施的正当性,即限制合同自治的目的是将弱势主体作为一种正当公共利益来保护,除非欧盟法律已对此予以完备保护。比例审查(proportionality test)是确定

---

[27] C-55/94 *Gebhard v Consiglio dell' Ordine degli Advocati e procuratori di Milano* [1995] ECR I-4165, para 37.

上述限制合法与否的主要标准。正如欧洲法院在 Gysbrechts 案[28] 中明确指出,即使欧盟指令规定了最低程度协调,成员国对指令的任何扩展也都必须遵守基本自由,如此一来,就排除了成员国关于"禁止经营者在远程合同撤回期届满前用消费者信用卡进行(付款)担保"的立法,但成员国关于禁止预付款的规定被判定为符合欧盟法。

1.10 与服务提供自由及其对缔约的影响相关的另一例证,当属 Cipolla 案。[29] 该案涉及意大利关于最低律师费率的规定是否符合《欧盟运行条约》第 56 条(原《欧盟条约》第 49 条),也间接涉及合同自由的范围和限制问题。尽管该案只涉及"纯粹内部事务"(purely internal matter),欧洲法院认为,最低费率可能会阻碍外国律师进入意大利市场,阻碍潜在客户向外国律师寻求服务,进而限制其选择自由【判决第 60 段】。但是,这一限制可基于消费者保护(尤其是法律服务的对象)以及确保适当的司法行政而得到正当化。讼争规则的合比例性,有赖于成员国法院根据欧洲法院描述的一系列因素加以判断,例如"作为客户的消费者"和律师之间的信息不对称使得服务质量难以判定【判决第 68 段】。在后续的 Commission v Italy 案中,欧洲法院认为,欧盟委员会并未表明,意大利关于最低律师费率的规定阻碍了外国律师进入意大利市场。[30]

另一则例子是成员国的强制保险规定。"欧盟委员会诉意大利

---

[28] C-205/07 *Gysbrechts* [2008] ECR I-9947.

[29] C-94 and 202/04 *Frederico Cipolla et al v Rosaria Fazari, née Portolese et al* [2006] ECR I-11421.

[30] C-565/08 *Commission v Italy* [2011] ECR I-2101.

案"[31]涉及意大利法中"(外国)汽车保险商有义务与意大利车主签订第三者责任保险合同"的规定。即便这一合同义务一概适用于意大利和外国的保险公司,但因其影响了其他成员国企业进入意大利市场,故而构成对《欧盟运行条约》第49条和第56条(原《欧盟条约》第43条和第49条)的限制【判决第64段】。但是,这一限制仍可通过"社会保护目标"(social protection objectives)得到正当化,即保护潜在的车祸受害者不会强制依赖于保障基金。欧洲法院进而指出:

> 就道路交通及与这一领域相关的公共利益目标而言,成员国的情形各有不同。因此,必须承认成员国在这一领域享有一定的自由裁量权。诚然,设定强制性规则的成员国必须证明,其在《欧洲经济共同体条约》意义上的限制具有正当性,即限制对于实现所追求的合法目标而言是适当和必要的,但成员国的证明责任不能过于宽泛,不能要求其主动证明在相同条件下不存在其他可能的措施来实现该目标。[32]

或许,"以语言要求作为雇佣合同生效的前提条件"可基于保护当地语言的理由而被正当化,但正如欧洲法院在 Cas 案中所言,这一要求仍须合比例:

> 然而,跨境雇佣合同的当事人不一定要掌握相关成员国官方语言。该情形下,当事人之间要达成自由且知情的合意,须要求当事人能以成员国官方语言以外的语言来起草合同。[33]

---

[31] C-518/06 Commission v Italy [2009] ECR I-3491.

[32] C-518/06 Commission v Italy [2009] ECR I-3491, para 84.

[33] C-202/11 Anton Cas v PSA Antwerp [2013] ECR I-(16.04.2013), para 31.

1.11 　　在限制营业权（restriction to the right of establishment）的广义概念下，根据欧洲法院的解释，依据《欧盟运行条约》第49条和第54条设立的公司对于任何使其经营活动更困难或盈利更少并因此限制缔约的成员国规定，欧盟法律持反对立场。在 Caixa 案中，欧洲法院首先重申其对营业自由（the freedom of establishment）的基本立场：

> 《欧洲经济共同体条约》第43条要求消除对营业自由的限制。所有禁止、阻碍营业自由或使其降低吸引力的措施都应被视为对营业自由的限制。[34]

　　上述营业自由受到"禁止新设立的公司使用特定商业模式"的限制，这意味着，新设立的公司无法更有效地争夺客户，譬如向即期账户支付报酬。虽然欧盟的派生性法律并未覆盖这一禁止，但这种商业实践仍落入《欧盟运行条约》第49条（原《欧盟条约》第43条）的保护范畴，除非其"服务于与公共利益相关的更高目标，适合于确保实现所追求的目标，不超出实现目标的必要限度"[35]。欧洲法院驳回了法国政府关于消费者保护和鼓励中长期储蓄的论点，法院认为，全面禁止即期账户已超出了实现该目标的必要限度。欧洲法院驳回了法国政府关于保护消费者和鼓励中长期储蓄的论点，因为完全禁止向即期账户支付报酬超出了实现前述目标所必需的范围。欧洲法院坚持认为，消费者在获得即期账户时可以自由选择，其既可以无偿获得银行服务，也可以有偿获得以前免费提供的服务，例如签发支票或银行卡，但要收取费用，而法国的规定使消费者无法进行自由选择。

---

[34] C-442/02 *Caixa Bank France v Ministère de Finances* [2004] ECR I-8961, para 11.
[35] C-442/02 *Caixa Bank France v Ministère de Finances* [2004] ECR I-8961, para 17.

三、合同自由作为基本而有限的权利和原则

(一)《欧盟基本权利宪章》通过前:承认合同自由是一项基本权利

存在争议的是,合同自由原则能否被视为《欧盟条约》第6条第2款意义上的基本原则。《欧洲人权公约》未明确提及合同自由,故其对合同法理论影响甚微。[36] 不过,《欧洲人权公约》第一议定书规定了财产保护,合同处分所有权就被默示视为获得和使用财产的正常合法途径。财产不仅享有静态意义的保护,也通过合同获得和使用财产,从而获得了动态意义的保护。倘若关涉财产的合同约定未被遵守,财产保护就会严重不足。在 Promusicae 案中,欧洲法院明确指出,基本权利不仅包括《欧盟基本权利宪章》确保的权利,还包括"共同体法的其他基本原则,例如比例原则"[37]。

1.12

(二)《欧盟基本权利宪章》

《欧盟基本权利宪章》第二章规定了"自由",并保障了结社自由(第12条)、职业自由和工作权(第15条)、营业自由(第16条)和财

1.13

---

[36] O. Remien, *Zwingendes Vertragsrecht und Grundfreiheiten des EG-Vertrages*, 2003, at 172-177.

[37] 参见 C-275/06 *Promusicae*, para 68。这一问题最近也在2011年2月3日的一份欧洲法院佐审官意见中得到了分析,参见 case C-403/08, paras 165 ff。欧洲法院判决并未将合比例性作为一项原则,但加以适用,参见合并审理案件 C-403/08 *Football Association Premier League Ltd v QC Leisure* and C-429/08 *Murphy v Media Protection Services Ltd* [2011] ECR I-(9083)。

产权(第 17 条)。上述自由皆以合同的形式行使。合同构成经济主体和民事主体行使自由的动态形式,无论是开展工作、商业经营,还是占有和使用财产,概莫能外。

尤值关注的,是《欧盟基本权利宪章》对财产权的广泛保障,其赋予"人人……享有拥有、使用、处分和遗赠其合法取得财产的权利。"一方面,倘若缺失了合同自由的内在动态内容,例如获得、处分货物和不动产的合同自由、缔约自由以及依所有权人意愿拒绝缔约的自由,财产权将一文不值。另一方面,征收作为以非合同方式取得财产的形式,受到公共利益审查的严格规制和限制,并应予以公平补偿。

所以,尽管《欧盟基本权利宪章》并未将合同自由规定为一项基本权利,但可以再次发现,某些得到明确承认的自由以合同自由的存在和被遵守为预设前提。据此,欧洲法院在 Sky 案裁决中写道:

> 从与《欧盟基本权利宪章》第 16 条相关的释义中明显可见,第 16 条的保护涵盖了从事经济或商业活动的自由、合同自由和自由竞争,这也符合《欧盟条约》第 6 条第 1 款第 3 项和《欧盟基本权利宪章》第 52 条第 7 款的规定,在解释《欧盟基本权利宪章》时,必须将上述内容纳入考量……此外,合同自由尤其包括选择交易对象的自由……以及决定服务价格的自由。[38]

作为欧盟法律的一项基本权利和基本原则,合同自由受到《欧盟基本权利宪章》第 52 条第 1 款一般条款的限制。在这些潜在限制中,部分内容是欧盟法律和《欧盟基本权利宪章》本身固有的。本书

---

[38] C-283/11 *Sky Österreich v Österreichischer Rundfunk* 〔2013〕ECR I-(22.01.2013), paras 42-43.

竞争法的内容和第二章有关劳动者和消费者的弱势主体保护部分将予以论述。因此,在欧盟民法上讨论"有限"自治原则是具备正当性基础的,后续将通过对欧盟和成员国施加的可能限制所作的平衡审查(balancing test)予以详述。这一框架不仅存在于欧盟的基本自由、基本权利和基本原则的体系之中,也是针对自治和禁止私人施加限制的平衡,还对欧盟民法(尤其是合同法)产生了深远影响。

四、竞争法和自治

(一)禁止通过合同限制竞争的规定

《欧盟运行条约》第 101 条(原《欧洲经济共同体条约》第 81 条第 1 款)是保护竞争的基本规则。一方面,如果反竞争协议(anti-competitive agreements)、协同行为或行业协会的决定违反了第 101 条,且这三种行为不符合第 101 条第 3 款的豁免标准,那么,任何以此为目的或效果的合同或行为都被视为自动无效。[39] 另一方面,促进竞争的合同原则上有效,例如通过研发合作协议来促进竞争。可以认为,只要合同的履行不以反竞争为目的或产生反竞争效果,竞争规则就包含了对自治原则的默示(消极)承认。

1.14

(二)第 101 条第 2 款无效条款的合同效力

欧洲法院明确指出,若能有效区分具有反竞争目的或效果的部

1.15

---

[39] 《欧盟运行条约》第 101 条第 2 款(原《欧洲经济共同体条约》第 81 条第 2 款),关于该条的依职权适用,参见 A. Hartkamp, *European Law and National Private Law*, 2012, para 127。

分合同内容,和未违反《欧盟运行条约》第101条的其他合同内容,那么,未违反条约的部分合同内容应得继续维持,不受第101条第2款无效条款*的影响。[40]欧洲法院亦表明,应由成员国法律,即在国际私法规则下应适用的合同准据法[41]来决定是否以及如何区分合同中"好"的部分和"坏"的部分。[42]由此,在能够区分合同的前提下,禁止反竞争协议的效力仅导致部分协议无效(nullity)[43],只要当事人的意愿合法,欧洲法院应尽可能地尊重当事人的合同意愿。通常,基于反竞争协议所订立的后续合同都将有效。若无特别立法,欧盟法律尽量不干涉当事人的合同自由和契约严守原则,商事合同尤是如此。

(三)执行合作协议作为竞争的先决条件

1.16　　竞争法不仅对限制竞争的合同持否定态度,还在一定范围内间接或直接豁免某些横向或纵向合作协议(cooperation agreements),有时甚至豁免竞争者之间的协议,使其不受竞争规则的拘束。通过所谓集体豁免(block exemptions)的立法技术,竞争法为合作伙伴,尤其是排他性或选择性分销协议和特许经营体系的当事人,提供了一种将相关协

---

*《欧盟运行条约》第101条第2款规定,本条禁止的任何协议应自动无效。——译者注

[40] Case 56/65 *Société Technique Minière v Maschinenbau Ulm*[1966] ECR 235; Case 319/82 *Société de Vente de Ciments et Bétons v Kerpen & Kerpen* [1983] ECR 4173, paras 11-12.

[41] Regulation Rome I No. 593/2008 [2008] OJ L177/6.

[42] Case 56/65 *Société de Vente de Ciments, et Bétons v Kerpen & Kerpen* [1983] ECR 4173, paras 11-12.

[43] C-234/89 *Delimitis v Henninger-Bräu* [1991] ECR I-935, para 40.

议置于竞争法制裁范畴之外的方案,依据《欧盟运行条约》第 101 条第 2 款使合同无效即为一例。低于《纵向协议集体豁免条例》规定的上限为 30% 的特定市场份额的"纵向协议"(vertical agreements)大多将得到豁免。[44] 只有某些特别相关的限制才会被列入黑清单或灰清单,例如《纵向协议集体豁免条例》第 4 条黑清单的纵向价格维持条款(vertical price maintenance clauses)、地域限制等内容,第 5 条灰清单的附条件的非竞争义务(conditional non-compete obligations)。对此,《纵向协议集体豁免条例》鉴于条款第 10 条和第 11 条给出的理由是:

> 无论相关经营者集中的市场份额如何,如果纵向协议包含特定类型的严重限制竞争(的条款),例如最低和固定转售价格以及特定类型的地域保护,则该纵向协议不得适用本条例获得集体豁免。为确保相关市场的准入或防止相关市场上共谋(collusion),应对集体豁免附加特定条件。为此目的,非竞争义务的集体豁免应限于那些未超过规定期限的义务。

正如《纵向协议集体豁免条例》鉴于条款第 7 条所明确的,条例第 4 条和第 5 条的豁免及其限制,是建立在平衡"效率增进效应"(efficiency-enhancing effects)的基础之上,前提是这些效应大于"任何反竞争效应"(any anti-competitive effects)。

对特定类型的合作协议明示或默示豁免适用竞争规则已有一段时日,于此不再赘述。这一范式转变,既是新的经济推理(economic

---

[44] 参见 Regulation (EU) No. 330/2010 of 20 April 2010 [2010] OJ L 102/1,条例对欧盟竞争政策的重要性分析,参见 R. Wish/D. Bailey, "Regulation 330/2010:The Commission's New Block Exemption for Vertical Agreements", CMLRev 2010,1757。

reasoning)的结果,也是对自治的一种崭新理解。[45]经济主体被赋予更多自由来调整相互关系,即便这会在增进消费者福祉的情况下引发一些反竞争效应。竞争法不是要限制自治,而是对那些明显利用自由来损害公共利益或第三方利益的特定行为加以制止的一种"长停机制"。由此,现代竞争法的适用愈发限制于特定的核心限制(hardcore restrictions),例如固定价格(price fixing)和分割市场等。与此同时,现代竞争法也赋予各方当事人自行决定合作模式之自由,允许当事人通过反竞争和排他性条款来自主限制行为自由。

(四)竞争规则的有限适用范围

1.17　　即便竞争规则适用于单方反竞争行为,也仍须遵守合同自由原则。所以,《欧盟运行条约》第 102 条并不禁止具有支配地位企业之存续,而只是禁止此类企业的特定类型行为。就具有支配地位企业被允许的行为的本质问题,差异历来存在:在 *Hoffmann-LaRoche* 案中,欧洲法院提到一种滥用形式,即"不同于正常竞争条件的……以商主体的交易为基础"的交易方法。[46]而在 *Irish Sugar* 案中,初审法院(CFI)(现为综合法院)则提到,具有支配地位的企业有权在自身商业利益受到攻击时采取合理措施,但补充说,"(这种保护行为)须至少以经济效率为标准,并符合消费者的利益,如此方为合法"[47]。不

---

[45] 参见 D. Caruso,"Black Lists and Private Autonomy in EU Contracts Law", in: D. Leczykiewicz/ S. Weatherill (eds.), *The Involvement of EU Law in Private Law Relationships*, 2013, 291 at 303。

[46] Case 85/76 *Hoffmann-La Roche v Commission* [1979] ECR 461, para 91.

[47] Case T-228/97 *Irish Sugar PLC v Commission* [1999] ECR II-2969, paras 112 and 189.

过,在一定限度内承认具有支配地位的企业之自治,此点明确无疑。

(五)竞争法和集体自治

讨论自治与竞争相互关系的另一领域是集体谈判(collective bargaining),此外还涉及该领域能否适用竞争法的问题。Albany 案[48]涉及雇主的一项集体协议义务,即通过集体协议制定行业性养老计划,并以强制方式为所有相关雇员提供补充性养老金,根据荷兰法律,加入该计划原则上是强制性的。案件争点在于,该集体协议是否符合竞争规则。此种集体协议阻碍了该行业的雇主提供比集体协议更优惠的养老金安排,也妨碍了其他养老金提供者(例如保险公司)在该行业销售养老金。在一份基于比较法分析的冗长意见中,佐审官雅各布斯(Jacobs)指出,《欧洲经济共同体条约》中并不存在将集体谈判排除在竞争规则之外的特殊规定,而在农业行业的某些协议、与国防相关的某些协议等事项上,则存在特殊规定,《欧盟运行条约》第 101 条第 3 款(原《欧洲经济共同体条约》第 81 条第 3 款)也不适用。此外,条约中也有鼓励和支持集体谈判的规则,他认为,除非同时假定在竞争规则下集体谈判原则上合法,否则这些条约规则就毫无意义。所以,《欧盟运行条约》第 101 条本就不适用于雇员雇主间的集体协议,至少当其就集体谈判本应处理的"核心议题"(工资、雇佣条件、工作场所环境、裁员等)达成一致时的确如此。据此,他认为,鉴于集体协议的社会属性,下列特定情形下,此类协议可免受欧盟竞争法拘束:

1.18

---

[48] C-67/96 *Albany Int. BV v Stichting Bedrijfspensioenfonds Textielindustrie* [1999] ECR I-5751.

其一,协议的当事人代表行业双方而非一方;

其二,协议为"善意缔结",例如不是变相的核心卡特尔(hardcore cartel in disguise);

其三,协议处理集体谈判的"核心议题";

其四,协议对第三方不产生直接效力,例如不影响雇主和供应商、存在竞争关系的雇主、客户或消费者之间的关系。[49]

1.19 在尊重集体自治方面,欧洲法院的立场更为宽泛,即便涉及到对竞争的某些限制时亦然:

> 毋庸置疑,在分别代表雇主和雇员的组织达成的集体协议中,对竞争的某些限制是协议本身所固有的。但若劳资双方在共同寻求措施以改善工作和雇佣条件时必须受到第101条第1款之规制,那么集体协议所追求的社会政策目标就将遭到严重破坏。因此,从条约整体解释的角度来看,就协议的性质和目的而言,劳资双方在集体谈判中为追求此类目标(例如社会政策目标)而缔结的协议不受《欧盟运行条约》第101条之规制,此种解释不仅有效,且(与条约)相符。[50]

欧洲法院默示承认,尽管有一定限制,劳动关系领域的集体自治优位于竞争规则。[51]后续的 Pavlov 案[52]表明,这种豁免仅涉及传统意义上的集体谈判,而不涉及具有反竞争效应的专业协会规则。

---

〔49〕 参见 Albany 案中佐审官雅各布斯在1999年1月28日的意见第169段、第186段至第194段。

〔50〕 同上,参见欧洲法院1999年9月21日判决第59段至第60段。

〔51〕 讨论见 cf. M. Kiikeri, *Comparative legal reasoning*, 2001, 222-241。

〔52〕 合并审理案件 C-180-185/98 Pavel Pavlov et al v Stichting Pensioenfonds Medische Specialisten〔2000〕ECR I-6451。

五、结语:福利主义视角下对自治的限制——超越传统进路?

为了就"有限"自治在欧盟民法中的角色、功能和局限性得出一些结论,本书将援引托马斯·威廉姆森(Thomas Wilhelmsson)发表于2004年的一篇开创性论文。[53]威廉姆森在文中讨论了一系列不同的"社会正义"(social justice)概念和"福利国家"(welfare state)价值,这些概念和价值"侵入"了以市场为导向、以自治为基础的传统合同法,而自治也是欧盟基本原则的一部分。他常以传统二分法下欧洲私法中的"自治与社会"[54]、"个人自治与集体组织"[55]、"市场互补(market complementary)与市场补偿(market compensatory)"[56]或"形式与实质"[57]要素来描述上述概念与价值。他认为,以上每种二分法都指向合同法"社会化"的不同维度,因此相互独立,但亦有重叠。由于这些二分法的相互关系不甚清晰,威廉姆森将与不同的目标和工具相关的"合同法的福利主义"(welfarism in contract law)区分为六种主要模型,并将之用于限制自治,由此超越了传统的自治概念。

1.20

---

[53] T. Wilhelmsson, "Varieties of Welfarism in European Contract Law", ELJ 2004, 712;参见 C. Mak, *Fundamental Rights in European Contact Law*, 2008, at 286-289; N. Reich in: R. Schulze/H Schulte-Nölke, *European Private Law*, 2011, 57。

[54] T. Wilhelmsson, "Social Justice in European Contract Law: a Manifesto", ELJ 2004, 653.

[55] D. Schiek, "Is There a Social Ideal of the ECJ?", in: U. Neergard et al. (eds.), *The Role of Courts in Developing a European Social Model*, 2009, 63 at 96.

[56] N. Reich, *Markt und Recht*, 1977, 198 and 217.

[57] D. Kennedy, "Form and Substance in Private Law Adjudication", Harvard Law Rev 1976, 561, at 616.

模型	目标/工具
一、市场理性福利主义（Market-rational welfarism）	旨在改善意思自治和市场机制功能的法规，例如信息规则
二、市场矫正福利主义（Market-correcting welfarism）	旨在矫正市场机制结果的法规，以推广可接受的合同行为，例如实质公平规则（substantive fairness rules）
三、内部再分配福利主义（Internally redistributive welfarism）	旨在重新分配利益的法规，以有利于合同关系中的弱势一方，例如影响合同权利义务的规则
四、外部再分配福利主义（Externally redistributive welfarism）	旨在重新分配利益的法规，以有利于类似情况下的合同弱势主体，例如平等规则
五、需求理性福利主义（Need-rational welfarism）	与其他类似情形的当事人相比，旨在将利益提供给具有特殊需求的当事人的法规，例如社会不可抗力（social force majeure）规则
六、公共价值福利主义（Public values welfarism）	旨在为与当事人无关的利益和价值提供合同法保护的法规，例如保护环境价值和人权

表1-1

1.21　本章和以下各章将以模型一至模型五作为分析工具，来探寻绪言所述的欧盟民法的不同维度。本书对模型六不作展开，因为欧盟法律尚未涉及这一主题。本书主要研究欧盟合同法和民事责任条款，所涉领域包括消费者法、反歧视法，以及新兴的普遍经济利益服务（services of general economic interest, SGEI）合同法，即电子通信和能源。鉴于劳动法是了解欧盟民法具体内容的有益来源，本书也将粗略涉及。[58]

---

[58] 相关精彩概述，参见 N. Countouris, "European Social Law as an Autonomous Legal Discipline", YEL 2009, 95。

然而,在消费者法、反歧视法和普遍经济利益服务的合同法领域使用"威廉姆森模型"时,仍有一项重要补充。本书将特别强调欧盟法律——主要是指令形式的派生性法律——在多大程度上有意赋予个人权利,例如在其"横向直接效力"(无论多么有限)或"权利义务"的相互关系上。[59]

本书建议,将所谓的"威廉姆森模型"与笔者基于强制性民法(mandatory civil law)提出的权利方法作如下结合:

框架一:知情权【边码2.6】

框架二:实体和程序正义的权利【边码2.3,2.8,4.15,7.4】

框架三:核心条款(价格)公平性的权利【边码5.3】

框架四:非歧视的权利【边码3.1】

框架五:有需要时(社会不可抗力)的(例外性)权利【边码3.19】

上述框架是一种分析性方案,将在后续章节详细展开。由此,在作为成员国私法基本理念的自治传统领域,我们得以检视欧盟民法的介入程度。[60] 有效法律保护原则(第四章),以及诸如平衡原则、比例原则和新兴的诚信原则(第五、六、七章)这些欧盟民法特有的方法论要求,都应对上述框架加以扩展。与此同时,鉴于欧盟法律基本原则是由欧洲法院判例和在《欧盟基本权利宪章》第51条和第52条"合宪性"影响下的欧盟立法(尽管是以相当零散的方式)发展而来,通过上述框架,我们也可以对欧盟法律基本原则的现状作批判性评价。

---

[59] N. Reich, "The public/private divide in European law", in: H.-W. Micklitz/F. Cafaggi, *European Private Law after the Common Frame of Reference*, 2010, 56; id., "Rights without Duties? The interrelation between rights and duties in EU law", YEL 2010, 112.

[60] 呈现全面研究进路的文献,参见 D. Leczykiewicz/S. Weatherill (eds.), *The Involvement of EU Law in Private Law Relationships*, 2012。

本章参考文献

1. G. Alpa, "Party autonomy and freedom of contract today", EBLRev 2010, 119.

2. C. Barnard, *EU Employment Law*, 4th ed. 2012.

3. J. Baquero Cruz, "Free movement and private autonomy", ELRev 1999, 603.

4. J. Basedow, "Freedom of Contract in the EU", ERPrL 2008, 901.

5. J.M. Broeckman, *A Philosophy of European Law*, 1999.

6. D. Caruso, "Black Lists and Private Autonomy in EU Contracts Law", in: D. Leczykiewicz/S. Weatherill (eds.), *The Involvement of EU Law in Private Law Relationships*, 2013, 291.

7. H. Collins, "The constitutionalisation of European private law as a path to social justice?", in: H.-W. Micklitz (ed.), *Social Justice in EU Private Law*, 2011, 133.

8. H. Collins, "Social Dumping, Multi-level Governance and Private Law Employment Relationships", in: D. Leczykiewicz/S. Weatherill (eds.), *The Involvement of EU Law in Private Law Relationships*, 2013, 223.

9. A. Colombi Ciacci, "Party autonomy as a fundamental right in the European Union", ERCL 2010, 303.

10. G. Davis, "Freedom of Contract and the Horizontal Effect of Free Movement Law", in: D. Leczykiewicz/S. Weatherill (eds.), *The Involvement of EU Law in Private Law Relationships*, 2013, 53.

11. S. Grundmann/W. Kerber/S. Weatherill (eds.), *Party Autonomy and the Role of Information in the Internal Market*, 2001.

12. A. Hartkamp, *European Law and National Private Law*, 2012.

13. N. Helberger et al., "Digital Content Contracts for Consumers", JCP 2013, 37.

14. M. Hesselink, "The General Principles of Civil Law: Their Nature, Role and Legitimacy", in: D. Leczykiewicz/S. Weatherill (eds.), *The Involvement of EU Law in Private Law Relationships*, 2013, 131.

15. H.-W. Micklitz (ed.), *Social Justice in EU Private Law*, 2011.

16. H.-W. Micklitz, *Brauchen Unternehmen und Verbraucher eine neue Architek-*

tur, *Gutachten* 69. *Dt. -Juristentag München*, 2012.

17. H.-W. Micklitz/N. Reich/P. Rott, *Understanding EU Consumer Law*, 2009.

18. L. Moccia (ed.), *The Making of European Private Law: Why, How, What, Who*, 2013.

19. P.-C. Müller-Graff (ed.), *Gemeinsames Privatrecht in der Europäischen Gemeinschaft*, 1999.

20. L. Niglia (ed.), *Pluralism and European Private Law*, 2013.

21. N. Reich, *Bürgerrechte in der Europäischen Union*, 1999.

22. N. Reich, "Crisis or Future of European Consumer Law?", in: *Yearbook of Consumer Law* 2009, 2010, 3.

23. N. Reich, "The public/private divide in European law", in: H.-W. Micklitz/F. Cafaggi, *European Private Law after the Common Frame of Reference*, 2010, 56.

24. O. Remien, *Zwingendes Vertragsrecht und Grundfreiheiten des EG-Vertrages*, 2003.

25. K. Riesenhuber, *Europäisches Privatrecht*, 2nd ed. 2006.

26. K. Riesenhuber, *European Employment Law*, 2012.

27. V. Roppo, "From Consumer Contracts to Asymmetric Contracts", ERCL 2009, 304.

28. D. Schiek, *Economic and Social Integration*, 2012.

29. R. Schulze/H Schulte-Nölke, *European Private Law-Current Status and Perspectives*, 2011.

30. A. Somek, *Individualism: An essay on the authority of the European Union*, 2008.

31. E. Steindorff, *EG-Vertrag und Privatrecht*, 1996.

32. Study Group on Social Justice in European Private Law, Social Justice in European Contract Law: A Manifesto, ELJ 2004, 653.

33. K. Tonner/K. Fangerow, "Directive 2011/83 on consumer rights: a new approach to European consumer law?", EUVR 2012, 67.

34. S. Weatherill, *EU Consumer Law and Policy*, 2005, 2nd ed. 2013.

35. C. Wendehorst, "The 'Legal Basis' of European Private Law in the Light of EU Constitutionalisation", in: L. Moccia (ed.), *The Making of European Private Law: Why, How, What, Who*, 2013, 33.

36. T. Wilhelmsson et al. (eds.), *Private Law and the Many Cultures of Europe*, 2007.

37. T. Wilhelmsson, "Varieties of Welfarism in European Contract Law", ELJ 2004, 712.

第二章
弱势主体保护原则

目次

一、弱势主体保护的内容　　053
二、工作时间和带薪年假的最低标准　　057
　（一）《工作时间指令》的目标　　057
　（二）什么是"工作时间"，由谁决定？　　058
　（三）带薪年假权利：欧盟的一项基本权利？　　062
三、欧盟消费者法：知情抑或保护　　066
　（一）欧盟消费者合同法：家长主义抑或保护？　　066
　（二）消费者知情的盛行　　068
　（三）与内容相关的强制性规定作为例外　　071
　（四）谁是需要信息和保护的消费者？　　072
　（五）"弱势"消费者标准　　076
四、结语：弱势主体保护的一般化及其局限性　　079
本章参考文献　　082

一、弱势主体保护的内容

新兴的欧盟民法，与其说是让公民用自治来实现目的（经济目的或其他目的）的一套规则，不如说是试图保护弱势主体并打击歧视 　2.1

(combat discrimination)的一套规则(第三章)。简言之,欧盟民法至少可以划分成如下四个领域,这些领域已被纳入《欧盟基本权利宪章》,且多以欧盟法律事先扩展的公民权利为基础,社会和消费者政策领域尤是如此[1]:

第一,欧盟社会政策的一项重要内容,就是通过保障公平公正的工作条件,来保护处于依附性雇佣关系中的人员。《欧盟基本权利宪章》第 31 条规定,"限制(每个劳动者)最长工作时间、拥有每周和每天休息时间以及每年带薪休假的权利"[2]。这也符合《欧盟条约》第 3 条第 2 款关于建立"社会市场经济"(social market economy)的规定。[3]《欧盟运行条约》第 151 条第 1 款提及的 1989 年《欧共体劳动者基本社会权利宪章》*第 8 条也有类似规定[4],欧洲法院也曾多次提及。[5] 待研究的一个突出例子是 2003 年《工作时间指令》[6]及其前身 1993 年《工作时间指令》[7],本书将以欧洲法院对指令的极具争议的解释为例展开讨论【边码 2.3-2.4】。

---

[1] 相关概述参见 N. Reich,*Bürgerrechte*,1999。

[2] 欧洲法院佐审官蒂扎诺(Tizzano)甚至在《里斯本条约》正式生效前,就已在 2001 年 2 月 18 日的意见书第 26 段至第 28 段提到了这一点,但欧洲法院当时未予采纳。参见 C-173/99 *BECTU v Secretary of State for Trade and Industry* [2001] ECR I-4881。

[3] C. Barnard, *EU Employment Law*, 4th ed. 2012, 534; H. Collins, "Social Dumping, Multi-level Governance and Private Law Employment Relationships", in: D. Leczkiewicz/S. Weatherill (eds.), *The Involvement of EU Law in Private Law Relationships*, 2013, 223 at 241; K. Riesenhuber, *European Employment Law*, 2012, p. 13.

* Community Charter of Fundamental Social Rights of Workers。——译者注

[4] 参见 K. Riesenhuber,*European Employment Law*,2012,at 19 and 48;最初被英国驳回的 1992 年《社会政策议定书》后来成为了 1997 年《阿姆斯特丹条约》的一部分。

[5] C-151/02 *Kiel v Jaeger* [2003] I-8389, para 47.

[6] [2003] OJ L 299/9.

[7] [1993] OJ L 307/18.

第二，消费者保护，是欧盟法律积极作为的另一领域，原因在于，在经营者和消费者订立的合同中，消费者是典型的弱势主体。消费者保护原则现已载入《欧盟基本权利宪章》第 38 条[8]，但措辞十分笼统。根据 1992 年《马斯特里赫特条约》，消费者保护原则早已包含在旧的《欧洲经济共同体条约》第 129a 条中，后成为《阿姆斯特丹条约》第 153 条第 2 款，现被规定于《欧盟运行条约》第 12 条。[9]消费者保护原则之核心，在于保障消费者的"知情权"（right to information），而诸如安全和健康、公平谈判、司法救济等消费者法的其他内容，则由派生性法律规制，且已发展为真正的基本原则，即有效法律保护原则（详见第四章）。2011 年 10 月 25 日颁布的《消费者权利指令》，则是欧盟众多而不尽连贯的消费者保护立法之延续。[10]保护所谓"弱势"消费者作为一项新内容，其适用范围仍不明确【边码 2.11】。

第三，保护网络服务的私主体，亦构成欧盟民法的一项新内容，这是欧盟交通、能源和电信这些基础服务不断私有化的结果。民法，尤其是合同法，不得不接管公法的职能，并由此限制了传统的自治概念。《欧盟基本权利宪章》第 36 条体现了这一进程，其规定"欧盟承认并尊重获得具有普遍经济利益的服务……以促进欧洲联盟的社会和领土凝聚力"。《欧盟运行条约》第 14 条亦可体现此点。鉴于前述规定的重点在于获得（普遍经济利益服务）的权利【边码 3.15】，本书将结合

---

[8] 参见 C-12/11 *D. McDonagh v Ryanair* [2013] ECR I-(31.1.2013), para 63, 该案依据《欧盟基本权利宪章》第 16 条和第 17 条为限制航空公司的合同自治提供了正当化理由。

[9] 相关概述参见 N. Reich, in: H.-W. Micklitz/N. Reich/P. Rott, *Understanding EU Consumer Law*, 2009, 13。

[10] 参见[2011] OJ L 304/64; 欧盟此前立法之概览，参见 H.-W. Micklitz/N. Reich/P. Rott, *Understanding EU Consumer Law*, 2009。

"弱势消费者"概念【边码2.11】并在非歧视原则的背景下展开讨论。

第四,考虑到中小型企业是欧盟产业政策的一部分,欧盟和成员国应鼓励"有利于全欧盟企业,特别是中小型企业的创新和发展的环境"(《欧盟运行条约》第173条第1款)。尽管如此,欧盟法律尚未制定任何特别的反向规则,来保护"开放和竞争市场"体系中处于弱势方的中小型企业。[11]

《欧盟基本权利宪章》的权利和原则通常仅提供一般性指引,并无直接效力。[12] 这些权利和原则,是通过限制合同自由的强制性规定来对私法产生影响的,而对强制性规定的限制也因具体问题领域而有不同,故须分别研究。但是,欧盟民法基本原则能在多大程度上从《欧盟基本权利宪章》的权利和原则中引申出来,仍悬而未决。如果这些权利和原则并非是可以直接适用的规范来源,而是法律解释、漏洞填补的指引,并在某种程度上是审查欧盟法律和成员国转化法律合法性的指引。基于这一假定,就可以认为,在可以直接适用的欧盟派生性法律中,存在民事关系中的弱势主体保护基本原则。

后文所举的欧盟立法和欧洲法院判例的例子,仅为说明弱势主体保护原则的复杂性。尽管弱势主体保护原则备受质疑和批评,欧洲法院总体连贯的判例法仍实质性地推动了该原则的发展。

---

〔11〕 相关评论参见 H.-W. Micklitz, *Brauchen Konsumenten und Unternehmen eine neu Architektur des Verbraucherrechts-Gutachten zum 69 DJT*, 2012, A 32;文章英文简本参见 EUVR 2013,5。

〔12〕 欧洲法院佐审官特尔斯泰尼亚克(Trstenjak)在2011年9月8日的意见书第83段中否认了《欧盟基本权利宪章》基本权利的横向直接效力,基本原则更是如此,参见 C-282/10 *Dominguez v CICOA*〔2012〕ECR I-(24.1.2012)。

二、工作时间和带薪年假的最低标准

(一)《工作时间指令》的目标

《工作时间指令》可追溯至1975年的一项理事会建议,该建议希望将每周工作时间限制在四十小时以内,并提供四周带薪年假。1993年,以《欧洲经济共同体条约》第118a条(现为《欧盟运行条约》第153条)"工作环境"(working environment)概念下新的多数决为基础,《工作时间指令》将建议中权利由原先的相当宽松的时间范围降到一个更现实的时间阈值。英国曾就指令的法律依据提出质疑并诉至欧洲法院,但最终败诉,因为欧洲法院对指令的法律依据进行广义解释:"包括能够影响劳动者在其工作环境中健康和安全的所有因素,无论是物理因素还是其他因素,尤其包括工作时间安排的某些方面。"[13]欧洲法院强调了这一领域中欧共体立法的社会政策目标,即以"保护劳动者的健康和安全为主要目标"[14]。所以,合同事项并非立法者的关注焦点。直至后来欧洲法院在判例中解释指令的核心概念时,这种情况才有所改变,法院采取了特殊的个人保护观点,视劳动者为弱势一方。

欧洲法院一系列重要判决,曾围绕2003年《工作时间指令》及其前身1993年《工作时间指令》作出,这些判例极大地限制了雇主在工作时间和带薪年假上的合同自由,并将这种保护延伸到了雇主与劳动者组织或机构之间的集体协议之中。基于《欧盟运行条约》第153条第4款

---

[13] C-84/94 *UK v Council* [1996] ECR I-5755, paras 14-15.
[14] C-84/94 *UK v Council* [1996] ECR I-5755, para 22.

(原《欧洲经济共同体条约》第 118a 条第 4 款)的最低程度协调(minimum harmonisation)概念,成员国法律仅限于改善劳动者保护现状,而不是对劳动者施加限制,或对劳动者增设指令未明确规定之条件。尽管遭到成员国政府和雇主协会的强烈抗议,欧洲法院判例法仍体现出一种带有明显强烈个人主义"前见"(individualistic "Vorverständnis")【边码 0.2】的保护精神。在劳动合同中,劳动者被视为典型的弱势主体而须得到保护,以防止雇主单方面行使合同自由,尽管此点(雇主单方行使合同自由)可能会得到成员国本身的支持。劳动者的概念证明了这一点,欧盟在进行自主解释时,将劳动者视为"在一定期限内为他人提供服务或依指示提供服务以获取报酬的人"[15]。这就造成了一种有理由进行法律干预的依附性(dependency)情形,其中包括固定期限合同和教育服务合同(education commitment contracts),欧洲法院的一些裁判亦可支持这一论点。

(二)什么是"工作时间",由谁决定?

2.3　　2003 年《工作时间指令》第 6 条对"工作时间"(working time)的界定如下:

每周最长工作时间

成员国应采取必要措施,在确保保护劳动者健康和安全的前提下:

(1)通过法律、法规、行政规章、集体协议或产业双方的协议

---

[15] 参见 C-428/09 *Union Syndicale Solidaires Isère* [2010] ECR I-9961,该案判决第 28 段提到劳动者自由流动(free movement of workers)(《欧盟运行条约》第 45 条)的类似概念。

对每周工作时间加以限制;

(2)每七天的平均工作时间(包括加班)不得超过48小时。

上述颇为正式的"工作时间"定义,似乎并未给成员国或雇主留下多少变通空间。2003年《工作时间指令》第23条及其前身1993年《工作时间指令》均规定,禁止成员国降低指令规定的最低保护范围。根据2003年《工作时间指令》第22条,在某些情形下,可以在"劳动者同意从事此类工作"的前提下延长工作时间。因此,劳动者可以在有限范围内放弃保护,但须以严格的条件和限制为前提。欧洲法院在 *Fuß* 案判决中也强调了《工作时间指令》第6条的保护范围:

> 第6条是欧盟社会法的一项特别重要的规则,其要求成员国将每周最长平均工作时间(包括加班)的上限定为48小时。正如该条的明确规定,在成员国法律未转化指令第22条第1款第1分段的规定时,在主要诉讼程序中,不得减损对消防员最长工作时间的保护。[16]

问题在于,劳动者能否像 *Fuß* 案那样,通过集体协议放弃指令的保护? 在 *Pfeiffer* 案[17]中,案件涉及通过集体协议将工作时间延长到超过1993年《工作时间指令》第6条第2款(现为2003年《工作时间指令》第6条第b项)规定的48小时上限,欧洲法院否认了这种可能

---

[16] C-243/09 *Günter Fuß v Stadt Halle* [2010] ECR I-9849, para 47.

[17] 参见 C-397-403/01 *Pfeiffer et al v DRK* [2004] ECR I-8835, para 82;亦参见关于选择退出(opting out)的讨论 C. Barnard, *EU Employment Law*, 4th ed. 2012, at 550;关于欧洲法院对个体进路(individual approach)的批判,参见 H. Collins, "Social Dumping, Multi-level Governance and Private Law Employment Relationships", in: D. Leczkiewicz/S. Weatherill (eds.), *The Involvement of EU Law in Private Law Relationships*, 2013, at 239。

性,对指令的规范目标延续了严格的个人主义进路:

> 这一解释源于 1993 年《工作时间指令》的规范目标,指令旨在通过确保劳动者实际享有每周工作时间上限和最短休息时间等权利,确保有效保护劳动者的安全和健康。因此,对上述最低要求的任何减损,都须具备一切必要保障措施,以确保在支持劳动者放弃指令直接赋予的社会权利时,必须让劳动者在充分了解所有事实的前提下自由决定是否放弃权利。由于劳动者被视为雇佣合同中的弱势一方,上述要求就显得尤为重要,因此,有必要防止雇主无视劳动者的主观意愿,或避免在劳动者未明确表示同意的情况下限制其权利。

一系列案件涉及的争议问题是,能否将待命时间(time on call)视为"工作时间",并纳入 48 小时工作制的范畴。除非指令对在医院待命的医生有明确的权利减损规定,否则这些医生大多夜间在医院值班,但实际上并不从事医疗工作。从 SIMAP 案[18]开始,这一判例在有关德国医疗服务法律的 Jaeger 案中得以延续[19],Jaeger 案的争点在于,应当将医生的待命医疗服务义务(hospital service on call)计入工

---

[18] C-303/98 *Simap* [2000] ECR I-7963.

[19] 参见 C-151/02 *Kiel v Jaeger* [2003] I-8389,para 70;这一点在 *Dellas* 案中得到了确认,法院否决了法国根据活动强度来区别计算出勤时间的制度,参见 C-14/04 *Dellas* [2005] ECR I-10253。关于宽泛定义工作时间的后果,相关概述参见 C. Barnard,*EU Employment Law*,4th ed. 2012,at 548。柯林斯(Collins)的批判性分析,参见 H. Collins, "Social Dumping, Multi-level Governance and Private Law Employment Relationships", in: D. Leczkiewicz/S. Weatherill (eds.),*The Involvement of EU Law in Private Law Relationships*,2013,at 247。Riesenhuber 批评认为,法院试图通过创设不同的"待命义务"(duties on call)类型来灵活裁判,但该尝试以失败告终,参见 K. Riesenhuber,*European Employment Law*,2012,at 391。欧盟立法者尚未对这种不一致予以纠正。

作时间还是休息时间。即使在不工作时,医生仍处于医院的调配控制下。这是基于目的论的考量,因为法院将有利于雇员利益的工作时间规定视为欧盟民法(劳动法)中的"弱势主体保护基本原则"。在 SIMAP 案中,欧洲法院用以下的目的论考量来论证判决的合理性:

> 这一解释符合 1993 年《工作时间指令》的规范目标,即通过给予劳动者最低休息时间和充分的休息,以确保劳动者的安全与健康。如果要求(医生)亲自到场,将呼叫待命时间排除在指令规定的工作时间范畴之外,将严重破坏指令的规范目标。[20]

在 Jaeger 案中,欧洲法院对不在医院履行的待命义务作了如下区分:

> 应补充的是,正如法院在 SIMAP 案判决第 50 段所言,相较于待命医生,即较之被要求一直处于可联系的状态但无须在医疗中心亲自出勤的医生,那些必须在整个值班期间都应在雇主指定地点服务的医生所受限制显然更大,因为他们必须离开自己的家庭和社会环境,在无须提供专业服务时,他们可自由支配的时间要少得多。在这种情况下,在雇主指定地点待命的劳动者即使实际上并未从事任何职业行为,也不能被视为在出勤期间处于休息状态。[21]

如果将在医院的"完全待命"(full duties on call)视为处于工作时间,将劳动者"仅可联系"(merely contactable)视为处于休息时间,这种区分在实践中是很难实施的。所以,里森胡贝尔(Riesenhuber)主张创设一种"中间类别",为雇主提供更大的灵活性。[22] 然而,解决方案的

---

[20] C-303/98 *Simap* [2000] ECR I-7963, para 50.
[21] C-151/02 *Kiel v Jaeger* [2003] I-8389, para 65.
[22] K. Riesenhuber, *European Employment Law*, 2012, at 392.

立法尝试以失败告终。如前所述,指令第 22 条允许一定的灵活性,但必须与劳动者达成协议,即便与劳动者代表已达成协议,也不能推定为或将其纳入雇佣合同的格式条款。个人自治胜过集体自治!

柯林斯(Collins)[23]对这一结果并不意外,他坚称,欧洲法院的判例法产生了相当矛盾和冲突的结果:

> 不足为奇的是,由于 *Jaeger* 案等判决的结果,雇主们寻求绕过立法限制的途径,政府也愿意建立灵活的选择退出机制(opt-out mechanisms)。

(三)带薪年假权利:欧盟的一项基本权利?

2.4 《工作时间指令》第 7 条规定了劳动者的带薪年假权:

> 年假
> 1.成员国应采取必要措施,确保每个劳动者有权根据成员国法律和/或惯例,享有至少四周的带薪年假。
> 2.除非雇佣关系终止,否则带薪年假的最低期限不得用津贴代替。

在新近的 *KHS* 案中,欧洲法院强调了带薪年假权利的重要性,但也指出了这一权利的限制性,案件涉及因病应休未休的带薪年假权利在结转期*届满时失效的限制性规定:

---

[23] K. Riesenhuber, *European Employment Law*, 2012, at 248.

* 根据《德国联邦休假法》(Mindesturlaubsgesetz für Arbeitnehmer, Bundesurlaubsgesetz)第 7 条第 3 款,结转期指如果当年不能休假,则在后续一年的前三个月内应休假。——译者注

正如判决第 23 段所言,作为欧盟社会法的一项原则,带薪年假权利不仅至关重要,而且在《欧盟基本权利宪章》第 31 条第 2 款有明确规定,《欧盟条约》第 6 条第 1 款承认其与条约具有同等法律价值。为此,为维护这项旨在保护劳动者的权利,任何结转期限都必须考虑到劳动者在几个连续的参照期(reference periods)不适宜工作的具体情况。因此,除其他事项外,结转期(carry-over period)必须确保劳动者在必要时可以享受错开的、可提前计划的和长期的休息时间。所有结转期都必须显著长于准予结转的参照期。这一结转期还必须保护雇主,使其规避劳动者累积缺勤时间过长之风险,以及因此种结转期而在工作安排上遇到困难。[24]

集体协议中的结转期可以限定为十五个月。如果带薪年假的结转期对在连续几个参照期不适合工作的劳动者累积带薪年假构成了限制,则在结转期届满时,带薪年假权利失效。[25]

Dominguez 案的争点在于,2003 年《工作时间指令》第 7 条的"年假期限"究竟是仅根据实际完成工作时间来计算,还是也包括因事故缺勤的时间。对此,欧洲法院采后者:

对此,应指出的是,根据既往判例,每个劳动者都享有带薪年假权利,这必须被视为欧盟社会法的一项至关重要的原则,不得有任何减损。成员国主管机关应在指令明确规定的范围内转化

---

〔24〕 C-214/10 *KHS v Winfrid Schulte* [2011] ECR I-(22.11.2011) paras 37-39; C-350+520/06 *Schulze-Hoff et al v DRB* [2009] ECR I-179, para 28; K. Riesenhuber, *European Employment Law*, 2012, at 403.

〔25〕 K. Riesenhuber, *European Employment Law*, 2012, at 403.

该原则。[26]

另一争议问题涉及一项英国惯例,即将节假日工资作为正常工资的附加额"滚存",并以小额分期付款方式支付。在 Robinson-Steele 案[27]中,欧洲法院谴责这一做法,认为其不符合劳动者的年假权,理由是年假权不得"通过合同安排被减损"【判决第 52 段】,不得用津贴来替代这一待遇。[28]

这项禁止旨在确保劳动者在正常情况下享有实际休息的权利,以确保有效保护劳动者的健康和安全。

欧洲法院的上述判例遭致批评,被认为是基于纯粹个人主义和家长主义对劳动者的过度保护[29],破坏了成员国劳动法的原则,未尊重雇佣关系中的集体自治。[30]在 2009 年 12 月 1 日《欧盟基本权利宪章》生效前(《欧盟条约》第 6 条),欧洲法院将《欧盟基本权利宪章》第 31 条援引为一项解释性原则时(正如佐审官蒂扎诺于 2001 年 2 月 18 日在 BECTU 案的意见一样[31],但出人意料的是,特尔斯泰尼亚克在

---

[26] C-282/10 *M. Dominguez v CICOA* [2012] ECR I-(24.1.2012), para 16.

[27] 参见合并审理案件 C-131+C-257/04 *Robinson-Steele et al. v. Retail Services et al.* [2006] ECI I-3423;关于能否对已经超额使用的假期工资建立过渡制度的评论,参见 C. Barnard, *EU Employment Law*, 4th ed. 2012, at 543 ff.。

[28] 合并审理案件 C-131+C-257/04 *Robinson-Steele et al. v. Retail Services et al.* [2006] ECI I-3423, para 60。

[29] A. L. Bogg, ELRev 2006, 892.

[30] H. Collins, "Social Dumping, Multi-level Governance and Private Law Employment Relationships", in: D. Leczkiewicz/S. Weatherill (eds.), *The Involvement of EU Law in Private Law Relationships*, 2013, at 251.

[31] C-173/99 *BECTU v Secretary of State for Trade and Industry* [2001] ECR I-4881.

Dominguez 案的意见中[32]拒绝了这一做法),本可使解释更"有血有肉",使论证更令人信服。*Robinson-Steele* 案后不久,在 2006 年 6 月 27 日[33]关于减损《家庭团聚权利指令》[34]中家庭团聚权的合宪性判决中,欧洲法院"升级"了《欧盟基本权利宪章》:

> 2000 年 12 月 7 日,欧洲议会、理事会和委员会在尼斯庄严宣布《欧盟基本权利宪章》。《欧盟基本权利宪章》虽不是一项有拘束力的法律工具,但欧共体立法机构确实承认其重要性,立法机构通过援引指令鉴于条款第 2 条指出,指令不仅遵守《欧洲人权公约》第 8 条承认的原则,也遵守《欧盟基本权利宪章》承认的原则。此外,从《欧盟基本权利宪章》序言明显可见,宪章主要目的是重申这些权利,尤其是那些源于成员国共同的宪法传统和国际义务、《欧盟条约》、共同体条约、《欧洲保护人权与基本自由公约》、欧洲理事会所通过的各社会宪章,以及欧洲共同体法院和欧洲人权法院的判例法的权利。[35]

上述判决首次承认了《欧盟基本权利宪章》的重要法律意义,尽管当时其尚未成为欧盟法律的正式组成部分。这是关于弱势主体保护的一项重要解释准则。

此外,欧盟曾在不同阶段尝试修订《工作时间指令》,但由于对

---

[32] 参见 C-282/10 *M. Dominguez v CICOA* [2012] ECR I-(24.1.2012),para 99,因为"带薪年假权利是否符合判例法确立的一项基本原则的要求是值得怀疑的",而这项基本原则可以从《欧盟基本权利宪章》第 31 条第 2 款中引申得出。

[33] C-540/03 *EP v Council* [2006] ECR I-5769.

[34] [2003] OJ L 251/12.

[35] C-540/03 *EP v Council* [2006] ECR I-5769, para 38.

"如何允许(雇主)减损劳动者保护的其他严格义务"存在不同理解,相关改革未能取得进展。但为了避免《工作时间指令》的僵化,欧盟创设了更"灵活"的工作安排。[36]

三、欧盟消费者法:知情抑或保护

(一)欧盟消费者合同法:家长主义抑或保护?

2.5　　消费者法是欧盟在合同法方面十分活跃的另一领域。目前,对于消费者法的适用范围和正当性仍极具争议:有观点认为,消费者法是欧盟"社会法"的一个维度;有观点认为,消费者法是市场规制的必然结果;还有观点批判消费者法是一种"家长主义"(paternalism),于此不再展开。为了理解消费者法的保护范围,至少是欧洲法院在解释《不公平条款指令》[37](与《工作时间指令》同年通过)时所说的保护范围,笔者将援引 *Penzügij Lizing* 案[38]中的一段话。这段话一直被反复引用,其中,法院用"消费者作为弱势一方"(consumer as the weaker party)概念来证明一种特殊解释类型(specific type of interpretation)的正当性【边码 4.15-4.17】:

> 依据既往判例,指令引入的保护体系基于如下理念建立,即相较于出卖人或供应商,消费者的议价能力和知识水平均处于弱势地位,这使得消费者仅能同意由出卖人或供应商事先拟定的条款而无

---

[36]　C. Barnard, *EU Employment Law*, 4th ed. 2012, at 558.

[37]　[1993] OJ L 95/29.

[38]　参见 C-137/08 *VB Penzügji Lizing v Schneider*,[2010] ECR I-10847, para 46;批判性概述参见 Unberath/Johsnton, CMLRev 2007, 127 at 1281,其中提到欧洲法院具有"亲消费者倾向"(pro-consumer bias)。

法影响其内容……法院还认为,鉴于此种弱势地位,指令第6条第1款规定,不公平条款对消费者不产生拘束力。判例中,显而易见的是,这是一项强制性规定,旨在以一种有效的平衡,来取代合同中双方权利义务之间的形式平衡,以重建双方之平等……为确保指令保护目标,法院还指出,消费者与出卖人或供应商之间的不平衡,仅能通过与合同实际当事人无关的积极行为来纠正。

上述判例看似仅涉及《不公平条款指令》,却也可窥见欧洲法院对欧盟消费者法规范目标的总体立场。欧洲法院对消费者合同中意思自治的界定是有利于消费者的,原因在于,相较于通常处于强势议价地位【其后果参见边码4.15】的商主体或专业人员,消费者是典型的弱势方。这一点在 Putz-Weber 案[39]中得以证实,该案涉及《消费品买卖指令》下买卖合同中的消费者保护问题【边码4.18】:

于此,必须指出,《消费品买卖指令》第3条旨在于消费者和出卖人的利益之间建立公平的平衡,确保作为合同弱势一方的消费者能在出卖人不履行合同义务时得到全面有效的保护,同时兼顾出卖人考量的经济因素。

欧盟在消费者法的诸多指令(《消费者权利指令》[40])中使用的

---

[39] 参见合并审理案件 C-65+89/09 *Weber+Putz v Wittmer+Medianess El.*〔2011〕ECR I-5257,para 75;批判性评论,参见 Johnston/Unberath,CMLRev 2012,793 at 806,作者关注更高的消费者保护成本。

[40] 批判性分析,参见 S. Weatherill, "The CRD:How and why a quest for 'coherence' has (largely) failed",CMLRev 2012,1279;更积极的观点,参见 O. Unger, "Die Richtlinie über Rechte der Verbraucher",ZEuP 2012,270;E. Hall/G. Howells/J. Watson, "The Consumer Rights Directive",ERCL 2012,139;有所不同的研究进路,参见 S. Grundmann, "Die EU-Verbraucherrechte-Richtlinie",JZ 2013,53;K. Tonner/K. Fangerow, "Directive 2011/83 on consumer rights:a new approach to European consumer law?",EUVR 2012,67。

矫正工具（corrective instruments），可谓是一体两面：既要确立信息和透明度要求；又要引入强制性规则。这些规则仅对消费者有利，且不得通过合同排除适用。

本书将在第四章的有效原则部分，对上述工具的执行问题展开讨论。

（二）消费者知情的盛行

2.6　《消费者权利指令》包含有关信息义务的两项重要的一般规则，即第 5 条"除远程合同或在营业场所外订立合同"和第 6 条"远程合同或在营业场所外订立合同的信息义务和撤回权"。鉴于消费者知情权已成为《欧盟运行条约》第 169 条第 1 款的一部分，消费者法的许多指令也有详细规定，消费者的知情权必须被视为欧盟消费者法的一项"基本原则"，并与消费者合同中经营者自治的其他原则相平衡。[41]《消费者权利指令》第 5 条规定，消费者知情权这项一般权利，构成合同具有拘束力的要件之一：

> 消费者在受到除了远程合同或营业场所外订立的合同之外的合同或类似要约的拘束之前，若消费者尚不能直接根据当时情形获知以下信息，经营者就应以清晰易懂的方式，向消费者提供以下信息。

《消费者权利指令》第 5 条第 1 款第 a 项至第 h 项详细列举了"信息"的具体内容，例如商品或服务的主要特征、含税总价、合同期限。

---

[41] N. Reich in H.-W. Micklitz/N. Reich/P. Rott, *Understanding EU Consumer Law*, 2009, §1.11.

此外,指令还创新性地规定,"若能适用,(还包括)数字内容的功能(可作为"信息"的具体内容之一),包括使用的技术保护措施,以及经营者明知或应知的数字内容与硬件和软件的互操作性(interoperability)"[42]【新近发展参见边码6.23】。指令第5条第3款将"日常交易中须即时履行的合同"规定为第1款的例外情形,并在第4款规定,成员国可以对其他先合同信息义务进行规定或保留。

《消费者权利指令》第6条对远程合同和在营业场所外订立的合同也有类似要求,特别规定了与撤回权和撤回的法律效果相关的附加信息义务。

众所周知,欧盟消费者合同法自始就是欧盟民法上最详细、也最具争议的部分。尽管如此,《消费者权利指令》至少在一定程度上整合了此前的指令,多项指令都采取了此种整合进路,尤其是新颁布的《消费者信贷指令》《分时度假指令》以及此前的《远程合同指令》(现被《消费者权利指令》取代)和《金融产品远程销售指令》。[43] 在上述指令中,必须提供的信息的义务内容极为详细,常采用高度技术化的语言表达,并以附件形式附于合同之后。

2.7

在某些合同领域,这些信息义务通过撤回权制度,即所谓的"冷

---

〔42〕 N. Helberger et al., "Digital Content Contracts for Consumers", JCP 2013, 37 at 46.

〔43〕 Directive 2008/48/EC of the EP and the Council of 23 April 2008 on credit agreements for consumers and repealing Council Directive 87/102/EEC [2008] OJ 122/66; Directive 2008/122/EC of the EP and the Council of 14 January 2009 on the protection of consumers in respect of certain aspects of timeshare, long-term holiday products, resale and exchange contracts [2009] OJ L 33/10; Directive 97/7/EC of the EP and of the Council of 20 May 1997 on the protection of consumers in respect of distance contracts [1997] OJ L 14/19; Directive 2002/65/EC of the EP and of the Council of 23September 2002 concerning the distance marketing of consumer financial services and amending Council Directive 90/619/EEC and Directives 97/7/EC and 98/27/EC [2002] OJ L 271/16.

静期"得以扩展。由此,处于受限决策情境(营业场所外缔约)的消费者,或在交易中对商品或服务了解不足(远程合同)的消费者,以及因服务的复杂性和固有风险而无法立即理解(例如保险、分时度假或消费信贷)的消费者,都享有撤回权。

上述信息义务的实用性与有效性惯有争议。极端批评意见认为,这些规定仅具有象征意义,因为其所依据的"理性知情消费者"(rational informed consumer)模式与行为研究存在矛盾。更传统的批评者则担心,信息义务会侵蚀"契约严守原则","保护"不负责任的消费者,给经营者带来不必要的成本。诚然,欧盟法律倾向于规定某种(具有高度选择性和具体的)"过度的信息义务",但本书不作讨论。[44] 即使有必要,这些信息义务也不包含"个性化的信息"(personalised information)。[45] 与其说是"信息过剩",不如说是为了满足消费者的需要而必须对信息内容加以限制。消费者需要的并不是更多的信息,而是更优质的信息。[46] 当下的法律仅要求最低程度保护。知情权应符合《欧盟运行条约》第169条第1款的规定,并从合比例性的角度来具体地理解欧盟基本自由。[47] 目前,仍然存在的四个主要问题是[48]:

---

[44] G. Howells/T. Wilhelmsson, "EC Consumer Law-Has it Come of Age", ELR 2003, 370; R. Sefton-Green (ed.), *Mistake, Fraud and Duties to Information*, 2005, 396; P. Giliker, "Pre-contractual good faith and CESL", ERPL 2013, 79 at 98; N. Reich, "The Social, Political, and Cultural Dimension of EU Private Law", in: R. Schulze/H. Schulte-Nölke, *European Private Law-Current Status and Perspectives*, 2011, 80.

[45] E. Hall/G. Howells/J. Watson, "The Consumer Rights Directive", ERCL 2012, 141.

[46] N. Helberger et al., *Digital Consumers and the Law*, 2012, pp. 68.

[47] H.-W. Micklitz/N. Reich/P. Rott, *Understanding EU Consumer Law*, 2009, paras 1.11-1.14.

[48] N. Reich, *Yearbook of Consumer Law* 2009, 2010, 8.

其一,作为"被动市场公民"(passive market citizen)的消费者,其根据信息规则(information rules)是否足以享有参与消费市场的公平机会?

其二,对于加强意思自治和消费者选择规范目的而言,信息规则是否有效?

其三,信息规则是否得到有效实施?

其四,信息规则是否被用作限制经营者责任的一项内容?[49]

(三)与内容相关的强制性规定作为例外

具有强制性的消费者合同法,可谓欧盟消费者法上更具"干预性"的一项内容,许多指令都包含强制性规定,明确禁止消费者合同的当事人通过约定排除强制性保护规定(《消费者权利指令》第25条)。然而,欧盟合同法中实体规则的范围相当有限,尽管其确实存在,不过仍具有选择性。在《消费品买卖指令》[50]规定的买卖法等领域,欧盟立法者无疑希望赋予消费者一整套无法通过合同放弃的"底线"(最低程度)权利。至于欧盟法律在实质公平规则上能走多远,学界并无共识:有学者担心会出现不必要的"家长主义"[51];反之,另

2.8

---

[49] N. Helberger et al., *Digital Consumers and the Law*, 2012, at 95.

[50] Directive 1999/44/EC of the EP and of the Council of 25 May 1999 on certain aspects of the sale of consumer goods and associated guarantees [1994] OJ L 171/12.

[51] 参见 S. Grundmann/W. Kerber, "Information Intermediaries", in: S. Grundmann/W. Kerber/S. Weatherill (eds.), *Party Autonomy and the Role of Information in the Internal Market*, 2001, 264,相较于强制性标准,作者更倾向于信息类型规则(information-type rules); A. Ogus, "The paradoxes of legal paternalism and how to resolve them", Legal Studies 2010, 61; G. Wagner, "Zwingendes Privatrecht", ZEuP 2010, 243,作者则主张在合同法中有限制地使用强制性规定。

一些学者则认同"Manifesto"小组[52]，希望将这些规则扩展为"欧洲合同法的社会正义议程"的基础，即"公平""私法的宪法化"（constitutionalisation of private law）和"治理的合法模式"（legitimacy modes of governance）。

例如，《消费者权利指令》第四章规定了像交付、风险转移和附加费用这些其他的消费者权利。[53]但该指令并未真正扩展消费者合同中强制性规定的适用范围和程度，虽然2008年《消费者权利指令（草案）》最初对此有所规定，但因指令采取"完全协调"路径，草案内容最终未能进入正式立法。[54]《消费者权利指令（草案）》有一项"最后一刻"被通过的修订，是第19条关于"经营者以使用特定支付手段为由，向（消费者）收取高于其使用这些手段所产生成本的费用"的概念。而如何以简单、经济、有效的方式来计算前述费用，则有待欧洲法院的后续回应。

(四)谁是需要信息和保护的消费者？

2.9　消费者概念本身或许才是欧盟消费者法的核心问题。对于消费者概念，相关指令通常采取一种相当正式且抽象的界定方法：

---

[52] Study Group on Social Justice, ELJ 2004, 653 at 664; B. Lurger, "The Common Frame of Reference/Optional Code and the Various Understandings of Social Justice in Europe", in: T. Wilhelmsson et al. (eds.), *Private Law and the Many Cultures of Europe*, 2007, 177.

[53] S. Weatherill, "The CRD: How and why a quest for 'coherence' has (largely) failed", CMLRev 2012, p. 1305; S. Grundmann, "Die EU-Verbraucherrechte-Richtlinie", JZ 2013, p. 60.

[54] 相关批判参见 H.-W. Micklitz/N. Reich, CMLRev 2009, 471 at 507（消费者买卖），and 510（不公平条款）。

"消费者"是指出于贸易或商业活动以外的目的,订立本指令所涵盖合同的任何自然人。[55]

欧洲法院判例将上述"消费者概念"的界定解释为不涵盖非营利性法人、在正常业务外行事的商主体以及消费者合同的受让人(assignees of consumer contracts)。[56]基于担保的从属性,仅在"消费者为从经营者那里获得商品或服务而对经营者承担义务"的情况下,上门放贷者的个人担保人才受《上门交易指令》[57]保护。如果个人和非营利性担保是为上门洽谈订立的商业信贷合同提供的,则不适用《上门交易指令》规定的撤回权,这一结果有些自相矛盾,因为这类商业贷款担保的风险会增加。[58]在旧的《消费者信贷指令》[59]中,担保人的处境更糟,因为其被排除在指令保护范围之外。对此,欧洲法院给出的理由是,指令本身能提供的保护范围有限,指令主要涉及信息,并且"几乎不存在能有效保障担保人的规定"[60]。消费者的立法定义以及欧洲法院的有限判例造成了一些武断的界定,尤其是将同样需要保护的主体排除在外。

混合合同关键在于最突出的因素是什么,此类合同被推定为基于商业或职业目的订立的合同,这一推定须由消费者反驳,除非"此种

---

[55] 《消费者权利指令》第2条第1款。
[56] 合并审理案件 C-541+542/99 *Idealservice* [2001] ECR I-9049; C-361/89 *di Pinto* [1991] ECR I-1189; C-89/91*Shearson Lehmann Hutton v TVB Treuhandgesellschaft* [1993] ECR I-139; H.-W. Micklitz, *Münchner Kommentar vor* §§13/14 *BGB*, para 34; M. Tamm, *Verbraucherschutzrecht*, 2011, 325。
[57] [1985] OJ L 372/31.
[58] C-45/96 Bay, *Hypotheken und Wechselbank v Dietzinger* [1998] ECR I-1199, para 22.
[59] [1987] OJ L 42/48.
[60] C-208/98 *Berliner Kindl Brauerei v A. Siepert* [2000] ECR I-1741, para 25.

商业或职业目的相当有限,以至于在整个合同背景下可以忽略不计,因此,私人因素占主导地位的事实是无关紧要的"[61]。应当注意,这一对消费者的狭义定义最初是从管辖权问题中发展而来,欧洲法院认为,既要考虑消费者保护,也要考虑案件审理地的法律和程序的确定性。由于《布鲁塞尔公约》[62],即《关于民商事案件管辖权和判决承认与执行条例》[63],在管辖权问题上以原告就被告(actor sequitur forum rei)规则为基准。这意味着,通常情况下,被告住所地与确定欧盟范围内的管辖权有关,任何与之相偏离的规则(例如消费者诉讼领域)都构成例外,因此,考虑到法律的确定性,必须对消费者概念作狭义解释。[64]然而,上述论点并不适用于消费者交易,因为此类交易中,只有法庭外"非职业的市场参与者"的地位受到威胁,就像所有由企业的预先确定营销策略的交易(包括使用预先拟定的条款)一样,相对方(消费者或个人客户)通常处于"要么接受,要么放弃"的被动处境。

在涉及双重目的的交易(double purpose transaction)时,欧盟立法者试图以更灵活的消费者概念为起点。尽管最近通过的《消费者权利指令》第2条第6项重复了目前对于消费者的经典"狭义定义",但指令鉴于条款第17条第1句包含了一项用于解释目的条款,并确认了弱

---

[61] C-464/01 *Johann Gruber v Bay Wa AG* [2005] ECR I-439.

[62] [1998] OJ C 27/1.

[63] Council Regulation (EC) No 44/2001 of 22 December 2000 on jurisdiction and the recognition and enforcement of judgments in civil and commercial m atters [2001] OJ L 12/1, 1, now superseded by Regulation (EU) No. 1215/2012 of 12 December 2012 on jurisdiction and the recognition and enforcement of judgments in civil and commercial matters [2012] OJ L 351/1.

[64] C-269/95 *Benincasa* [1997] ECR I-3767, paras 14-17.

势主体保护原则的重要性：

> 消费者应包括在其贸易、商业、手工业或职业之外行事的自然人。但在双重目的合同的情况下，如果订立合同的目的部分在其贸易目的（trade purpose）之内、部分在其贸易目的之外，并且这种贸易目的在整个供应过程中并不占主导地位，则该自然人亦应被视为消费者。

2.10 在欧盟立法、司法的多元治理体系中，传统的狭义消费者概念存在诸多缺陷，米克利茨据此提出要构建消费者法的"动态体系"[65]：

第一，这一狭义概念在消费者法和一般合同法这两个领域之间划定的界限，可谓相当武断，消费者法以强制性规定为主，一般合同法则受成员国合同自由的不同限制。一旦欧盟委员会在2011年10月11日提出的《欧洲共同买卖法》[66]草案【边码6.12】通过，成为直接生效的欧盟条例，上述两个领域间的界限将变得更加模糊。如果跨境交易的当事人选择适用《欧洲共同买卖法》，在前述狭义消费者概念下，条例中的大部分内容是针对消费者买卖和相关服务合同的强制性规定，而与经营者或中小企业相关的条款仅包含任意性规定，鲜有强制性规定。[67]

第二，尽管《欧盟运行条约》第114条承诺要增进法律协调，但狭义消费者概念允许成员国在转化欧盟消费者法时任意扩大主体范

---

〔65〕 参见 H.-W. Micklitz, EUVR 2013, 5。相应评论参见 C. Twigg-Flesner, EUVR 2013, 12.

〔66〕 COM (2011) 635 of 11.10.2011.

〔67〕 相关批判参见 H.-W. Micklitz/N. Reich, "The Commission Proposal for a 'Regulation on a Common European Sales Law (CESL)'-too broad or not broad enough?", *EUI Working Paper Law* 2012/04, *Part I*, para 20。

围,从而在内部市场造成了更多的分歧。

第三,狭义消费者概念不够灵活,无法涵盖不同保护需求,尤其是在服务领域和一方主体长期处于劣势的其他情形中,例如消费者债务人(consumer-debtor)的家庭成员向银行提供个人担保(的情形)。[68]

第四,消费者概念取决于个人行为的目的,这一主观因素可能不为对方当事人所知,因此,这一概念可能导致法律不确定性,合同应适用何种规则无从知晓。

第五,"消费者"这一相当正式的概念将同时造成"过度保护"和"保护不足"。就"过度保护"而言,以 *Mietz* 案[69]为例,该案中,一艘豪华游艇的船主依据《布鲁塞尔公约》主张消费者诉讼保护,法院默示给予了这种保护,但使用船只捕鱼以获取部分收入的中小企业船主却无法获得此种保护。因此,即便豪华游艇的船主需要用自己的船只谋生,其所受保护要比小企业船主更优。相反,在 *Dietzinger* 案和 *Berliner Kindl* 案[70]中,欧洲法院拒绝为向家庭成员提供消费信贷担保的消费者提供保护。

(五)"弱势"消费者标准

2.11　弱势消费者(vulnerable consumers)是指那些无法或不再能满足现

---

[68] 欧洲法院在 *Dietzinger* 案和 *Berliner Kindl* 案中不甚明确的判例,参见 C-45/96 Bay, *Hypotheken und Wechselbank v Dietzinger*［1998］ECR I-1199, para 22; C-208/98 *Berliner Kindl Brauerei v A. Siepert*［2000］ECR I-1741, para 25。相关概述参见 C. Mak, *Fundamental Rights in European Contract Law*, 2008, 282 ff., 作者提及略有不同的成员国判例。

[69] C-99/06 *Mietz v. Intership Yachting*［1999］ECR I-2277, para 32.

[70] C-45/96 Bay, *Hypotheken und Wechselbank v Dietzinger*［1998］ECR I-1199, para 22; C-208/98 *Berliner Kindl Brauerei v A. Siepert*［2000］ECR I-1741, para 25.

代消费社会要求的人。这些消费者可能因过度负债、疾病或缺乏沟通能力,而与社会和经济生活相隔绝。这也包括日益严重的"社会剥夺"(social deprivation)问题。这些消费者曾是欧盟成员国20世纪六七十年代消费者政策关注的重点。这场政治运动正是对保护合同弱势主体权利的集中体现。消费者政策和消费者法律政策总是试图将这部分弱势消费者纳入其中。在《里斯本战略》中,欧盟首次明确提到存在不同类型的消费者,提到"生活在贫困线以下和被社会排斥"的人。[71]

就弱势消费者的自主生活而言,完善有关信息和市场透明度的规定助益甚微。相反,有针对性地增设基础设施,提供明智和现实的建议,才能使这些消费者独立参与经济和社会生活。如果以包容和社会参与为目标,就必须顾及弱势消费者。[72] 令人惊讶的是,弱势消费者已被纳入欧盟的消费者政策议程。《消费者权利指令》鉴于条款第34条坚持:

> 在提供信息时,对于因精神、身体或心理障碍、年龄或轻信而处于弱势地位的消费者,经营者应以可合理预见的方式顾及他们的特殊需求。但是,考虑这些特殊需求不应导致对消费者的保护程度不同。

然而,《消费者权利指令》规定的具体信息义务中并未纳入上述

---

[71] 参见 COM (2010) 2020 3.3.2010, http://www.europarl.europa.eu/summits/lis1_en.htm, last accessed 31.07.12。总体评估参见 H.-W. Micklitz, *Brauchen Konsumenten und Unternehmen eine neu Architektur des Verbraucherrechts-Gutachten zum 69 DJT*, 2012, at A 40.

[72] http://www.bmelv.de/SharedDocs/Downloads/EN/Ministry/Trusting-Vulnerable-Responsible-Consumer.pdf.

表述!

这类新型消费者的合法化与能源电信市场的自由化密切相关。欧盟委员会通过的《单一欧洲法案》创建了以民法(而非此前行政法)为基础的新结构,法案通过后,欧盟委员会力推能源电信市场的自由化,这就要求在普遍服务(universal services)概念中增加"确保向每个人供应"的内容,这一义务不仅涉及弱势消费者,还将其纳入保护范围。而前述概念首见于 2002 年《电信普遍服务指令》[73]【边码3.19】。

《电信普遍服务指令》第 1 条第 1 款旨在通过有效的竞争和选择,确保在整个欧共体/欧盟内提供高质量的公共服务。此外,指令还意欲处理市场无法满足终端用户需求的情形。根据指令鉴于条款第 7 条,指令重在确保"以同等条件获得(服务),特别是老年人、残疾人和有特殊社会需求的人"。《第 2009/140 号指令》(Directive 2009/140/EC)并未改变 2002 年《电信普遍服务指令》第 2 条的定义。2009 年 11 月 25 日修订的《通用电信服务指令》[74]第 7 条首次赋予残疾人特殊权利。

在代表"第二代能源市场自由化"的《内部市场电力指令》[75]和《内部市场天然气指令》[76]中,欧盟委员会提出了"弱势客户"(vulnerable customer)概念。[77] 随着欧洲单一市场自由化引发的社会排斥问题日益严峻,欧盟甚至在 2009 年 7 月 13 日新颁布的《电力指

---

[73] [2002] OJ L 108/51.
[74] [2009] OJ L 337/11.
[75] [2003] OJ L 176/37.
[76] [2003] OJ L 176/57.
[77] 比较《内部市场电力指令》第 3 条第 5 款和《内部市场天然气指令》第 3 条第 3 款的"弱势客户"。

令》[78]中收紧了对"弱势消费者"的定义。但根据2009年《电力指令》第3条第7款,欧盟将"弱势消费者"一词留给成员国界定。

2005年《不公平商业行为指令》[79]中的概念区分,也可被视为传统民法的灰色地带。有趣的是,该指令并未提及"弱势消费者",而是规定"因其特征使之极易受不公平商业行为侵害的消费者",这一术语被认为涵盖了那些具有"年龄、身体或精神不健全、轻信他人"等特征的消费者。[80]对于"广告的通常受众",法律并无定义,《不公平商业行为指令》称其为"普通消费者"(average consumer)。

弱势消费者标准的实际影响如何,目前尚难估量。但显然,欧盟消费者法在弱势消费者标准上又有改变。在当下,我们可以认为,"弱势消费者"概念和"知情消费者"概念有并驾齐驱之势。

四、结语:弱势主体保护的一般化及其局限性

雇佣和消费者法律关系中保护弱势一方的示例相当多,这能否"升级"为一项欧盟民法"基本原则"?尽管学理上存在不确定性,欧洲法院司法实践也未臻成熟,但本书认为,确实可以发展出此种基本原则。唯须注意,此种原则无意于扩大欧盟法律的范围,其仅适用于现行欧盟法律。这一点在雇佣和消费者法中尤为明显,因为这些法律仅规范雇员与雇主、经营者与消费者之间的特定关系类型。在这一有

2.12

---

[78] [2009] OJ L 211/55.
[79] [2005] OJ L 149/29.
[80] 比较《不公平商业行为指令》第5条第3款的"尤其弱势"(particularly vulnerable)。

限的适用范围内,在欧洲法院解释的指引下,一个自主的、欧盟特有的弱势主体定义已然显现。弱势主体被定义为劳动者或消费者,尽管在这一概念之下仍可区分"知情消费者"和"弱势消费者"。

尽管欧盟普遍承认弱势主体及其相对方的合同自治,但上述定义已经成为了欧盟法亟待保护人群的"类型化"基础。单纯形式上的自治被更实质性的自治取代,反映了对《欧盟基本权利宪章》基本权利和原则的吸纳。一方面是法定权利,例如《工作时间指令》和《消费者权利指令》上的权利,另一方面是弱势主体保护基本原则,两者之间的循环关系为其解释提供了指引。不足为奇的是,欧洲法院在《欧盟条约》第19条的授权下合法开展解释工作时认真对待这些原则,并在事实上将保护范围扩大到超越对相关欧盟法案的形式理解。因此,针对欧洲法院这种对"劳动者"或"消费者"友好型解释而提出的批评大多立不住脚,因为欧洲法院的解释也仅反映了基础性法律赋予其的职责而已。当然,这并不能使欧洲法院免于方法论方面的批评。此外,欧洲法院也试图通过采取"平衡"的方法,来限制某些被认为是"过度保护"的内容【边码5.9】。

本书采用的保护弱势主体的研究方法,或许会因为未能挑战欧洲法院明显的个人主义"前见"【边码2.2】而招致批评。然而,正如本书已经并将继续做的那样,对这种"前见"提出方法论上的批评是一回事,否认欧洲法院用自身的"前见"来填补相关欧盟法律漏洞的合法性,则是另一回事。这种"前见"范式的转变,需要欧盟内部协调一致的政治进程,但由于各成员国的社会和消费者政策传统不同,这似乎很难实现。

《工作时间指令》和《消费者权利指令》对个人权利的关注,似乎并不允许将个人权利扩展到其他有类似需求的主体。这是欧盟法律"自主"解释概念的"硬币另一面"。例如,关于《工作时间指令》对那些因没有获得"报酬"而不具备劳动者资格的人提供保护的问题,即便这些劳动者像特许经营者一样处于依附性地位,在上述基本原则的概念限制下,为其提供保护也是不可能的。[81] 成员国可以根据最低限度保护原则为这类主体提供保护,但欧洲法院自认为其无权提供保护。

本着同一精神,根据《消费者权利指令》鉴于条款第 13 条,成员国有权将消费者概念扩大到包含下列主体:

> 在与欧盟法保持一致的前提下,成员国亦有权将本指令适用于那些不属于指令适用范围的领域。因此,成员国可以保留或引入与本指令规定或本指令范围外的交易有关的某些规定相对应的国家立法。例如,成员国可以决定将本指令规则的适用范围扩大到不属于本指令规定的"消费者"的法人或自然人,诸如非政府组织、初创企业或中小型企业。

但成员国必须这么做,其行为由此超出了《消费者权利指令》的范围。即便所有成员国都是如此,这也不一定会"升级"为一项欧盟法律基本原则。

这种保留为欧盟民法中与弱势主体保护基本原则相关的内容留下了充足空间。在《工作时间指令》的"待命工作"【边码 2.3】问题上,弱势主体保护原则发挥了漏洞填补功能。类似地扩大《消费者权利指令》的适用范围似乎也是可能的,而这一点在有关双重目的合同

---

[81] C. Barnard, *EU Employment Law*, 4th ed. 2012, 537.

的指令鉴于条款第 17 条中也得到了授权【边码 2.8】。尽管受到成员国和学界批评,欧洲法院似乎仍在使用这一原则。此外,在救济方面,基本原则的重要性也可见一斑,第四章在对有效原则的研究中将作更深入的探讨。

本章参考文献

1. C. Barnard, *EU Employment Law*, 4th ed. 2012.

2. A.L. Bogg, "The Right to Paid Annual Leave in the Court of Justice: the Eclipse of Functionalism", ELRev 2006, 892.

3. F. Benyon (ed.), *Services and the EU Citizen*, 2013.

4. D. Caruso, "The Baby and the Bath Water-A Critique of European Contract Law", American JCompL 2013, 475.

5. O. Cherednyshenko, *Fundamental Rights, Contract Law, and the Protection of the Weaker Party*, 2008.

6. H. Collins, "The constitutionalisation of European pirvate law as a path to social justice?", in: H.-W. Micklitz (ed.), *Social Justice in EU Private Law*, 2011.

7. H. Collins, "Social Dumping, Multi-level Governance and Private Law Employment Relationships", in: D. Leczkiewicz/S. Weatherill (eds.), *The Involvement of EU Law in Private Law Relationships*, 2013, 223.

8. W. Däubler, "Auf dem Weg zu einem europäischen Arbeitsrecht", in: L. Krämer et al., (eds.), *Law and diffuse interests-Liber amicorum N. Reich*, 1997, 441.

9. S. Grundmann/W. Kerber/S. Weatherill (eds.), *Party Autonomy and the Role of Information in the Internal Market*, 2001.

10. N. Helberger et al., *Digital Consumers and the Law*, 2013.

11. M. Karanikic/H.-W. Micklitz/N. Reich (eds.), *Modernising Consumer Law-The Experience of the Western Balkan*, 2012.

12. S. O'Leary, *Employment Law and the ECJ*, 2002.

13. B. Lurger, *Grundfragen der Vereinheitlichung des Vertragsrechts in der EU*, 2002.

14. B. Lurger, "The Common Frame of Reference/Optional Code and the Various Understandings of Social Justice in Europe", in: T. Wilhelmsson et al. (eds.), *Private Law and the Many Cultures of Europe*, 2007.

15. H.-W. Micklitz (ed.), *Social Justice in EU Private Law*, 2011.

16. H.-W. Micklitz, *Brauchen Unternehmen und Verbraucher eine neue Architektur des Verbraucherrechts*, Gutachten 69. Dt. -Juristentag, 2012.

17. H.-W. Micklitz, "The future of consumer law-plea for a movable system", EU-VR 2013, 5.

18. H.-W. Micklitz/N. Reich/P. Rott, *Understanding EU Consumer Law*, 2009.

19. H.-W. Micklitz/N. Reich, "Cronica de una muerta anunciada-The Commission Proposal on a Directive of Consumer Rights", CMLRev 2009 471.

20. L. Nogler, "Why do Labour Lawyers Ignore the Question of Social Justice in European Contract Law?", ELJ 2008, 483.

21. N. Reich, "Crisis or Future of European Consumer Law?", in: *Yearbook of Consumer Law* 2009, 2010, 3.

22. N. Reich, "The Social, Political and Cultural Dimension of EU Private Law", in: R. Schulze, *European Private Law -Current Status and Perspectives*, 2011, 57.

23. K. Riesenhuber, *European Employment Law*, 2012.

24. V. Roppo, "From Consumer Contracts to Asymmetric Contracts", ERCL 2009, 304.

25. H. Roesler, "Protection of the Weaker Party in European Contract Law-Standardised and Individual Inferiority in Multi-Level Private Law", ERPrL 2010, 729.

26. D. Schiek, *Economic and Social Integration*, 2012.

27. A. Somma, "At the roots of European private law: social justice, solidarity, and conflict in the proprietary order", in: H.-W. Micklitz (ed.), *Social Justice in EU Private Law*, 2011, 187.

28. R. Sefton-Green (ed.), *Mistake, Fraud and Duties to Information*, 2005.

29. Study Group on Social Justice in European Private Law. Social Justice in European Contract Law: A Manifesto, ECJ 2004, 653.

30. K. Tonner/K. Fangerow, "Directive 2011/83 on consumer rights: a new approach to European consumer law?", EUVR 2012, 67.

31. H. Unberath/A. Johnston, The double headed approach of teh ECJ concerning consumer protection, CMLRev 2007, 1237.

32. S. Weatherill, *EU Consumer Law and Policy*, 2005, 2nd ed. 2013.

33. T. Wilhelmsson et al. (eds.), *Private Law and the Many Cultures of Europe*, 2007.

34. T. Wilhelmsson, "Varieties of Welfarism in European Contract Law", ELJ 2004, 712.

第三章
非歧视原则

目次

一、非歧视对民法的"溢出"效应? 086
二、雇佣法律关系中的非歧视:概述 091
    (一)欧盟国籍作为一项歧视性因素 091
    (二)性别歧视 094
    (三)种族歧视 095
    (四)年龄歧视 096
    (五)性取向歧视 099
    (六)残疾歧视 101
三、公民身份:通过基础性法律扩大非歧视原则的范围 102
四、欧盟派生性法律将非歧视原则扩大到经营者与消费者之间的关系 105
五、一项争议:统一男女保险费率及与意思自治的冲突 108
    (一)欧洲法院对非歧视原则的"一元论"解读? 108
    (二)对判决的可能批评:"平等待遇"过多,自治所剩无几? 113
六、普遍经济利益的服务和网络服务的获得以及待遇上的非歧视:有限自治 115
七、超越非歧视的平等待遇? 119
    (一)广播电视服务的信息接入 119
    (二)公众公司的小股东不享有平等待遇 122

八、结语:非歧视原则对民法关系的不同影响　　　　　　　　122

本章参考文献　　　　　　　　　　　　　　　　　　　　　　123

一、非歧视对民法的"溢出"效应?

3.1　　非歧视(non-discrimination)又称"平等待遇"(equal treatment),这一概念在欧盟法律上十分重要,并在欧洲法院的多项判例中被理解为一项宪法基本原则。[1]就欧盟经济法而言,如果市场主体的情形相似,就应平等对待;反之,如果市场主体的情形不同,法律就不应实行平等待遇,除非这种差别客观上正当。[2]例如,欧洲法院在 *Codorniú* 案[3]中判定欧共体条例的一项规定无效,该条例禁止西班牙生产商使用传统的 crémant 一词,而将该词保留给法国和卢森堡的气泡酒生产商使用。欧洲法院认为,西班牙生产商在欠缺正当理由的情况下被置于与其他生产商不平等的地位,故此,上述规定违反了非歧视原则。

随着时间推移,欧盟反歧视法除了采取明显的市场导向方法,还增加了社会性维度,其反对的歧视还包括基于性别、种族、民族、年龄、残疾或性取向的歧视。这一发展构成了欧盟基本权利一般化倾向的

---

[1] 概述见 T. Tridimas, *The General Principles of EU Law*, 2nd ed. 2006, 59-64; N. Reich et al., *Understanding EU Internal Market Law*, 3rd ed. forthcoming, para 13.2; J. Basedow, "Grundsatz der Nichtdiskriminierung", Zeitschrift für Europäisches Privatrecht (ZEuP) 2008, 230 at 232; P. Mazière, *Le principe d'égalité en droit privé*, 2003, 429。

[2] Cases 117/76+16/77 Ruckdeschel [1977] ECR 1753, para 7; C-15/95 EARL de Kerlast v Union régionale de coopératives agricoles (Unicopa) and Coopérative du Trieux [1997] ECR I-1961, para 35; C-127/07 Arcelor Atlantique and Lorraine and Others [2008] ECR I-9835, para 23.

[3] C-309/89 Codorniú Sa v Council [1994] ECR I-1853.

一部分。

《里斯本条约》批准生效后,《欧盟基本权利宪章》第21条的"非歧视"正式成为了欧盟法律的一部分,但在此之前,这一规定也一直是欧洲法院解释和适用共同体法律的指引。[4]《欧盟基本权利宪章》第21条规定:

3.2

> 1. 禁止基于性别、种族、肤色、民族或社会出身、遗传特征、语言、宗教或信仰、政治或任何其他见解、少数民族身份、财产、出生、残疾、年龄或性取向等任何理由的任何歧视。
>
> 2. 在本条约的适用范围内……在不影响特别条款的情况下……禁止任何基于国籍的歧视。

《欧盟基本权利宪章》第23条包含一项"男女平等"的具体规定,包括但不限于雇佣关系:

> 应确保男女在包括雇佣、劳动和报酬在内的所有领域内的平等。平等原则不应影响到为少数性别提供特定优待措施。

上述规定的表达显然较为宽泛,在某种程度上是"权利"和"原则"的混合体【边码0.6】,并无直接效力,需要通过欧盟立法和司法实践才能转化为主观"权利"。根据《欧盟基本权利宪章》第51条的一般条款,上述规定针对欧盟本身,"仅在转化欧盟法律时",即成员

---

[4] 欧洲法院在《欧盟基本权利宪章》正式生效前适用该宪章的一般方法,参见判例 C-540/03 *EP v Council* [2006] ECR I-5769;具体例子参见 C-272/06 *Productores de Música de Espana (Promusicae) v Telefónica de Espana SAU* [2008] ECR I-271, paras 62-63,权利管理协会与互联网提供商之间关于披露受版权保护的音乐用户数据的民事诉讼中,需要在有效保护财产权(版权)与保护个人数据进而保护公民生活的权利之间取得平衡,参见后文边码4.1。

国"在欧盟法律范围内行动"时,才针对成员国。对《欧盟基本权利宪章》适用范围的广义理解,与欧洲法院适用一般原则和基本权利的现行判例法相符。[5] 从欧洲法院关于非歧视原则的既有判例及其在《欧盟基本权利宪章》的表现形式中可以看出,非歧视原则所产生的权利首先是"纵向"的,即涉及公民和联盟之间或成员国与成员国之间的关系,而后一关系的主体包括受公法管辖的任何人或机构。

本章将讨论欧盟非歧视原则的另一维度,重点分析民法关系,所有成员国和欧盟法律本身的民法关系都受"有限"自治原则拘束【边码1.3】。[6] 但非歧视原则的基本原理和民法逻辑之间,存在不可避免的冲突,因为民法的逻辑关注经济效率和自由选择商业伙伴,这种自由选择权受民法基本精神,即合同自由和意思自治的保护,而适用非歧视原则将与之相抵触。德国著名学者于尔根·巴泽多(Jürgen Basedow)在一篇文章中表达了这一观点:

> 平等原则或禁止歧视原则不属于民法传统原则。订立合同的人是为了自己的利益,而不是为了对他人公平。根据德国的一种说法,必须在多个候选人中选择合同伙伴的人有所谓的"选

---

[5] 参见 Case 5/88 *Wachauf v Bundesamt für Ernährung* [1989] ECR I-2609, para 19 和目前的判例 C-279/09 *DEB Deutsche Energiehandels-und Beratungsgesellschaft mbH v Bundesrepublik Deutschland* [2010] ECR I-13849; C-617/10 *Aklagaren v H. A. Fransson* [2013] ECR I-(26.03.2013), para 19。此外参见 K. Lenaerts/J. Gutiérrez-Fons, CMLRev 2010, 1649 at 1660; 更具限制性的观点, 参见 M. Borowsky, in: J. Meyer, *Kommentar zur Charta*, 3rd e-book ed. 2011, Article 51 para 14; 更狭义的解读, 参见 W. Cremer, "Grundrechtsverpflichtete und Grundrechtsdimensionen nach der Charta der Grundrechte in der EU", EuGRZ 2011, 545, 其中提到要严格区分成员国对欧盟法律的转化和适用范围。

[6] 英国、法国和德国在"社会正义"(social justice)维度下的合同法发展概述, 参见 H.-W. Micklitz (ed.), *The Many Concepts of Social Justice in European Civil Law*, 2011, 8。

择痛苦"(pain of choice),因为通常存在多个选择标准,而这些标准的相对价值仅能依当事人的主观偏好来评估。[7]

巴泽多详细批判分析了欧盟的基础性、派生性法律以及欧洲法院裁判,并得出结论"仅存在有限和选择性的歧视禁止,其通常旨在建立权力平衡,而不是为了创设缔约中的一项普遍禁止"[8]。

传统民法观念认为,非歧视不是一项民法的构成性原则(constitutive principles),本章旨在挑战这一观念。基于笔者在另一篇文章中的一项论点[9],本章将说明,大陆法系的律师所珍视的公法和民法的传统区分,在欧盟法上并无类似的严格区分。所以,不能用公私法二分观念来"屏蔽"民法中的非歧视条款和概念。但这并不表明,不应将意思自治视为欧盟法律的一项"基本支柱"。[10] 毕竟,《欧盟基本权利宪章》第16条"营业自由"和第17条"财产权"为意思自治奠定了基础【边码1.13】。但本书认为,意思自治应与其他"宪法原则"相平衡,例如弱势主体保护【边码2.12】,以及《欧盟运行条约》第52条第1款所承认的欧盟的公共秩序(ordre public)。[11]

本章将说明,"平衡"自治和非歧视这对看似相互冲突的原则,在

---

[7] J. Basedow, "Grundsatz der Nichtdiskriminierung", Zeitschrift für Europäisches Privatrecht (ZEuP) 2008, 230 at 230.

[8] J. Basedow, "Grundsatz der Nichtdiskriminierung", Zeitschrift für Europäisches Privatrecht (ZEuP) 2008, 230 at 250.

[9] 详见 N. Reich, "The public/private divide in European law", in: F. Cafaggi/H.-W. Micklitz (ed.), After the Common Frame of Reference, 2010, 56。

[10] 相关讨论参见 M. Hesselink, "If You Don't Like Our Principles We Have Others", in: R. Brownsword et al. (eds.), The Foundations of European Civil Law, 2011, 59,其中批判性地提到 2009 年《共同参考框架草案》纲要版的所谓"基本原则",参见边码5.10。

[11] N. Reich, "Balancing in Civil Law and the Imperatives of the Public Interest", in: R. Brownsword et al. (eds.), The Foundations of European Civil Law, 2011, 221.

如下两个意义上是相对的:第一,在何处平衡,取决于援引非歧视原则的法律领域。在劳动法、消费者法和一般公共利益的服务领域,以及仅受制于竞争规则(也许还有一些保护中小企业的个别规则【边码6.22】)的真正商事领域中会有不同规则。第二,通常,只有在欧盟法律中才能考虑到产生歧视所依据的某些特征("法律上受歧视的事由")。[12]正如席克(Schiek)所解释的,欧盟的歧视禁止通常是基于性别、种族、国籍、年龄和性取向等个人特征,这些特征是人格特征的一部分,而其少会基于收入、社会或家庭地位等经济因素以及类似特征。[13]"平等待遇"隐含着一种价值判断,这种判断是基于"被认为非常敏感的有限特征,以至于基于这些特征所作的任何区别对待都被视为是歧视性的"而作出的。[14]《欧盟基本权利宪章》第21条和第23条列出了《种族平等待遇指令》[15]、《建立雇佣和职业平等待遇一般框架指令》[16]和《男女平等待遇指令》[17]规定的"受歧视"特征的(长)清单。在特殊情况下,平等待遇的适用将超出非歧视概念【边码3.21】。

以下各部分将讨论欧盟反歧视法的所涉领域和适用特征,下文将表明,要充分理解非歧视原则对欧盟民法的影响,就有必要给出不同

---

[12] H. Cousy, "Discrimination in Insurance Laws", in: R. Schulze (ed.), *Non-Discrimination in European Private Law*, 2011, 81 at 83.

[13] 更广泛的讨论,参见 D. Schiek, *Differenzierte Gerechtigkeit*, 2000, 27 ff。

[14] H. Cousy, "Discrimination in Insurance Laws", in: R. Schulze (ed.), *Non-Discrimination in European Private Law*, 2011, at 84.

[15] Council Directive 2000/43/EC of 29 June 2000 implementing the principle of equal treatment between persons irrespective of racial or ethnic origin [2000] OJ L 180/22.

[16] Council Directive 2000/78/EC of 27 November 2000 establishing a general framework for equal treatment in employment and occupation [2000] OJ L 303/16.

[17] Council Directive 2004/113/EC of 13 December 2004 implementing the principle of equal treatment between women and men in the access to and supply of goods and services [2004] OJ L 373/37.

的回答。囿于本书无法深入分析欧洲法院某些极为详细的判例法,因此,进行概述就已经足够了。

二、雇佣法律关系中的非歧视:概述

(一) 欧盟国籍作为一项歧视性因素

欧洲法院在新近判例中扩大了对基本自由的保护,其必然结果是,基于欧盟国籍的非歧视原则(《欧盟运行条约》第 18 条和《欧盟基本权利宪章》第 21 条第 2 款)不仅适用于成员国规则,也适用于私主体的集体性规定。在 Wouters 案中,欧洲法院总结并确认了其在私人实体集体规则上的做法:

3.3

> 如果在成员国之间消除人员自由流动的障碍的努力,能够被那些不受公法管辖的协会或组织因行使其法律自主权所导致的障碍抵消,那么此种消除成员国之间障碍的努力将会受到损害。[18]

欧盟自由对民法关系的这种"侵入",在劳动关系中最为明显,这一点在欧洲法院后续关于行业协会为反对企业使用基本自由而采取集体行动的裁判中得到了证明。2007 年的 Viking 案和 Laval 案[19]当

---

〔18〕 C-309/99 *J. C. J. Wouters et al v Algemene Raad von de Nederlandse Ordre van Advocaaten* [2002] ECR I-1577, para 120.

〔19〕 C-438/05 *International Transport Workers Federation (ITW) and Finnish Seamans Union (FSU) v Viking Line* [2007] ECR I-10779;C-341/05 *Laval & partneri v Bygnadds* [2007] ECR I-11767,判决中提到了既往判例,参见 C-415/93 *ASBL v Bosman* [1995] ECR I-4921,paras 83-85,C-281/98 *R. Angonese v Casa di Risparmio de Bolzano* [2000] ECR I-4139,paras 31-36。

属此种进路【边码5.12】的争议性典型案例,而在一名来自意大利的博士生针对德国马克斯·普朗克科学促进协会(由政府资助的民法协会)提起歧视申诉的 *Raccanelli* 案[20]中,法院采取了一种略为宽泛的进路:

> 《欧洲共同体条约》第 39 条(现为《欧盟运行条约》第 45 条)规定了一项基本自由,是对《欧洲共同体条约》第 12 条(现为《欧盟运行条约》第 18 条)中"禁止歧视"的一般规则的具体适用,即禁止歧视同等适用于所有旨在规范集体有偿劳动的协议以及个人之间的合同。[21]

若是严格依照《欧盟运行条约》第 18 条的规范文义,该条反对的是直接歧视(direct discrimination)。但在规定与建立和解除劳动关系有关的规则时,各成员国也可不以国籍,而以住所、工作类型等看似中立的标准作为不同待遇规则的基础。然而,这可能会产生与公开的歧视性规则相同的效果。司法实践中的其中一个例子涉及外语教师合同的规定,即与其他学科的教师相比,外语教师在被解雇时所受到的保护标准可能更低,而且作为另一成员国国民,他们最终受到的影响比东道国国民更严重。[22]某些工资或养老金特权可能仅限于那些在成员国居住的人,这意味着通过经常性地将其他成员国的国民排除在外,而给予(本国国民)以不应有的回报。

---

[20] C-94/07 *Raccanelli v MPG* [2008] ECR I-5939.

[21] C-94/07 *Raccanelli v MPG* [2008] ECR I-5939, para 45(强调系后加)。

[22] 合并审理案件 C-259/91+331/91+332/91 *Pilar Allué and Carmel Mary Coonan et al v Unviersitá degli studi di Venezia and Università degli studi di Parma* [1993] ECR I-4309;C-272/92 *Maria Chiara Spotti v Freistaat Bayern* [1993] ECR I-5185。

间接歧视(indirect discrimination)概念是很难核实的。在 Raccanelli 案[23]中,欧洲法院指出:

> 歧视,包括对可比情形适用不同规则,或对不同情形适用相同规则;应由成员国法院来确定,由于对可比情形适用不同规则……拒绝这种选择的可能性是否造成了对本国和外国博士生的不平等待遇。

歧视意图(intention to discriminate)并不是必备的(条件),因为歧视意图总归是很难证明的。所以,想要核实对某一特定群体是否存在基于国籍的间接歧视,就必须进行效果审查(*effects test*)。统计数据足以建立某项裁决的歧视性效果的模式。因此,间接歧视之存在,将通过客观、典型的事实情况进行评估,这些事实表明其他成员国国民所受待遇不如本国国民。

直接歧视通常因违反欧盟法律原则[24]而不具备正当性,与之相较,针对间接歧视的审查更为灵活。如果可以证明,区别对待所依据的是国籍之外的其他因素,或是为满足某种社会需要,那么间接歧视就具有正当性。"以语言测试作为就业依据"的案件仍是一则最佳示例。为了保持一个国家的文化认同,可能需要教师掌握某种地区语言,但即使如此,这种要求也必须合乎比例。换言之,语言测试应便于每个应聘者参加,并且,语言要求应当合理[25],语言测试还应仅限于确实需要掌握当地语言科目的教师,讲授科学或外语的教师不应在此列。

---

[23] C-94/07 *Raccanelli v MPG* [2008] ECR I-5939, para 47.

[24] C-415/93 *ASBL v Bosman* [1995] ECR I-4921.

[25] Case 379/87 *Groener v Minister for Education and City of Dublin Vocational Committee* [1989] ECR 3967;评论见 H.-W. Micklitz,ZEuP 2003,635。

根据非歧视基本原则,以间接歧视作为正当理由的当事人需要证明,(间接歧视的)理由是为了满足公认的社会需要,并且其适用合乎比例【边码4.17】。此外,原告必须就某项措施的歧视效果进行证明。然而,(当事人)在获取相关统计数据方面较为困难。

(二)性别歧视

3.4　　雇佣领域是欧盟法上首个提出非歧视原则的领域。男女同工同酬的平等待遇原则构成《欧洲经济共同体条约》的一部分。在众所周知的 *Defrenne II* 案[26]判决中,法院坚持认为,在当时的《欧洲经济共同体条约》第119条(现为《欧盟运行条约》第157条)下,同工同酬原则具有横向直接效力。正如欧洲法院在 *Defrenne III* 案[27]判决中所明确的,就业平等和工作条件平等并非欧共体基础性法律的一部分,因而必须通过派生性立法(即1976年《劳动领域男女平等待遇指令》[28])来引入,这一指令经由欧洲法院的大量判例获得了宪法地位。[29] 2006年《劳动领域男女平等待遇指令》对前述指令进行了补充,于此不再赘述。[30] 有关性别歧视(包括直接和间接歧视)及其理

---

[26] Case 43/75 *G. Defrenne v SABENA* [1976] ECR 455;详见 N. Reich, in R. Schulze(ed.), *Non-Discrimination in European Private Law*, 2011, 58。

[27] Case 149/77 *G. Defrenne v SABENA* [1978] ECR 1365。

[28] Council Directive 76/207/EEC of 9 February 1976 on the implementation of the principle of equal treatment for men and women as regards access to employment, vocational training and promotion, and working conditions [1976] OJ L039/40.

[29] 在具有开创性意义的 *Katharina Rinke v Ärztekammer Hamburg* 案中,欧洲法院承认将基于性别的非歧视原则扩展为一项共同体的基本权利,参见 C-25/02 *Katharina Rinke v Ärztekammer Hamburg* [2003] ECR I-8349。

[30] Recast Directive 2006/54/EC of the EP and the Council of 5 July 2006 on the implementation of the principle of equal opportunities and equal treatment of men and women in matters of employment [2006] OJ L 204/23.

由的判例不胜枚举,此处亦不作展开。[31] 尤为重要的是,这些判例对有效救济(原则)的形成产生了影响【边码 4.12,参见 Von Colson】。[32]

(三)种族歧视

Feryn 案[33]是援引《种族平等待遇指令》的首例案件。该案涉及对一家比利时外门装配商的指控,装配商宣称不雇佣"移民",原因是其客户担心"移民"可能会对财产安全构成威胁。该案中,并无证据表明外国求职者确实因为其种族而被拒绝(雇佣)。欧洲法院的表述比佐审官波亚雷斯·马杜罗(Poiares Maduro)更为谨慎,欧洲法院同意的是,根据成员国法院的事实调查结果,2000 年《种族平等待遇指令》中的歧视概念并不取决于"声称自己是受害者的申诉人身份"[34]。换言之,尽管指令措辞不明、含糊不清,但指令旨在防止歧视性招聘行为,甚至在确定具体受害者之前就先行介入。根据最低限度保护规则,成员国可授权非政府组织对潜在雇主的歧视性行为提起预防性诉讼(preventative action),雇主须就实际招聘行为不具有歧视性承担举证责任【边码 4.36】。

3.5

---

[31] N. Reich et al., *Understanding EU Internal Market Law*, 3rd ed. forthcoming, § 12; C. Barnard, *EU Employment Law*, 4th ed. 2012, 253; K. Riesenhuber, *European Employment Law*, 2012, 277.

[32] Case 14/83 *Von Colson and Kamann v Land Nordrhein-Westfalen*〔1984〕ECR 1891.

[33] C-54/07 *Centrum voor gelijkheid van kansen en voor racismebestrijding (CGKR) v Firma Feryn NV*〔2008〕ECR I-5187.

[34] C-54/07 *Centrum voor gelijkheid van kansen en voor racismebestrijding (CGKR) v Firma Feryn NV*〔2008〕ECR I-5187, para 25.

(四)年龄歧视

3.6　　在 Mangold 案[35]中,欧洲法院对劳动法上的年龄歧视大胆采取了崭新的"宪法进路"(constitutional approach)。该案中,虽然德国尚未正式受到《建立雇佣和职业平等待遇一般框架指令》拘束,该指令禁止在特定情形下基于年龄的任何歧视,但问题是,就降低固定期限合同的年龄限制而言,德国是否违反了非歧视基本原则。在 2005 年 6 月 30 日的意见中,佐审官蒂扎诺写道:

> 还可以回顾的是,甚至在通过《建立雇佣和职业平等待遇一般框架指令》及其包含的具体规定之前,欧洲法院就已经承认存在平等这一基本原则,平等原则在成员国"转化共同体规则"时具有拘束力,因此,欧洲法院可以使用该原则审查"属于共同体法律范围"的成员国规则。平等原则要求"不得区别对待可比情形,不得同等对待不同情形,除非这种对待在客观上正当",并且是为了追求合法目的,而且对于"为实现该目标"而言这种对待是"适当和必要"的。[36]

欧洲法院总体采纳了上述论点,由此在事实上取消了给予德国的指令转化特别宽限期:

> 因此,必须将基于年龄的非歧视原则视为共同体法律的基本原则。如果成员国规则在共同体法律范围内……并提呈欧洲法院先予裁决,欧洲法院必须提供成员国法院所需要的所有解释标

---

[35] C-144/04 *Werner Mangold v Rüdiger Helm*〔2005〕ECR I-9981.
[36] C-144/04 *Werner Mangold v Rüdiger Helm*〔2005〕ECR I-9981, para 82.

准,以确定这些规则是否符合这一(基于年龄的非歧视)原则。[37]

基于年龄的非歧视基本原则在欧洲法院的宣告,引发了激烈讨论,多为批评意见。[38] 在随后的 *Palacios de la Villa* 案的意见中,佐审官马扎克(Mazak)也提出了批评[39],认为 *Mangold* 案中提到的国际性工具(international instruments)和宪法传统确实包含了平等待遇基本原则,但从中推断出存在禁止年龄歧视的特殊原则,则是大胆的主张和重要的一步。他也提到 *Grant* 案[40],该案中,法院认为现行共同体法律并未涵盖基于性取向的歧视。然而,欧洲法院对其在 *Mangold* 案判决所受到的批评未加重视,而是在 *Kücükdevici* 案[41] 中重申了其在

---

[37] C-144/04 *Werner Mangold v Rüdiger Helm* [2005] ECR I-9981, para 75.

[38] 综合性讨论,参见 A. Metzger, *Extra legem, intra ius: Allgemeine Rechtsgrundsätze im Europäischen Privatrecht*, 2009, 344-346; 批评性意见参见 N. Reich, EuZW 2006, 21, and 2007, 198; J. Basedow, "The Court of Justice and Civil Law", ERevPrL 2010, 443 at 463; E. Spaventa, "The Horizontal Application of Fundamental Rights as General Principles of Union Law", in: A. Arnull et al. (eds.), *A Constitutional Order of States -Essays in Honour of A. Dashwood*, 2011, 199 ff.; 将欧盟基础性法律、基本原则和派生性法律相结合的有趣的方法论观点,参见 M. Dougan, "In Defence of *Mangold*?", in: A. Arnull et al., *A Constitutional Order of States - Essays in Honour of A. Dashwood*, 2011, 219 ff.; 更多讨论参见佐审官沙普斯通(Sharpston)的意见 C-427/06 *B. Bartsch v Bosch and Siemens (BSH) Altersfürsorge* [2008] ECR I-7245 关注养老金计划中所谓"年龄差"条款是否符合基础性法律(《欧洲共同体条约》第 13 条)和派生性法律(《建立雇佣和职业平等待遇一般框架指令》)。

[39] C-411/05 *Palacios de la Villa* [2007] ECR I-8531.

[40] C-249/96 *Lisa Jacqueline Grant v South-West Trains* [1998] ECR I-621; 欧盟立法者通过转化第 2000/78 号指令(Directive 2000/78)回应,但若按照新的指令,*Grant* 案的判决结果是否会有不同,则并不明确。

[41] C-555/07 *Seda Kücükdevici Swedex GmbH* [2010] ECR I-365,最近再次确认此种立场的裁判,参见 C-447/09 *R. Prigge et al v Lufthansa* [2011] ECR I-(13.09. 2011), para 38; 对欧洲法院的这种宽泛做法提出批评的,参见 M. Dougan, "In Defence of *Mangold*?", in: A. Arnull et al., *A Constitutional Order of States-Essays in Honour of A. Dashwood*, 2011, 238 ff.。

劳动关系中违反年龄非歧视原则的救济措施的宽泛做法【详见边码3.14】。

3.7 　　很多观察者将德国联邦宪法法院2009年6月30日的里斯本判决和1993年12月12日的马斯特里赫特判决[42]视为是对欧洲法院至高无上原则的挑战,但令人诧异的是,德国联邦宪法法院在2010年7月6日作出的 Honeywell 案[43]判决中基本认可了欧洲法院在 Mangold 案中的立场。根据德国宪法,对欧洲法院判决的越权控制受到严格限制。德国联邦宪法法院认为,仅在越权"足够严重"的情况下,法院才会行使自己的权力:

　　这要求欧盟机构的行为被视为明显并且导致权限的结构性重大变化,从而损害了欧盟成员国的利益(标题一)。[44]

　　在 Honeywell 案中,德国联邦宪法法院确认,欧洲法院有权"基于基础性、派生性法律以及成员国宪法传统中不成文基本原则的、方法论上受限制的判例"进行法律续造。德国联邦宪法法院还对所有的越权控制进行了严格的程序控制,只有德国联邦宪法法院有权宣布欧盟法律在德国不予适用,并且,在德国作出不适用的决定之前,欧洲法院享有澄清立场的特权。这意味着,为了让撤销欧盟法律(包括欧洲法院判决)的主张获得成功,德国联邦宪法法院以外的德国法院应首先将案件移交给欧洲法院。这一裁决的实际结果是,德国联邦宪法法

---

　　[42]　BVerfG (E) 89,155。英译本参见[1994]1CMLR 57;123,267;[2010]3 CMLR 13。

　　[43]　BVerfG(E) 126,286。兰多(Landau)法官在判决的反对意见中提到里斯本判决,质疑欧洲法院的 Mangold 案裁决,参见 BVerfG(E) 318,324。

　　[44]　BVerfG(E) 126,286,标题一。

院承认欧洲法院判决的优先性,前提是相关判决涉及欧盟法律的解释问题,并属于《欧盟条约》第 19 条第 1 款"确保……法律得到遵守"[45]的职权范围【边码 0.1】,这种职权范围包括进一步发展和适用像非歧视原则这样的宪法基本原则。[46]

(五)性取向歧视

在欧洲法院的另一起案件 Römer 案[47]中,也出现了与 Mangold 案类似的论争。该案涉及的是,相较于异性婚姻的人,德国地方当局在前雇员的补充退休金制度中,涉嫌歧视已登记的同性伴侣。在 2010 年 7 月 15 日的一份强有力却富有争议的意见中,佐审官耶斯基宁(Jääskinen)援引了 Mangold 案和 Kücükdevici 案,认为当事人在税收和相关福利方面遭受的歧视行为,自 2010 年同性伴侣关系注册登记之时起就已发生,而不是从 2003 年德国转化《建立雇佣和职业平等待遇一般框架指令》才开始。支持这一判定的观点认为,甚至在前述指令的转化期限届满之前,就已经存在基于性取向的非歧视原则。非歧视原则的"基本原则"地位在《欧盟基本权利宪章》第 21 条和《欧洲人权公约》中亦能得到证明。在 2011 年 5 月 10 日的判决中,欧洲法院决定不再用与 Mangold 案相同的方法来处理歧视问题,仅在谴责将已登记同性伴侣排除在养老金体系外的歧视行为这一点上,法院遵循了佐审官的意见。但在转化前述指令前,德国并不受到基于性取向的非

3.8

---

[45] 强调系后加。
[46] 关于德国联邦宪法法院 Honeywell 案重要性的讨论,参见 M. Payandeh,CMLRev 2011,9。
[47] C-147/08 Jürgen Römer v Freie und Hansestadt Hamburg [2011] ECR I-3591;对佐审官耶斯基宁意见的批评,参见 N. Reich,EuZW 2010,685。

歧视原则拘束。因此,从登记伴侣关系之后,到指令转化截止期届至前的这段时间,涉案伴侣遭受的歧视仍不属于欧盟法的适用范围。由此,欧洲法院在与 *Mangold* 案不作明确区分的情况下含蓄地表明了立场,即在《欧盟基本权利宪章》生效前,欧盟法上并不存在针对同性伴侣的非歧视基本原则。

ACCEPT 案[48]涉及一项针对贝卡利(Becali)先生性取向歧视的指控,作为罗马尼亚足球俱乐部 FC Steaua 的领军人物,就一名涉嫌同性恋倾向的职业球员转会事项,贝卡利先生在公开场合措辞强硬:

> 即使不得不关闭俱乐部,我也不会接受一个同性恋加入球队。也许他不是同性恋,但如果他是呢?我的家庭容不下同性恋,而俱乐部就是我的家。与其让同性恋加入球队,不如让一名初级球员加入。这不是歧视,没有人可以强迫我与任何人共事。我和他们(同性恋)一样享有权利,我有权选择与谁共事。即便上帝在梦中告诉我,可以百分百确定 X 不是同性恋,我也不会接受他。报纸上关于他是同性恋的报道太多了。即使(球员 X 的现役俱乐部)免费把他送给我,我也不会要!他可以是最能滋事的人、最能酗酒的人……但如果他是同性恋,我不想知道他的事。

欧洲法院要处理的问题并不是贝卡利的言论有无歧视性,而是要首先判定,在贝卡利持有俱乐部股份但不担任任何正式管理职位的情况下,能否将其行为归于俱乐部。法院援引此前的 *AGM-COSMET* 案[49]答复如下:

---

[48] C-81/12 *Asociatia ACCEPT v CNPCD*[2013] ECR I-(25.04.2013).

[49] C-470/03 *AGM-COSMET*[2007] ECR I-2749, paras 55-58.

因此,被告雇主(俱乐部)不能仅声称暗示存在歧视性招聘政策的言论来自某人(贝卡利),而认为贝卡利的言论并不能在招聘问题上对雇主(俱乐部)产生拘束力,(事实上)贝卡利的声称似乎在该雇主(俱乐部)的管理中发挥了重要作用。在主要诉讼程序的争议起因中,该雇主可能没有将自己和贝卡利的言论保持距离,这是法院全面评估事实时可以考虑的一个因素。[50]

由此可见,俱乐部不能藏身于形式上的权限分配背后,俱乐部有义务与以其名义发表的恐同言论保持距离。

(六)残疾歧视

在 Navas 案[51]中,欧洲法院谨慎解释了"残疾"(disability)概念并坚持认为,"仅因疾病而遭解雇的人,不属于《建立雇佣和职业平等待遇一般框架指令》打击基于残疾之歧视的一般框架"[52]。原因在于,需要对指令作统一、自主解释,并在不参考成员国法律的情况下,兼顾指令的规范目标。欧共体或欧盟法的非歧视基本原则不允许将禁止因残疾而歧视的规定扩大到疾病。[53]

3.9

在 Coleman 案[54]中,法院面临的问题是残疾的"关联性"歧视(disability discrimination by "association")。法院必须裁定,在解雇案件

---

[50] C-81/12 *Asociatia ACCEPT v CNPCD* [2013] ECR I-(25.04.2013), paras 49-50.
[51] C-13/05 *Sonja Chacón Navas v Eurest Colectividades* [2006] ECR I-6467;批评意见参见 E. Howard,ELJ 2011,785 at 793,其中提及《联合国残疾人权利公约》,包括慢性病患者。
[52] C-13/05 *Sonja Chacón Navas v Eurest Colectividades* [2006] ECR I-6467, para 47.
[53] C-13/05 *Sonja Chacón Navas v Eurest Colectividades* [2006] ECR I-6467, para 56.
[54] C-303/06 *S. Coleman v Attridge Law et al* [2008] ECR I-5603.

中,如果雇员本人并无残疾,有残疾的是雇员的新生儿,这是否也属于《建立雇佣和职业平等待遇一般框架指令》第2条第1款意义上基于残障的直接歧视。法院的答复是肯定的,坚持指令旨在"打击一切形式的基于残疾的歧视"[55],并在欧盟建立"就业和职业平等的公平竞争环境"[56],无论雇员本人有无残疾,或像本案中当事人的新生儿是否残疾。法院并未具体界定雇员与残疾人之间必须存在何种关系,而仅限于本案事实作出界定,即母亲子女关系。这种解释也适用于骚扰问题。在举证责任上,申请人必须证明,"可以推定存在违反指令的基于残疾的直接歧视的事实",雇主则应证明,"该雇员所受待遇是因为客观事实而得以正当化,与任何基于残疾的歧视或该雇员与残疾人之间的任何关联无关"[57]。

三、公民身份:通过基础性法律扩大非歧视原则的范围

3.10　　特定情形下,欧盟基础性法律已将非歧视原则扩展到雇佣以外的民法领域。反映这种趋势的一个例子是,在"条约适用范围内"(《欧盟运行条约》第18条,原《欧洲共同体条约》第12条【边码3.3】),《欧盟运行条约》第20条(原《欧洲共同体条约》第17条)用公民身份(citizenship)概念来扩大禁止国籍歧视的范围。非歧视原则的适用,被视为朝着保障个人作为欧盟公民享有一系列自主权利(尤其是自由流动权)迈出的一步。在行使自由流动权时,欧盟公民不应受

---

[55] C-303/06 S. *Coleman v Attridge Law et al* [2008] ECR I-5603, para 38.
[56] C-303/06 S. *Coleman v Attridge Law et al* [2008] ECR I-5603, para 47.
[57] C-303/06 S. *Coleman v Attridge Law et al* [2008] ECR I-5603, para 55.

到通常属于民法规则的不当限制,例如不公平条款【边码 1.7】。

尽管民法关系中的歧视案件尚未出现,但法院就基本自由提出的论点,即存在"集体规制"(collective regulation)(或法院在 Raccanelli 案[58]上所指的劳动合同),也可以用于针对格式合同或寄宿学校、私立大学等民间社团有关入学、学费或雇佣的社团章程中的(直接或间接的)国籍条款。

在非歧视的"宪法进路"下,平等构成个人作为欧盟公民地位的必要属性。在涉及成员国姓氏立法的案件中,欧盟法院也采取了"宪法进路",而姓氏立法通常是一个(不作协调的)国际私法问题。在 *Garcia Avello* 案[59]中,法院必须裁定,比利时关于子女姓名的法律(与西班牙法律不同,该法律不允许使用父母双方的姓氏)是否适用于兼具西班牙公民身份的比利时公民的子女。法院依据非歧视原则的"第二部分",即"除非有客观理由,否则,不应同等对待不同的情形"裁定如下:

3.11

> 与只拥有比利时国籍的人不同,同时拥有西班牙国籍的比利时国民在两种法律体系下拥有不同的姓氏。更确切而言,在主要诉讼程序中,涉案儿童被剥夺了使用其父亲姓氏的权利,这是适用确定其父亲姓氏的成员国立法的结果。[60]

欧洲法院认为,并无任何理由对 Avello 夫妇的子女适用"禁止使

---

[58] C-94/07 *Raccanelli v MPG* [2008] ECR I-5939.

[59] C-148/02 *Garcia Avello* [2003] ECR I-11613;该案对保护不从事经济活动的公民基本权利的重要性,参见 M. Elsmore/P. Starup, "Union Citizenship-Background, Jurisprudence, and Perspective", YEL 2007, 57 at 93。

[60] C-148/02 *Garcia Avello* [2003] ECR I-11613, para 35.

用双重姓氏"的严格的比利时姓名法。

尽管后续的 Grunkin & Paul 案[61] 也涉及选择姓氏格式的自主权,但欧洲法院的论证进路不同于 Garcia Avello 案。Grunkin & Paul 案的当事人是一名出生于丹麦的德国公民,他的姓氏是根据出生地法(属地主义)确定的,丹麦法允许他同时使用父亲和母亲的姓氏(双重姓氏),而根据德国的血统主义和国籍国法,他必须从父姓或母姓中择一作为自己的姓氏。他在德国定居时申请保留其丹麦双姓,但遭到德国主管当局拒绝。在 2008 年 10 月 13 日的判决中,欧洲法院认为,不像 Garcia Avello 案那样是对非歧视原则的干预,德国关于姓名的立法,构成对欧盟公民自由流动权的不合理和不适当的干预。

有趣的是, Garcia Avello 案和 Grunkin & Paul 案均涉及欧盟公民和成员国之间的"纵向"冲突,即决定姓名问题的国家机构或法院与欧盟公民之间的冲突。但这些案件的实质是民法问题,即公民姓名问题,在跨境情形下,这一问题应由国际私法规则决定。[62] 尽管欧盟的基础性和派生性法律均未协调国际民法的这一特殊问题,但成员国仍应避免歧视其他成员国的公民(例如 Garcia Avello 案),或避免对自由流动设置不合理限制(例如 Grunkin & Paul 案)。

---

[61] 参见 C-353/06 Grunkin and Paul [2008] ECR I-7639;早在 2005 年 6 月 30 日 C-96/04 [2006] I-3561 的意见书中,佐审官雅各布斯(Jacobs)就持该立场,但欧洲法院未受理该案。而在 1992 年 9 月 13 日对 C-168/01 Konstantinidis [1993] ECR I-1191 案的意见中,佐审官雅各布斯在欧盟法律规定有关公民身份的概念之前就指出,个人对其姓名的基本权利是欧盟公民身份的一部分,参见"civis Europeus sum", para 46;法院同意反对篡改姓名拼写的一些人为市场方面的观点,因为这可能会使当事人康斯坦丁尼迪斯(Konstantinidis)先生的潜在客户产生混淆,从而不当限制了他的营业权。

[62] P. Lagarde, "Droit international privé", in: R. Schulze/H. Schulte-Nölke (eds.), European Private Law - Current Status and Perspectives, 2011, 249 at 257.

四、欧盟派生性法律将非歧视原则扩大到经营者与消费者之间的关系

派生性法律已将禁止歧视的范围扩大到雇佣以外的民事法律关系[63],涉及的歧视事由包括种族和民族血统(《种族平等待遇指令》第3条第1款第h项)、性别(《男女平等待遇指令》第5条第1款)和法定住所(《长期居民指令》第11条第1款第f项)。[64] 欧盟法的保护范围也覆盖个人"获得和提供公众可用的商品和服务"。"包括住房"(including housing)这一术语仅在《种族平等待遇指令》中出现,《男女平等待遇指令》并未提及,《长期居民指令》则仅限于"获得住房的程序"。因此,在选择合同伙伴时,必须已经通过广告或营销等方式初步向公众提供某些商品和服务,并非所有的区别对待都违反欧盟法律。[65]《男

3.12

---

[63] 概述参见 D. Schiek et al. (eds.), *Non-discrimination law*, 2007, 11-14; N. Reich, et al., *Understanding EU Internal Market Law*, 3rd ed. Forthcoming, at para 13.19; J. Basedow, "Grundsatz der Nichtdiskriminierung", Zeitschrift für Europäisches Privatrecht (ZEuP) 2008, at 238,应区分真正的"禁止歧视"和"打击歧视"的需要,前者并非指令表述,后者则是《种族平等待遇指令》第1条的表达,《种族平等待遇指令》第2条第1款规定"不得有基于种族或民族血统的直接或间接歧视"。"打击歧视"的表达真有别于严格意义上的"禁止"吗? 如若不然,就无法理解有效制裁的必要性。显然,成员国对如何转化这一义务享有(有限的)自由裁量权,参见边码3.13。

[64] [2004] OJ L 16/44.

[65] N. Reich et al., *Understanding EU Internal Market Law*, 3rd ed. 2012, para 13.29; M. Schreier, "Das Allgemeine Gleichbehandlungsgesetz-wirklich ein Eingriff in die Vertragsfreiheit?", KritJ 2007, 278 at 285,该文提及,德国在转化欧盟法(2006年《一般平等待遇法》)时,相较于"个人交易"(individual transactions)、"规模交易"(Massengeschäft)这一术语具有误导性,"个人交易"中合作伙伴的个人特征十分重要; 相关分析参见 K. Riesenhuber, "Das Verbot der Diskriminierung aufgrund der Rasse und der ethnischen Herkunft sowie aufgrund des Geschlechts beim Zugang zu und der Versorgung mit Gütern und Dienstleistungen", in: S. Leible/M. Schlachter, *Diskriminierungsschutz durch Privatrecht*, 2007, 124 at 129,作者坚持"客观标准"。

女平等待遇指令》第 3 条第 2 款及其鉴于条款第 14 条明确了应保障选择合同伙伴的自由【边码 1.13】，只要这种选择不是基于性别作出的。保险合同适用特殊规则【边码 3.15】。故意歧视和间接歧视都是被禁止的，后者是指看似中立的规定造成了不合理的负面影响。[66]

3.13　　Belov 案[67] 涉及一起针对保加利亚蒙塔纳的罗姆少数民族的间接种族歧视指控。保加利亚反歧视中心（KZD）向保加利亚电力供应商发出禁令，后者为了防止在申诉人贝洛夫（Belov）居住的罗姆人聚居区频繁操控电力而将电表安装在七米高处。在极为谨慎的案件意见中，佐审官科科特（Kokott）首先确认，保加利亚反歧视中心构成《欧盟运行条约》第 267 条意义上的"法院或法庭"（court or tribunal），并根据欧洲法院传统程式（traditional formula）认定供应商行为构成间接歧视，而这是《种族平等待遇指令》禁止的。提供电力和电表，涉及"获得和提供公众可获得的商品和服务"，贝洛夫先生的"权利"不一定受到了侵犯。然后，科科特转而讨论供应商涉诉行为的可能理由，即根据比例原则打击欺诈和滥用行为。科科特认为，如果得到保加利亚反歧视中心根据欧盟法的推定歧视规则（《种族平等待遇指令》第 8 条第 1 款）所确定的事实的支持，该措施就可能是适当和必要的，不会对相关地区居民造成不必要的不利影响，结论是：

---

[66] K. Riesenhuber, "Das Verbot der Diskriminierung aufgrund der Rasse und der ethnischen Herkunft sowie aufgrund des Geschlechts beim Zugang zu und der Versorgung mit Gütern und Dienstleistungen", in: S. Leible/M. Schlachter, *Diskriminierungsschutz durch Privatrecht*, 2007, at 133; H. Cousy, "Discrimination in Insurance Laws", in: R. Schulze (ed.), *Non-Discrimination in European Private Law*, 2011, at 85.

[67] C-394/11.

总之,如果案涉措施能够防止欺诈和滥用,并有助于确保电力供应的质量,且符合所有消费者的利益,那么这些措施就是合理的,前提是:不存在其他同样适当的措施能以合理的经济成本实现上述目标,且对相关地区居民的不利影响较小;所采取的措施不会对该地区居民造成不必要的不利影响,但应顾及某个民族群体的污名化风险,以及消费者通过定期目测电表来监测其个人用电量的风险。

上述结论可能会遭到质疑。但在2013年1月31日的判决中,欧洲法院以形式性理由驳回此案,认为保加利亚反歧视中心不构成《欧盟运行条约》第267条意义上的"法院"。遗憾的是,欧洲法院未就案涉歧视问题发表任何意见。无论如何,佐审官科科特的意见对案件中的法律和消费者问题作了非常有益的分析,而要回答这一问题并不容易。

2008年7月2日,欧盟委员会建议,将人与人之间不分宗教或信仰、残疾、年龄或性取向的平等待遇原则扩大到劳动力市场以外的民法关系,尤其是与"包括住房在内的获得和提供公众可用的商品和服务"相关的消费者市场。该提议遭到了成员国的强烈抵制。[68]德国在2006年8月14日颁布的《一般平等待遇法》第19条也有类似规定,但包含若干例外。 3.14

---

〔68〕 COM (2008) 426 final;讨论见 A.-S. Vandenberghe, "Proposal for a new Directive on non-discrimination", ZEuP 2011, 235。

五、一项争议:统一男女保险费率及与意思自治的冲突

(一)欧洲法院对非歧视原则的"一元论"解读?

3.15 　　新近的论争是,欧盟立法者可否在一项以打击歧视为目标的指令中限制非歧视原则。比利时消费者协会 Test-Achats 在向比利时宪法法院提起诉讼时提出了这一问题,宪法法院随后将问题提交欧洲法院,而欧洲法院是唯一有权宣布欧盟法案无效的司法机构。[69] 比利时宪法法院的问题涉及《男女平等待遇指令》第 5 条第 2 款的有效性,该条规定:

> 除了第 1 款的规定之外,成员国可以在 2007 年 12 月 21 日之前决定,如果在根据相关和准确的精算和统计数据评估风险时,性别构成风险评估的决定性因素,那么应允许在个人的保费和福利方面存在成比例的差异。相关成员国应通知欧盟委员会,并确保汇编、公布和定期更新将性别作为精算决定因素的相关准确数据。相关成员国应在 2007 年 12 月 21 日的 5 年后审查其决定,同时将第 16 条提及的欧盟委员会报告纳入考量,并将成员国的审查结果转交欧盟委员会。

这种与保险人自主计算费率有关的例外情形(即便这种例外在某种程度上为统计数据所掩盖)是否违反了《欧盟基本权利宪章》第

---

　　[69] C-236/09 Ass. Belge Test-Achats et al [2011] ECR I-773;有关比利时立法的详细评论,参见 H. Cousy, "Discrimination in Insurance Laws", in: R. Schulze (ed.), *Non-Discrimination in European Private Law*, 2011, at 99.

21条第1款和第23条的基于性别的非歧视基本原则？从2009年12月1日起，前述原则对所有欧盟机构都产生拘束力。在2010年9月30日的意见中，佐审官科科特强烈谴责派生性法律中的这项例外，认为其违反了更高位阶的欧盟非歧视原则。[70] 她写道：

> 根据《男女平等待遇指令》，特别是指令第5条，欧盟理事会有意识地决定在保险领域通过非歧视立法。这些规定必须在不受限制的情况下，能够经得起更高位阶的欧盟法律的检验，尤其是要经得起欧盟承认的基本权利标准的检验。用《欧共体条约》第13条第1款（现为《欧盟运行条约》第19条第1款）的话来说，这些规定必须"适合"打击歧视，它们本身可能不会导致歧视。欧盟理事会不能凭简单辩称它本来也可以不采取任何行动，来规避前述审查。[71]

她还驳斥了一项性别构成人寿、健康和汽车保险的风险评估可以考虑的精算因素的观点：

> 鉴于社会变革以及传统（男女）角色模式的意义随之丧失，行为因素对一个人的健康和预期寿命的影响不再与他/她的性别明确相关。再举几个刚刚提到的例子，现如今，男性和女性都在从事要求很高、有时压力极大的职业活动，都消费了不少兴奋剂，甚至人们从事体育活动的种类和范围从一开始就不能与某种性别相联系。[72]

---

[70] 相关批评参见 U. Karpenstein, "Harmonie durch die Hintertür? Geschlechtsspezifisch kalkulierte Versicherungstarife und das Diskriminierungsverbot", EuZW 2010, 885。

[71] C-236/09 Ass. Belge Test-Achats et al [2011] ECR I-773, para 35.

[72] C-236/09 Ass. Belge Test-Achats et al [2011] ECR I-773, para 63.

3.16   2011年3月1日,欧洲法院在判决主文中谴责了保险合同中豁免(适用)非歧视原则的做法:

> 自2013年12月21日起,2004年12月13日的《男女平等待遇指令》第5条第2款无效,该指令旨在落实在获取和提供商品与服务方面的男女平等待遇原则。

与佐审官科科特的冗长意见形成强烈反差的是,法院判决出乎意料地简短。[73]欧洲法院表示,就欧盟规则与欧盟在一些文件中签署的人权制度的相符性问题上,法院愿意对相符性进行严格控制,最近的一份文件是"升等"的《欧盟基本权利宪章》,该宪章自2009年12月1日起与欧盟条约具有同等效力。法院裁决基于如下几项论点作出。

首先,《欧盟基本权利宪章》不能直接用于评估《男女平等待遇指令》第5条第2款的相符性,因为无论是2004年12月13日该非歧视指令通过时,还是2007年12月21日该指令对成员国产生拘束力时,《欧盟基本权利宪章》均尚未具有法律拘束力。相反,《欧盟基本权利宪章》之所以相关,只是因为该指令"自动援引"了宪章第21条和第23条,作为一份文件,宪章表达了欧盟(当时的欧共体)保护和促进包括男女平等在内的基本权利的政治意愿。[74]法院还提到,"男

---

[73] 评论见 N. Reich,"Some Thoughts after the 'Test Achats' Judgment",EJRR 2011,283; K. Purnhagen, EuR 2011, 690; D. Effer-Uhe, "Gleichbehandlung in Versicherungsverträgen", in: R. Schulze (ed.), Non-Discrimination in European Private Law, 2011, 109 ff.; C. Tobler, "Case note", CMLRev 2011, 2041; P. Watson, "Equality, fundamental rights and the limits of legislative discretion", ELRev 2011, 896。

[74] C-236/09 Ass. Belge Test-Achats et al [2011] ECR I-773, para 17;参见 V. Kosta, "Internal Market Legislation and the Civil Law of the Member States - The Impact of Fundamental Rights", ERCL 2010, 409。

女享有平等待遇的权利是《欧盟运行条约》(若干)条款的主题"[75]。

其次,欧洲法院承认,这种平等不能简单通过"法令"(*legal fiat*)来实现,而是包含一种必须"逐步实现"的渐进因素。[76] 欧盟的非歧视指令并未立即禁止歧视,而是采用了一个要逐步制定和实施的强制性的政治方案。于此,欧盟本身(通过立法和成员国)以及最终涉及平等制度的民事主体(根据相关立法在欧盟开展业务的保险公司)必须开展合作,例如,从立法确定之日起统一男女保险费率。为了实现非歧视这一动态要素,立法行为"必须以连贯一致的方式促进实现预定目标,但不妨碍规定转化期限或有限范围的减损"[77]。这种"内部立法"的连贯性就要求限制时间期限,而不能在"永远"持续,也不能在如何实现该目标上赋予成员国或公司无限的自由裁量权。正因为指令没有规定这种时间限制,法院宣布该指令无效,但仅从指令生效五年后才无效,不溯及既往。这是勇敢的一步,但更广为人知的是德国联邦宪法法院的判例,其经常宣布某项立法因违反基本权利无效,但仅具有即时效力,不溯及既往,以便立法者有时间来对复杂的政治、经济或法律现实进行调整和纠正。

欧洲法院明确谴责指令第 5 条第 2 款的豁免规则违反了平等原则。平等原则过去是(现在仍是)依据《欧共体条约》第 13 条(现为《欧盟运行条约》第 19 条)采取立法行动(legislative action)的基础。在一贯的判例法中,欧洲法院将平等待遇原则界定为"不得区别对待可

3.17

---

[75] C-236/09 *Ass. Belge Test-Achats et al* [2011] ECR I-773, para 18.
[76] C-236/09 *Ass. Belge Test-Achats et al* [2011] ECR I-773, at para 20.
[77] C-236/09 *Ass. Belge Test-Achats et al* [2011] ECR I-773, at para 21(强调系后加)。

比情形,不得同等对待不同情形,除非这种对待在客观上正当"[78]。尽管在某些险种,男女的风险状况有所不同,例如在汽车司机的第三者责任险中,男性造成的事故更多,风险似乎更高;而在人寿险和健康险中,相关统计数据表明,女性的风险更高,费用也更高,《男女平等待遇指令》第5条第1款明确规定,这些差异无关紧要。尽管男性和女性的预期寿命不同,但这种不同即使存在"经验性差异",也必须被视为具有"规范可比性"。[79] 欧洲法院认为,无限期地继续这种区别待遇不具有正当性,这等同于是一种可以无限期持续的"纯粹而简单"的歧视。[80] 为了纠正这种情况,法院以立法者自居,在不使整个立法行为无效的前提下自行规定了时间限制。因此,男性和女性不同保费、费率和福利的现有保险合同在与指令第5条第2款(例如德国《一般平等待遇法》第20条第2款[81])不明显抵触的前提下,这些合同可以维持到2012年12月20日,但从2012年12月21日起,上述合同将不再提供,届时男女统一保费将成为强制性要求。这意味着,相较于2012年12月20日之前的保费,此后签订的"新合同"的保费必须重新计算,这可能导致一般保费(general premium)增加。[82] 根据欧盟法律,新的保费仅在不(公开或间接地)歧视,而只是根据公认的精算技术作区分的情况下方为合法。

---

[78] C-236/09 *Ass. Belge Test-Achats et al* [2011] ECR I-773, at para 28.
[79] C-236/09 *Ass. Belge Test-Achats et al* [2011] ECR I-773, at para 30.
[80] C-236/09 *Ass. Belge Test-Achats et al* [2011] ECR I-773, at para 33.
[81] 这一例外在德国法上的合宪性,参见 F. Rödl, in U. Rust/J. Falke (eds.), *Kommentar zum AGG*, §20 para 37,作者认为,保险费率方面的区别对待可以基于客观理由而正当化。但由于欧盟法律的优先性,这一理由已不再成立。
[82] 许多观察者对这一点的担心是正确的,参见 *Süddeutsche Zeitung* of 19.03.2011,33。

与佐审官科科特的意见相反,欧洲法院似乎并不要求改变现有的保费、费率和福利,甚至是那些违反非歧视原则的长期合同。[83] 法院的"动态"推理清楚表明,虽然仍存在疑问,但在五年内,成员国对指令第5条第2款的豁免是完全合法的,只有在2013年12月21日之后达成的基于性别的歧视性费率才会失去正当性。因此,法院判决不溯及该日期之前使用的现行费率。[84] 保险公司会赞同这种解决方案,而客户可能遗憾于自己既不能从过去的判决中获利,也无法从将来的判决中获利。非歧视是有代价的,非歧视也不大可能成为"消费者友好"的措施。例如,谨慎的女司机将不得不支付更高的保费,以补贴那些更冒进的男司机,而男性将不得不为女性的医疗费用和更长预期寿命支付额外的保险费用。

(二)对判决的可能批评:"平等待遇"过多,自治所剩无几?

显然,对前述判决最为致命的批评,是欧洲法院在非歧视的"祭坛"上牺牲了意思自治(包括保险公司根据商业模式计算保费),尽管《男女平等待遇指令》第3条第2款保证该措施不会损害选择合同当事人的自由,但存在一个模糊的例外,即"只要个人的选择不是基于性别作出"[85]。事实上,欧洲法院的论证似乎有

3.18

---

[83] 参见佐审官科科特的意见 C-236/09 *Ass. Belge Test-Achats et al* [2011] ECR I-773, para 81。

[84] 反对观点参见 C. Tobler, "Case note", CMLRev 2011, at 2057。关于《第2004/114号指令》第5条第1款中"新合同"(new contracts)概念的限缩解释,参见2012年1月13日欧盟委员会发布的指南,其中排除了(对原合同)自动延期、单方调整(现有合同)保费以及在2012年12月21日之前(原合同中)预先商定的后续保单(指南第13条)。参见[2012] OJ C 11/1。

[85] J. Lüttringhaus, "Europaweit Unisex-Tarife für Versicherungen", EuZW 2011, 296.

三项致命弱点。

第一,"平等待遇"的衡量标准是《男女平等待遇指令》规定的形式标准,而不是一种基于"歧视"概念本身的价值判断的实质标准。这种论证的最终结果是,欧盟立法者甚至无权设定转化期(欧盟法转化为成员国法的期限),相反,欧洲法院则赋予了欧盟立法者为期五年的宽限期。

第二,正如 Effer-Uhe 判决所言[86],欧洲法院判定《男女平等待遇指令》第5条第2款的选用性条款无效,尽管正是这一条款才使指令能按照《欧盟运行条约》第19条(原《欧共体条约》第13条)的要求以"一致同意"获得通过。或有观点认为,法院通过判定指令条款无效将使"一致同意"的要求一文不值。此种论点难以令人信服,因为欧洲法院不能豁免对欧盟法律中选用性条款的基本权利控制,如果适用这些选用性条款,其结果是使成员国能够保留"违宪"条款。

第三,虽然《欧盟基本权利宪章》第23条规定"必须确保男女在所有领域的平等"[87],但根据《欧盟基本权利宪章》第52条第1款,平等也应受到法律的适度限制。正如吕特林豪斯(Lüttringhaus)所言,法院并未认真考虑在计算保险费率时对男女进行"歧视"(区别对待)的可能理由。[88] 佐审官科科特在详细的社会法论证(socio-legal argumentation)中指出,这种严格的比例审查可能导致的结果是,在机动

---

[86] D. Effer-Uhe, "Gleichbehandlung in Versicherungsverträgen", in: R. Schulze (ed.), *Non-Discrimination in European Private Law*, 2011, 113;第5条第2款的折中版本参见 H. Cousy, "Discrimination in Insurance Laws", in: R. Schulze (ed.), *Non-Discrimination in European Private Law*, 2011, at 99。

[87] 强调系后加。

[88] J. Lüttringhaus, "Europaweit Unisex-Tarife für Versicherungen", EuZW 2011, 298.

车第三者责任险中对男性和在医疗保险中对女性分别征收更高的保费,由于零散、不确定的统计证据并未考虑到被保险人的不同风险状况和生活方式,使得性别不再是保费费率的一项决定性因素。但是,奖惩制度(bonus/malus)本可以是一种更灵活,因而更具比例性的工具,可以避免部分被保险人的"道德风险"。在这种情况下,性别是一种相当"粗暴",因而具有歧视性的风险确定要素。另一方面,可以说,应该允许以不同的方式计算人寿保险的保费,原因很简单,欧盟女性的预期平均寿命仍长于男性,因此,女性要支付更多保费,并且要支付更长时间,才能开始享受保险福利。此外,在确定男女不同的风险状况时,参考公开统计数据与"歧视"或"不平等待遇"无关,而仅从表面上看预期寿命差异,避免平均寿命较短的男性不得不补贴更长寿的女性。因此,可以认为,欧洲法院未能在保险市场的"意思自治"和"平等待遇"之间取得必要平衡,而保险市场构成民法多元化的一项基本支柱。

六、普遍经济利益的服务和网络服务的获得以及待遇上的非歧视:有限自治

3.19 直至最近,通信、能源和运输等具有普遍经济利益的服务(services of general economic interest)才被纳入欧盟法律的范围,这与影响这些行业的放松管制和私有化趋势相符。这些服务过去曾经受到公法的高度管制,在公法中,可以适用非歧视原则,而不会产生与意思自治相关的教义学问题。相比之下,这些被纳入欧盟法律范围的新内容更关注竞争和选择,因此必须制定自己的标准,尤其是(有些犹豫地)将

团结理念与更注重经济和竞争的公共服务理念相结合,以涵盖消费者(或更确切而言是用户)的使用和平等问题。[89]欧盟委员会已经提议将上述服务纳入消费者保护工作之中。[90]由于提供这些服务需要订立合同,因此,对具有普遍经济利益的服务进行规制的欧盟法律,也可被视为属于"民法"和涉及横向关系的法律,尽管其已受到经济法的广泛规制。

  欧盟对具有普遍经济利益的服务进行监管的最重要因素,包括两点:一是内部市场进路(the internal market approach),二是供应商的所谓"普遍服务义务"(universal service obligation)。[91]这在某种程度上是《欧盟基本权利宪章》第36条的"获得具有普遍经济利益服务"原则所要求的,该原则必须"根据《欧盟条约》在成员国法律和实践中加以规定,以促进欧盟的社会和领土凝聚力"。这一原则对自由选择所获得的服务的影响,以及对不区分传统意义上的消费者和其他用户的非歧视性待遇义务的影响,仍有待立法澄清。例如,2002年《通用服务指令》[92]以及2003年修订的《内部市场电力指令》与《内部市场天然

---

  [89] M. Ross, "Promoting Solidarity: From Public Service to a European Model of Competition?", CMLRev 2007, 1057 at 1070,作者坚持《欧洲共同体条约》第16条(现为《欧盟运行条约》第14条)中一般规则的适用性。

  [90] Consumer Policy Strategy, COM (2002) para 3.1.5; also COM (2007) 99 at 12: EU Consumer Policy Strategy 2007-2013.

  [91] P. Rott, "Consumers and Services of General Interest: Is EC Consumer Law the Future?", JCP 2007, 53; N. Reich, "Crisis of Future of European Consumer Law?", in: *Yearbook of Consumer Law* 2008, 2009, 3 at 20; H.-W. Micklitz, "The Visible Hand of European Regulatory Civil Law", YEL 2009, 3 at 22 ff.

  [92] Directive 2002/22/EC of the EP and the Council of 2002 on universal service and user's rights relating to electronic communications, networks and services (Universal Services Directive) [2002] OJ L 108/51, amended by Directive 2009/136/EC of 19 December 2009 [2009] OJ L 337.

气指令》[93]规定,不得通过直接或间接的障碍来阻止"家庭用户"(household customers)转向其他供应商。[94] 2009年7月17日,欧洲议会和理事会通过了《内部市场电力共同规则指令》和《内部市场天然气共同规则指令》,同时废除了此前的《内部市场电力指令》和《内部市场天然气指令》。[95]《内部市场电力共同规则指令》第3条第7款规定了成员国的一般义务,即通过普遍服务义务来保护市场上的终端消费者,尤其是弱势消费者【边码2.11】:

> 在此背景下,各成员国都应界定弱势用户(vulnerable customer)的概念,该概念可能指能源贫困(energy poverty),尤其是指禁止在关键时刻对这类客户切断电力。

与2003年《内部市场电力指令》中消费者的地位相比,尽管新规定并不彻底,但其试图改善消费者(尤其是弱势消费者)的地位。这些新规定因过于笼统而无法直接生效。2009年《内部市场电力共同规则指令》附件一中"与普遍服务供应商签订合同(的权利)的透明度要求"则要具体得多。

非歧视原则应该扩展到像银行业务这样的其他网络服务中。 3.19a

---

[93] Directive 2003/54/EC of the European Parliament and the Council of 26 June 2003 concerning Common Rules for the Internal Market for Electricity [2003] OJ L 176/37; [2003] OJ L 176/57.

[94] P. Rott, "Consumers and Services of General Interest: Is EC Consumer Law the Future?", JCP 2007, 56; H.-W. Micklitz, "The Concept of Competitive Contract Law", PennStateLJ 2005, 549 at 576; C. Willet, "General Clauses on Fairness and the Promotion of Values important in Services of General Interest", in C. Twigg-Flesner et al. (eds.), *Yearbook of Consumer Law* 2007, 2008, 67 at 95-100.

[95] 两部指令的公报来源参见[2009] OJ L 211/55 以及[2009] OJ L 211/94。

2007年《支付服务指令》[96]第28条包含了保护"服务接受方"不受歧视的笼统条款。这种拟议的不受歧视地"获得"支付服务的权利,可能会使欧盟的支付系统(尽管具有异质性)转变为基于民法的"普遍经济利益服务"(但不包括"普遍服务义务"和"直接效力"),并受制于超越传统私法自治和合同自由概念的特殊规则。

与此同时,2013年5月8日,欧盟委员会发布了一项《与支付账户、支付账户转换和访问具有基本功能的支付账户相关的费用可比性的指令(草案)》[97],其中第14条(非歧视)要求成员国确保消费者在申请支付账户或使用支付账户时,不因其国籍或住所而受歧视。第15条(获得具有基本功能的支付账户的权利)规定了消费者在任何成员国享有获得基本支付账户的权利。还规定成员国有义务指定至少一家支付服务提供商来提供基本支付账户。第16条(具有基本功能支付账户的特征)规定了具有基本功能的支付账户应包含的支付服务清单。

在不涉及草案细节的情况下,笔者对指令草案的政治、经济和立法方面尚不清楚。当然,这在很大程度上取决于成员国是否愿意指定一家或几家"通用"支付服务提供商。

3.20　　令人讶异的是,学界目前几乎没有讨论过这种规定对民法的侵蚀性影响。在这一点上,非歧视原则发挥着特殊作用,但诚如米克利茨教授所言[98],该领域似乎是民法学者的视觉盲区,他们

---

[96] [2007] OJ L 319/36.

[97] COM (2013) 266.

[98] H.-W. Micklitz, "The Visible Hand of European Regulatory Civil Law", YEL 2009, at 23.

认为这一受到高度监管的领域仍遵循意思自治原则。正如米克利茨所述：

> 在普遍服务领域，网络法发展了一些概念和手段，它们的适用范围必须经过检验，看其在狭义主题之外是否具有普遍适用的潜力。仅举一例，尽管实行了私有化，但网络行业必须保证其服务的可访问性和可负担性(affordability)，此处的关键在于强制缔约义务，以及即使在迟延支付的情形下也有继续提供服务的义务。

由此，非歧视原则正"悄然潜入"欧洲合同法，并有可能将其适用范围扩大到欧盟法迄今所承认的领域和事由之外。但正如最近的 *Test-Achats* 案所彰显的，非歧视原则对公民和消费者的影响可能是双重的。平等待遇是有代价的，必须有人承担扩大该原则的经济后果。

七、超越非歧视的平等待遇？

(一)广播电视服务的信息接入

与普遍经济利益服务类似，欧盟法律也规定了广播电视服务 (broadcasting services) 的接入权 (access rights)，尽管规定方式更为有限，也更间接。接入权是以《视听媒体服务指令》[99]第 15 条第 1 款

3.21

---

[99] Directive 2010/13/EU of the European Parliament and the Council of 10 March 2010 (Audiovisual Media Service Directive) [2010] OJ L 95/1.

和第6款为法律依据,内容如下:

  第1款 在简短新闻报道方面,成员国应确保在(欧盟)设立的任何广播电视机构都能在公平、合理和非歧视的基础上,报道其管辖范围内的广播机构独家转播的公众高度关注的事件。……

  第6款 在不影响第1款至第5款的情况下,成员国应确保根据其法律制度和惯例,界定上述短篇摘录的方式和条件,尤其是任何补偿安排、短篇摘录的最长篇幅和传输时限。在规定补偿的情况下,补偿金额不得超过提供访问权(使用权)直接产生的额外费用。

上述条款的合宪性在 Sky/ORF 案[100]中得到了审理。欧洲法院依据《欧盟基本权利宪章》第16条规定的营业自由基本权利审查了该案【边码1.13】,认为前述规定对独家许可持有人的义务是适用的,即允许其他广播机构使用短篇新闻报道,前提是其他机构支付了与传输成本相关的补偿,但作为获得接入权的条件,它不得收回部分应得的可观的许可费,但这一限制是出于合比例的公共利益目的。法院指出:

  首先,鉴于《欧盟基本权利宪章》第11条所确保的获取信息的基本自由以及媒体自由和多元化的重要性,其次,鉴于《欧盟基本权利宪章》第16条所确保的对企业营业自由的保护,欧盟立法机构有权通过像《视听媒体服务指令》第15条这样的限制营

---

[100] C-283/11 *Sky Österreich v ORF* [2013] ECR I-(23.01.2013).

业自由的规则,在必要时平衡相关权利和利益,将公众获取信息的权利置于合同自由之上。[101]

初看之下,该案涉及广播电视机构根据其中一家的独家许可对公共事件享有的反向权利(opposing rights),与消费者获得新闻服务并无直接关联。或有观点辩称,此类事件的消费者必须付费接入此类事件的转播,如此就已足够,并且经济上更有效率。但如此一来,就会迫使消费者签订其可能根本不需要或不想要的合同。消费者可能只有兴趣观看事件的结果。因此,知情权(the right to information)成为了消费者参与市场管理的具有公共利益事件的一项权利。这些事件成为了广播机构依据独家许可获得的一揽子内容的一部分。广播机构为此付出了高昂代价,而这种利益的公共性使其受到公共利益的相应限制。这就排除了以市场为中心的做法,而须介入监管措施。公共事件的简短新闻报道是不谈市场的,此类事件的特殊性质使其归属于公共领域,而不能完全私有化。在设定补偿上限时,

(确保)任何广播机构都能接入事件并将按照平等待遇原则提供……从而为所有广播机构提供进行简短新闻报道的机会。[102]

立法机关规定的平等待遇原则的正当性在于,可以保证有效获得基本广播服务的权利,这符合终端用户和消费者的利益,而他们的信息接收权也受到《欧洲人权公约》第 10 条和《欧盟基本权利宪章》第 11 条第 1 款之保护。

---

[101] C-283/11 *Sky Österreich v ORF* [2013] ECR I-(23.01.2013), para 66.
[102] C-283/11 *Sky Österreich v ORF* [2013] ECR I-(23.01.2013), para 56.

(二)公众公司的小股东不享有平等待遇

3.22　　如前所述【边码 0.3】,佐审官特尔斯泰尼亚克在 2009 年 6 月 30 日发表详细意见后,欧洲法院否认存在平等对待小股东的基本原则(股东平等原则)。[103] 法院写道:

　　　　Audiolux 提议的原则(平等对待小股东)是以立法选择为前提,是基于对争议利益的权衡,并以事先制定精确详细的规则为前提……不能从平等待遇基本原则中推导得出。欧共体法律的基本原则具有宪法地位,而 Audiolux 提议的原则的特点是具有一定程度的具体性,这就要求在共同体层面起草和颁布派生性立法。因此,Audiolux 提议的原则不能被视为欧共体法的一项独立的基本原则。

　　上述判决清楚表明,并非处于类似情形下的人所受待遇的每一种差异都可被视为歧视,从而违反了欧盟的平等待遇基本原则,并产生法律后果。在任何情况下,价值判断都是必需的,这可以由立法者作出,立法缺位时,法院也可以进行价值判断,这是法院解释和适用法律的一部分【边码 0.1】。

八、结语:非歧视原则对民法关系的不同影响

3.23　　目前,欧盟的非歧视原则已经成为了《欧盟基本权利宪章》(第 21 条和第 23 条)的一部分,并对民法关系产生了影响。非歧视原则

---

[103] C-101/08 *Audiolux* [2010] ECR I-9823, paras 62-63.

通过限制选择合同主体和对合同主体施加不同的条款来限制意思自治。但非歧视原则并不是一项独立的原则,而必须由欧盟立法加以实施,欧盟立法应对相关领域(即雇佣,其次是消费者法、普遍经济利益的服务,不包括商事关系)和受歧视的区别对待事由(国籍、性别、种族、性取向、残疾、年龄或宗教信仰)予以界定。欧洲法院判例法和学术文献通常区分直接歧视和间接歧视,只有间接歧视才能通过符合社会需要的客观理由而得以正当化,此种客观理由与被指控的区别对待事由无关,而是必须遵守合比例性基准,并须由被告举证证明。欧洲法院判例的特点在于开创了相当"大胆"的先例(Mangold 案、Kücükdevici 案、Feryn 案和 Test-Achats 案),这些先例虽受到批评,但本书总体持支持立场。

本章参考文献

1. A. Arnull et al. (eds.), *A Constitutional Order of States-Essays in Honour of A. Dashwood*, 2011.

2. C. Barnard, *EU Employment Law*, 4th ed. 2012;

3. J. Basedow, "Grundsatz der Nichtdiskriminierung", ZEuP 2008, 230.

4. R. Brownsword et al. (eds.), *The Foundations of European Private Law*, 2011.

5. V. Kosta, "Internal Market Legislation and the Civil Law of the Member States-The Impact of Fundamental Rights", ERCL 2010, 409.

6. A.V. Lauber, *Paritätische Vertragsfreiheit und Gerechtigkeit im Vertragsrecht Englands, Deutschlands und der EU*, 2010.

7. S. Leible/D. Schlachter, *Diskriminierungsschutz durch Privatrecht*, 2007.

8. D. Leczykiewicz/S. Weatherill (eds.), *The Involvement of EU Law in Private Law Relationships*, 2013.

9. K. Lenaerts/J. Gutiérrez-Fons, "The Constitutional Allocation of Powers and General Principles of EU Law", CMLRev 2010, 1629.

10. P. Mazière, *Le principe d'égalité en droit privé*, 2003.

11. A. Metzger, *Extra legem, intra ius: Allgemeine Rechtsgrundsätze im Europäischen Privatrecht*, 2009.

12. H.-W. Micklitz, *The Politics of Judicial Co-operation in the EU*, 2005.

13. H.-W. Micklitz (ed.), *The Many Concepts of Social Justice in European Civil Law*, 2011.

14. L. Niglia (ed.), *Pluralism and European Private Law*, 2012.

15. N. Reich, "The public/private divide in European law", in: F. Cafaggi/H.-W. Micklitz (ed.), *After the Common Frame of Reference*, 2010, 56.

16. N. Reich, "The Impact of the Non-Discrimination Principle on Private Autonomy", in: D. Leczykiewicz/S. Weatherill (eds.), *The Involvement of EU Law in Private Law Relationships*, 2013, 253.

17. N. Reich et al., *Understanding EU Internal Market Law*, 3rd ed. forthcoming, §12.

18. K. Riesenhuber, *European Employment Law*, 2012.

19. D. Schiek, *Differenzierte Gerechtigkeit*, 2000.

20. D. Schiek et al. (eds.), *Non-discrimination Law*, 2007.

21. R. Schulze (ed.), *Non-Discrimination in European Private Law*, 2011.

22. R. Schulze/H. Schulte-Nölke (eds.), *European Private Law—Current Status and Perspectives*, 2011.

23. T. Tridimas, *The General Principles of EU Law*, 2nd ed. 2006, 59-64.

24. T. Wilhelmsson, "Varieties of Welfarism of in European Contract Law", ELJ 2004, 173.

第四章
有效原则

目次

一、《欧盟基本权利宪章》第47条和《欧盟条约》第19条：
有何新意？　　　　　　　　　　　　　　　　　　　　126
二、有效原则的"涤除"功能　　　　　　　　　　　　　128
三、有效性作为一项"解释性"原则　　　　　　　　　　132
四、有效性作为一项"救济性"原则："升级"成员国救济措施　136
五、欧盟民法中适用有效性审查的若干示例　　　　　　　138
　（一）从有条件救济到直接救济：Von Colson 案和 Kaman 案　138
　（二）开放的宪法维度：Kücükdevici 案　　　　　　　141
　（三）针对消费者合同的不公平条款提供有效保护：Invitel 案、
　　　　Camino 案和 Aziz 案　　　　　　　　　　　　142
　（四）买卖法上严格责任的范围：Weber-Putz 案　　　149
　（五）错失良机：Heininger 案　　　　　　　　　　　152
　（六）判例研究汇总　　　　　　　　　　　　　　　　155
六、欧盟基础性法律：竞争规则　　　　　　　　　　　　156
　（一）竞争规则的直接效力　　　　　　　　　　　　　156
　（二）竞争法的新趋势：Courage 理论及其后续 Manfredi 案　159
　（三）损害赔偿的范围和限度：Courage 案和 Manfredi 案
　　　　的影响　　　　　　　　　　　　　　　　　　　161
七、违反欧盟基础性法律中直接适用条款的损害赔偿　　　164
八、重新审视《欧盟基本权利宪章》第47条和《欧盟条约》第19条
　　第1款对欧盟民法的重要性　　　　　　　　　　　　169

(一)对《欧盟基本权利宪章》第47条和《欧盟条约》第19条
　　　　"串联"的实质理解　　　　　　　　　　　　　　　　　169
　　(二)"充分"实效:过于"充分",过于"空洞",还是"恰到好
　　　　处"? 采取平衡方法的必要性　　　　　　　　　　　　173
　　(三)有效原则与集体救济的相关性?　　　　　　　　　　　175
九、结语:有效原则,效力如何?　　　　　　　　　　　　　　　181
本章参考文献　　　　　　　　　　　　　　　　　　　　　　　181

一、《欧盟基本权利宪章》第47条和《欧盟条约》第19条:有何新意?

4.1　　本章将关注民法宪法化的一个具体方面——有效原则(the principle of effectiveness)。有效原则现已被写入《欧盟基本权利宪章》第47条第1款,内容如下:

　　在欧盟法律所保障的权利和自由受到侵犯时,人人有权在符合本条规定条件的法庭获得有效救济。

《欧盟条约》第19条第1款规定,成员国法院通过作为"欧盟法院",来"提供充分的救济,确保在欧盟法律涵盖的领域内提供有效法律保护"。《欧洲联盟宪法条约(草案)》第I-29条第1款也有类似规定,该草案被荷兰和法国的全民公决否决,但后来成为《欧盟条约》的基础。[1]

---

〔1〕 T. Tridimas, *The General Principles of EU Law*, 2nd ed. 2006, 419;新近研究参见 D. Poelzig, *Normsetzung durch Privatrecht*, 2013, 270, 作者分析了作为个人执行欧盟法律出发点的有效原则, 但只字未提《欧盟基本权利宪章》第47条。

按照传统理解,《欧盟基本权利宪章》第47条和《欧盟条约》第19条的宪法性"串联"(constitutional "tandem")似乎并未包含任何新内容。这种"串联"仅是对基于成员国所谓的"程序自主"(procedural autonomy)以执行欧盟权利的现行欧盟法律的重申。下文讨论的所谓REWE/Comet案确立了对它的一些具体限制【边码4.3】。这种宪法性"串联"对民法的重要性仍有待发掘。

本章将采取不同的研究进路。本章将论证欧洲法院判例法上将有效原则理解为"宪法原则"【边码0.7】的三种方式:

4.2

第一种较为传统的解读将"有效性"(effectiveness)理解为一项"涤除规则"(elimination rule)【边码4.3】;

第二种解读将"有效性"理解为一项"解释性"(hermeneutical)原则【边码4.7】;

第三种解读关注"有效性"的"救济"(remedial)功能【边码4.10】。

本章论证将仅限于与民法相关的欧洲法院判例法,并以案例研究加以说明。这是欧盟法律上一个相对新兴的领域,在某种程度上解释了其中的一些难点和矛盾之处。但似乎可以用一种更为实用和积极的新方法,来处理《欧盟基本权利宪章》第47条和《欧盟条约》第19条的"串联"。本章后续部分将关注违反基础性法律时欧盟特有救济措施(EU-specific remedies)的发展,即竞争【边码4.30】和自由流动【边码4.34】条款。本章最后一节将得出若干一般性结论,其中包括有效原则在集体救济上的重要性和局限性【边码4.35-4.37】。

二、有效原则的"涤除"功能

4.3 众所周知,有效原则最早在 1976 年的 *Comet/REWE* 案中被提出,其基本含义是,成员国的救济和程序规则不得令行使欧盟权利实际上变得不可能[2]或(如后续判例补充的)过于困难[3]。与此同时,基于非歧视之考量,欧洲法院发展出了"对等"原则(principle of "equivalence"),即依据欧盟法律所享有的权利待遇,不应差于成员国国内诉讼中的权利待遇。[4] 但正如佐审官范格文(van Gerven)所言,上述原则仅允许"最低限度"保护,而非"充分"保护。[5] 大量判例表明,这些原则大多是"消极"的,因此,本书将其称为有效原则(与对等原则并列)的"涤除功能"(eliminatory function):尽管这两项原则消除了对保护的限制(restrictions *to* protection),但并未为保护创建救济措施(remedies *for* protection)。故可认为,一旦欧洲法院(或成员国法院)认定某项成员国规则导致欧盟权利的实施过于困难,或没有将成员国和欧盟的权利置于平等地位,那么,成员国管辖法院必须对涉案国内规则不予适用,或根据(有限的)横向直接效力原则,对国内规则作符合欧盟法之解释。

---

〔2〕 Case 33/76 *REWE Central Finanz* [1976] ECR 1989, para 5; Case 45/76 *Comet* [1976] ECR 2043, paras 13-16.

〔3〕 Case 199/82 *San Georgio* [1983] ECR 3595, para 14.

〔4〕 实践中界定"对等性"(equivalence)的判例法相当复杂,于此无法充分展开,欧洲法院倾向于采用广义的目的论方法,而非狭义的形式论方法,参见 T. Tridimas, *The General Principles of EU Law*, 2nd ed. 2006, at 418。

〔5〕 W. van Gerven, "Of Rights, Remedies, and Procedures", CMLRev 2000, 501 at 504 and 529.

与有效原则名称暗示的似乎正好相反,有效原则具有有限效力 4.4
的解释,就是所谓的成员国"程序自主"。对程序自主的标准表述是:

> 欧共体未作规定时,应由各成员国的国内法律制度确定具有管辖权的法院,并确定管辖诉讼的程序要件,以确保保护公民权利免受共同体法律直接效力之影响。[6]

后续诉讼试图厘清程序自主原则的适用范围和限制,但在如何与看似矛盾的有效原则和对等原则之间取得平衡上,程序自主原则仍是学界的一项富有争议的原则。因此,一些学者批评甚至否认程序自主原则之存在,或认为欧洲法院在适用该原则时或多或少存在矛盾,有时只是象征性适用。[7] 本书认为,若是仔细研究欧洲法院的新近判例,就会发现上述争议在某种程度上似乎多此一举,本章后续将会讨论。

诚然,有效原则(以及对等原则)以行政法和行政程序为主要适 4.5
用领域,例如,审查退回多征关税或税款的时限,或是欧盟或国家责任案件中的损害赔偿的诉讼时效。[8] 可以发现,仅在少数真正的民法

---

[6] 参见前述 *REWE and Comet* 案。

[7] A. Adinolphi, "The 'Procedural Autonomy' of Member States and the Constraints Stemming from the ECJ's Case Law: Is Judicial Activism Still Necessary?", in: H.-W. Micklitz/B. de Witte (eds.), *The ECJ and the Autonomy of Member States*, 2012, 281; M. Bobek, "Why There is No Principle of 'Procedural Autonomy' of the Member States", in: H.-W. Micklitz/B. de Witte (eds.), *The ECJ and the Autonomy of Member States*, 2012, 305; D.-U. Galetta, Procedural Autonomy of EU Member States: Paradise Lost?, 2011, 34, 作者提到, 一致解释原则(consistent interpretation)是程序自主的一项限制,尤其在性别歧视案件中,参见第 41 页。

[8] 欧洲法院的新近重述,参见 C-445/06 *Danske-Slagterier* [2009] ECR I-2119, para 32, C-533/10 *CIVS v Receveur des Douanes de Roubaix* [2012] ECR I-(14.06.2012), para 22; 整体性讨论参见 T. Tridimas, *The General Principles of EU Law*, 2nd ed. 2006, at 427。

案件中,欧洲法院提到了上述原则,但随着时间推移,这种情况会越来越多。

Levez 案[9]涉及歧视案件中赔偿的诉讼时效问题。受理该案的英国法院指出,莱维兹(Levez)女士受到两年诉讼时效的限制(这本身并不违反有效原则),原因在于其雇主提供的案件信息不实。法院认为:

> 简言之,基于成员国管辖法院的案件情况,允许雇主援引成员国法律规则(本案争议规则)显然不符合前述有效原则。本案中,适用争议规则很可能会使原告无法或难以获得因性别歧视而被拖欠的薪酬。雇主的欺骗行为导致雇员未能及时提起请求执行同工同酬原则的诉讼,(适用)争议规则的最终效果显然会为雇主违反欧共体法律提供便利。[10]

作为涉及违反竞争规则【边码4.26】损害赔偿的 *Courage* 案[11]之后续,法院在 *Manfredi* 案[12]中写道:

> 如果不允许任何个人就合同或可能限制或扭曲竞争的行为给其造成的损失主张损害赔偿,那么《欧洲共同体条约》第81条的充分实效(full effectiveness),尤其是针对该条第1款情形的禁止的实际效果就会受到威胁……至于损害赔偿和惩罚性赔偿的可

---

[9] C-326/96 *Levez v Harlow Pools* [1998] ECR I-7835;对有效原则的不同分析,参见 C-249/09 *S. Bulicke v DBS* [2010] ECR I-7003, para 41。

[10] C-326/96 *Levez v Harlow Pools* [1998] ECR I-7835, para 32。

[11] C-453/99 *Courage Ltd v Crehan* [2001] ECR I-6297。

[12] 合并审理案件 C-295-298/04 *Vicenzo Manfredi et al v Lloyd Adriatico Asssicurazioni SpA et al* [2006] ECR I-6619。

能性……应在遵守对等原则和有效原则的前提下,由各成员国的国内法律制度来确定损害赔偿的标准……根据有效原则以及任何个人可以就合同或可能限制或扭曲竞争的行为造成的损失主张赔偿的权利,受损害方应能就其所受损害(*damnum emergens*)、所失利益(*lucrum cessans*)和利息主张赔偿。[13]

第三起案件是 *Alassini* 案[14],该案涉及一项意大利规定,即消费者向法院起诉电信运营商之前,必须先依照《通用电信服务指令》[15]的规定使用替代纠纷解决机制或在线纠纷解决机制,才能提起诉讼。欧洲法院讨论了意大利法的这一要求,同时考虑了对等原则和有效原则,认为该规定并未违反(相关原则)。法院写道:

> 本案中,必须认为,涉讼的成员国立法符合有效原则,因为电子手段并非争议解决的唯一手段,而且在情况紧急的特殊情况下也可以采取临时措施。[16]

在 *Aziz* 案[17]中,欧洲法院要处理的问题是如何保护未能偿还抵押贷款的债务人。根据西班牙现行法律,即便有关加速到期、违约利息和单方确定未付债务金额的合同条款可能会基于《不公平条款指令》第 3 条被认定为不公平条款,债务人也不能就债权人的执行请求提出异议。在 2012 年 11 月 8 日的意见中,佐审官科科特提到了对债

---

[13] 合并审理案件 C-295-298/04 *Vicenzo Manfredi et al v Lloyd Adriatico Asssicurazioni SpA et al*〔2006〕ECR I-6619,paras 90-95。

[14] C-317/08 *Rosalba Alassini et al v Telecom Italia*〔2010〕ECR I-2214.

[15] Directive 2002/22/EC of 7 March 2002 of the EP and of the Council on Universal Services in Electronic Communications〔2002〕OJ L108/51.

[16] C-317/08 *Rosalba Alassini et al v Telecom Italia*〔2010〕ECR I-2214, para 60.

[17] C-415/11 *Aziz v Catalunyacaixa*〔2013〕ECR I-(14.04.2013).

务人进行有效的法律保护原则,该原则必须使法官有可能中止执行程序,以查明争议条款是否构成滥用【佐审官书面意见第 57 段】。欧洲法院在 2013 年 4 月 14 日的判决中紧接着指出,在评估有效原则时,必须"参照该条款在程序中的作用及其进展情况,以及在各国家机构中整体特征"【判决第 53 段】。

4.6　　　Levez 案、Alassini 案以及新近的 Aziz 案具有一定的特殊性,原因在于,这些案件都与针对不公平条款的欧盟权利(尤其是非歧视)和消费者有效投诉权利的程序执行密切相关。在 Alassini 案中,欧洲法院明确提到了《欧盟基本权利宪章》第 47 条的重要性,尽管法院并未从中提取任何"额外的法律价值"(extra legal value)。从法律角度看,以第 47 条为论据是十分肤浅和不成熟的。Manfredi 案似乎更为宽泛,因为该案界定了有效性的最低实质要求(minimum substantive requirements)【详见边码 4.26】但 Manfredi 案中也有很强的程序性内容,即将损害赔偿请求视为有效执行竞争法的必然结果【边码 4.25 提到欧洲法院 Courage 案】。实体救济和程序救济之间的这种关联似乎尤为重要,后文将会继续讨论【边码 4.30】。[18]

三、有效性作为一项"解释性"原则

4.7　　　在许多判例中,欧洲法院超越了 REWE/Comet 案中仅作"涤除"的传统方法,发展出了积极的有效解释(effet utile)或 Manfredi 案提到

---

[18] C. Mak, "Rights and Remedies-Article 47 EUCFR and Effective Judicial Protection in European Private Law Matters",本书写作时此文尚未发表。

的"充分实效"审查("full effectiveness" test)。[19] 这要求法院对欧盟法律采取两步走的方法:

欧洲法院必须首先找出必须得到适当救济措施保护(有权利就有救济)的欧盟权利。[20] 这基本上是一个解释欧盟法律的问题,是法院本身的首要(但非唯一)职责。无论是基础性法律还是派生性法律,这些欧盟权利:

其一,在法律内容上应当足够精确且不附条件;

其二,不需要欧盟采取进一步的执行措施。

就派生性法律而言,欧洲法院必须找出条例或指令本身规定的救济措施。例如,可以参考根据2004年《航空旅客条例》[21]进行损害赔偿的判例,即损害赔偿适用的范围不仅包括航班取消的情形,还包括超过三小时"长时间延误"的情形。在颇具争议的 Sturgeon 案[22]中,尽管立法机构作出了相反的决定,但法院还是出于平等待遇的理由扩张了赔偿适用的范围。法院认为,经历长时间延误的乘客与取消航班乘客应被视为处于类似情形,因而没有理由作区别对待。平等待遇原则为类推提供了正当理由,但尤其遭到了德国学界的批评,质疑

4.8

---

[19] 相关批判参见 J. Lindholm, *State Procedure and Unions Rights*, 2007, 126;不同观点参见 N. Reich, "Federalism and Effective Legal Protection", in: A. Colombi Ciacchi et al. (eds.), *Liability in the Third Millennium: FS für Gert Brüggemeier*, 2009, 381。

[20] T. Tridimas, *The General Principles of EU Law*, 2nd ed. 2006, at 422; W. van Gerven, "Of Rights, Remedies, and Procedures", CMLRev 2000, at 511.

[21] [2004] OJ L 46/1.

[22] C-402+432/07 [2009] ECR I-10923, para 54.

此处不存在"法律漏洞"[23]。

许多成员国法院质疑欧洲法院扩大责任范围的做法违背了欧盟立法者的意图,因此再次将问题提呈欧洲法院。欧洲法院大法庭(Grand Chamber)在最近的 *Nelson* 案[24]中含蓄地否认了针对第四法庭(Fourth Chamber)所作 *Sturgeon* 案判决的所有批评,但新判决并未增加任何新的内容,法院只是提到取消航班的乘客和长时间延误乘客的类似情形:

> 此外,这两类乘客实际上都没有机会自由地重新安排行程,因为他们要么面临着即将起飞或已经起飞的航班运行中的严重事故,要么面临着航班取消而不得不根据实际情况重新安排航线的情况。因此,如果出于某种原因,乘客必须在某个特定时间到达最终目的地,乘客就无法避免新安排中固有的时间损失,在这一点上毫无回旋余地。[25]

然而,欧洲法院未能解决一个更为根本的问题,即在未发现"法律漏洞"的情况下,法院是否有权简单地将欧盟法律的适用范围扩展到法条的文义之外,而存在"法律漏洞"似乎是法学方法论上类推的

---

[23] K. Riesenhuber, "Interpretation and Judicial Development of EU Private Law-The Example of the Sturgeon Case", ERCL 2010,384;更细致的评价参见 S. Garben, "Sky-high controversy and high-flying claims? The Sturgeon case in the light of judicial activism, euroscepticism, and eurolegalism", CMLRev 2013, 15; J. Karsten, in: F. Benyon (ed.), *Services and the EU Citizen*, 2013,42。

[24] 合并审理案件 C-582+629/10 *Nelson et al v Deutsche Lufthansa et al* [2012] ECR I-(24.10.2012)。

[25] 合并审理案件 C-582+629/10 *Nelson et al v Deutsche Lufthansa et al* [2012] ECR I- (24.10.2012), para 35。

先决条件。[26] 相反,欧洲法院显然将坚持其在《欧盟运行条约》第267条之下的管辖权,仅关注对欧盟法律的"解释"。至于《航空旅客条例》鉴于条款第7条的"有效适用"(effective application)问题,法院虽未提及,但似乎含蓄地认为,如果不将航空承运人的责任扩大到长时间延误情形,则对乘客的保护仍然不足,因此必须被视为未有效适用。[27]

在解释指令中的救济措施时,欧洲法院毫不犹豫地基于对有效原则的默示承认来扩展救济措施的范围,这一点将在反歧视法和消费者保护法的案例研究中得到证明。根据《欧盟条约》第19条第1款,成员国法院的任务是提供"充分"确保欧盟赋予的权利得到保护的救济措施。

在解释那些转化了欧盟法律权利的成员国法时,欧洲法院须采取的步骤更为艰难,也更具争议。根据权限划分原则,欧洲法院无权解释成员国法,而必须由成员国的有权法院进行解释。[28] 另外,先予

4.9

---

[26] 关于方法论的一般性讨论,参见 K. Riesenhuber (ed.), *Europäische Methodenlehre*, 2nd ed. 2010, 尤其参见 C. Baldus, "Auslegung und Analogie im 19. Jh.", 6; R. Stotz, "Die Rechtsprechung des EuGH", 653;关于法律续造(欧盟法律的持续发展),参见 M. Pechstein/C. Drechsler, "Die Ausbildung und Fortbildung ders Primärrechts", 224;关于在派生性法律限制性地使用类推论证,参见 J. Köndgen, "Die Rechtsquellen des Europäischen Privatrechts", 189. 基于"欧盟法律基本原则"的更宽泛讨论,参见 M. Herdegen, "General Principles of EU Law - the Methodological Challenge", in: U. Bernitz et al. (eds.), *General Principles of Community Law as a Process of Development*, 2008, 343; T. Tridimas, *The General Principles of EU Law*, 2nd ed. 2006, at 17 and 51, 作者在第17页和第51页分别提到"基本原则的漏洞填补功能"(gap-filling function of general principles)和"条约解释的规则"(rules of Treaty interpretation)。

[27] S. Garben, "Sky-high controversy and high-flying claims? The Sturgeon case in the light of judicial activism, euroscepticism, and eurolegalism", CMLRev 2013, at 43, 作者坚持认为,该判决是在放松管制时期加强消费者权利的表现。

[28] W. van Gerven, "Of Rights, Remedies, and Procedures", CMLRev 2000, at 502, 作者建议将"程序自主"(procedural autonomy)概念视为"程序权限"(procedural competence)问题。另参见 R. Stotz, in: K. Riesenhuber, Europäische Methodenlehre, 2nd ed. 2010, at 663, 作者提及《欧盟运行条约》第267条。

裁决程序中,欧洲法院经常就如何根据欧盟法律理解成员国法给出指导意见,由此产生了欧盟法对成员国法的间接溢出效应,至少在不一致适用的情况下可以这么认为。而且,欧洲法院将裁定成员国法的某种适用或解释被欧盟法"排除"(precluded),这是许多争议案件所使用的一种表达。归根结底,"排除"机制不过是将欧洲法院对欧盟法律的解释强加于成员国法,其对救济措施的影响将在下一部分予以讨论。

四、有效性作为一项"救济性"原则:"升级"成员国救济措施

4.10　　有效原则的救济功能要求成员国法院自行制定或改进救济措施,用"充分"的救济措施来有效保护欧盟权利,下文将举例说明。《欧盟条约》第19条第1款在"有效保护"和"充分救济"之间建立了明确联系。这两个概念均为欧盟法概念,而非成员国的法律概念,故而应由欧洲法院自主解释(autonomous interpretation)。"有效保护"和"充分救济"这两个概念并不局限于行政和程序效力[29],还包括民事实体法上必备的救济措施,例如赔偿、恢复原状或宣告合同无效[30],这一点已经在有效性审查的"涤除"功能中有所体现【边码4.3】。当然,要在具体

---

[29]　在这个意义上,参见 A. Eser, comment Art. 47 para 19, in: J. Meyer(ed.), *Charta der Menschenrechte in der EU Kommentar*, 3rd ed. 2011:"由法院进行严肃中立的审查"; H.J. Blanke, comment on Art. 47 Charta para 2, in: C. Calliess/M. Ruffert, *Kommentar zum EUV/AEUV*, 4th ed. 2011。

[30]　W. van Gerven, "Of Rights, Remedies, and Procedures", CMLRev 2000, at 509 and 516; V. Trstenjak/E. Beysen, "European Consumer Protection Law: Curia semper dabit remedium?", CMLRev 2011, 95, 109; A. Hartkamp, *The Impact of EU Law on National Private Laws*, 2012, para 111; D. Poelzig, *Normsetzung durch Privatrecht*, 2013, at 306.

案件中衡量"权利"与"救济"之间的关系(无论是实体性还是程序性的)是否符合"有权利,就有救济"(ubi ius, ibi remedium)之精神,是在积极意义上还是在消极意义上实现,则并非易事。在后一种情况下,欧盟委员会可以依据《欧盟运行条约》第 260 条对不遵守规定的成员国提起条约违反之诉(infringement proceedings),但这种做法极为罕见。[31]最终,成员国法院作为"欧盟法院"本身的任务,将确保权利和救济之间的平衡。

这种将权利与救济(并最终与法院程序)联系起来的欧盟法律程序应采用本书提出的"混合进路"(hybridisation approach)。[32]这种方法将成员国的自主(无论是程序性还是救济性的自主)和执行欧盟赋予的权利的需要相结合。简言之,"混合进路"需要三步审查:

4.11

第一,在欧盟赋予的权利(无论是基础性还是派生性法律)受到侵害时,找到适当的成员国救济措施。因此,适用的成员国法律必须予以明确,并最终由有管辖权的成员国法院予以明确。

第二,此种"成员国救济"的衡量,必须以"消极的""涤除性"的欧盟有效原则和对等原则为标准,以及从欧盟法律的角度来看,如果认为结果不能令人满意,即被解释为提供了"不充分的救济"时,就必须对成员国的救济措施进行"升级",使其符合欧盟标准。

第三,由此找到的救济措施是一种"混合体"(hybrid),因为这种

---

〔31〕 法院坚持认为,对成员国法律(荷兰法)的解释符合《不公平条款指令》,"无法达到满足法律确定性要求所需的清晰度和准确性。这一点在消费者保护领域尤其如此"。参见 C-144/99 *Commission v Netherlands* [2001] ECR I-3541, para 21.

〔32〕 N. Reich "' Horizontal liability' in EC Law-' Hybridisation' of remedies for compensation in case of breaches of EC rights", CMLRev 2007, 705 at 708; U. Bernitz/N. Reich, CMLRev 2011, 615.

救济措施在程序自主原则的限制下吸收了成员国法的内容,并在其不同功能中兼具有效性。根据《欧盟条约》第 19 条第 1 款的措辞,这种救济应"充分"确保有效的保护,即符合佐审官范格文提出的"充分性"标准("adequacy" standard)。[33]

成员国法的救济措施("程序自主"),以广义、救济为导向的有效原则(《欧盟基本权利宪章》第 47 条),通过一致解释原则将成员国救济措施"升级"为"混合体"(《欧盟条约》第 19 条第 1 款),这三者之间的循环关系如下:

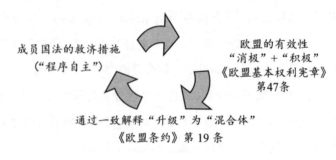

图 4-1

五、欧盟民法中适用有效性审查的若干示例

(一)从有条件救济到直接救济:*Von Colson* 案和 *Kaman* 案

4.12   *Von Colson* 案[34]涉及的是男子监狱拒绝雇佣女性担任典狱长

---

[33] W. van Gerven, "Of Rights, Remedies, and Procedures", CMLRev 2000, at 529.
[34] Case 14/83 *Von Colson and Kamann v Land Nordrhein-Westfalen* [1984] ECR 1891.

的情况,这显然构成针对候选人性别的歧视,且不属于《劳动领域男女平等待遇指令》[35]中规定的有限的正当化情形。这种拒绝雇佣究竟应定性为合同案件,抑或是侵权案件,应取决于成员国法律,这不是欧洲法院可以裁决的问题。根据德国法,该案属于(先)合同责任中的缔约过失(culpa in contrahendo)问题[36],仅应赔偿所谓的"消极利益"(negative interest),即如果被告合法行事就不会发生的损害。在涉讼案件中,赔偿范围应仅限于(求职)申请失败所产生的费用,例如邮寄费、面试交通费等。

欧洲法院认为这种微薄的赔偿金额是不够的,法院在提供救济措施时应坚持积极、救济意义上的有效原则:

> (损害赔偿)必须确保真正有效的司法保护……对雇主真正产生威慑作用(并且)在任何情况下都必须足以弥补所遭受的损失……纯粹名义上的(赔偿),例如报销他们(应聘者)在提交申请时产生的费用,并不符合指令有效转化的要求。[37]

欧洲法院在这一至今仍极为重要并被频繁引用的判决中驳回了仅具有象征性意义的赔偿,认为其不符合积极意义上的有效原则。法院认为,赔偿也包括合同法(或德国缔约过失原则下的先合同义

---

[35] Recast Directive 2006/54/EC of the EP and the Council of 5 July 2006 on the implementation of the principle of equal opportunities and equal treatment of men and women in matters of employment [2006] OJ L 204/24.

[36] 根据《关于合同之债法律适用的第593/2008号条例》(《罗马条例I》)第1条第2款第9项和《关于非合同之债法律适用的第864/2007号条例》(《罗马条例II》)第12条的欧盟冲突法制度,目前情况有所不同,即便准据法是合同缔结地法。

[37] Case 14/83 *Von Colson and Kamann v Land Nordrhein-Westfalen* [1984] ECR 1891, paras 23-24.

务)上的救济范围。但因指令对此未作规定,尤其是法院同时认为冯·科尔森女士不享有合同权利,那么欧洲法院究竟基于何种法律原则提出完全赔偿原则,此点并不清晰。由此就很难用传统合同法理论来对原告有权获得全额赔偿作出解释。本书认为,欧洲法院在案件中努力弥补的损害主要是精神损害。这就提出了一个问题,即对于违反欧盟禁止性别歧视规定的行为,欧盟法是否应更普遍地给予非物质损害赔偿(non-material damages)。本书认为,这有其合理性,但前提是达到特定损害阈值。[38] *Von Colson* 案开创的损害赔偿判例的总体背景当然具有宪法维度,即便案件本身并未用"宪法维度"的措辞,但如前所述,《欧盟基本权利宪章》第47条以及第23条关于禁止性别歧视的规定已很好地解决了这一点。

4.13   *Von Colson* 案之后的判例法试图进一步发展有效原则,本书仅提及主要案件(leading cases)中的问题而不再赘述[39]:

  其一,责任不取决于加害人的过错[40];

  其二,损害赔偿的内容应包括利息以达到"充分赔偿"(adequate

---

  [38] 欧盟法院在赔偿包价旅游的"假期损失"(lost holiday)时承认了这一点,参见 C-168/00 *Simone Leitner v TUI Deutschland* [2002] ECR I-2631;并无理由不那么严格地对待歧视案件。

  [39] 1996 年之前的德国法律详情参见 E. Steindorff, *EG-Vertrag und Privatrecht*, 1996, 375; N. Reich, "Effective Private Law Remedies in Discrimination Cases", in: R. Schulze (ed.), *Non-Discrimination in European Private Law*, 2011, 57; D. Poelzig, *Normsetzung durch Privatrecht*, 2013, at 272, 作者坚持将"主观权利的功能性创造(functional creation of subjective rights)",即"功能性的主观化(funktionale Subjektivierung)"作为执行欧盟法律的结构性原则,来实施欧盟市场立法。

  [40] Case 177/88 *Dekker v Stichting Vormingscentrum voor Jong Volwassenen* (*VJV-Centrum*) *Plus* [1990] ECR I-3941, para 23.

compensation)的效果[41];

其三,存在多个受害人时,赔偿金额的上限必须经过严格的比例审查[42];

其四,歧视不仅可能发生在任职之前或任职期间,也可能发生在离职之后。[43]

(二)开放的宪法维度:*Kücükdevici* 案

在 *Kücükdevici* 案[44]中,歧视案件中的有效救济问题是显而易见的。但该案中的救济问题与赔偿或恢复原状并无太大关联,而与排除适用成员国合同法中缩短年轻雇员解雇通知期的规定有关,该规定违反了2000年《建立雇佣和职业平等待遇一般框架指令》[45]禁止年龄歧视的规定。这种救济措施的问题在于,它与不允许指令产生"横向直接效力"(即使是在"消极"排他意义上)的既定原则背道而驰。

4.14

---

[41] C-271/91 *Marshall v Southhampton Health Authority* [1993] ECR I-4367, paras 26 and 31.

[42] C-180/95 *Draempaehl v Urania* [1997] ECR I-2195, para 37;相关讨论参见 U. Magnus/W. Wurmnest, *Casebook Europäisches Haftungs-und Schadensrecht*, 2002, 101。

[43] C-185/97 *Coote v Granada Hospitality* [1998] ECR I-5199;相关讨论参见 H.-W. Micklitz, *The Politics of Judicial Co-operation*, 2005, 210-13, 269-70。

[44] C-555/07 *Seda Kücükdevici Swedex GmbH* [2010] ECR I-365;最近对此予以确认的判例,参见 C-447/09 *R. Prigge et al v Lufthansa* [2011] ECR I-(14.09.2011), para 38。对欧洲法院的这种宽泛做法提出批评的,参见 M. Dougan, "In Defence of Mangold?", in: A. Arnull et al. (eds.), *A Constitutional Order of States-Essays in Honour of A. Dashwood*, 2011, 219 ff., S. Weatherill, in: D. Leczykiewicz/S. Weatherill (eds.), *The Involvement of EU Law in Private Law Relationships*, 2013, 24。

[45] Council Directive 2000/78/EC of 27 November 2000 establishing a general framework for equal treatment in employment and occupation [2000] OJ L 303/16.

在此前的 *Mangold* 案[46]中,欧洲法院根据所谓的"禁止年龄歧视的基本原则",似乎是允许这种(横向直接)效力的。尽管德国联邦宪法法院支持了这一观点【边码3.7】,但欧洲法院在 *Mangold* 案中的论理仍不充分,并且存在争议【年龄歧视详见边码3.6】。

Kücükdevici 案涉及雇佣合同关系终止的通知期间,该期间会随年龄增长而增加,但从25岁才起算。在2010年1月19日的判决中,欧洲法院援引《欧盟基本权利宪章》第21条(而非第47条)[47],要求成员国法院根据"充分实效"原则对歧视性条款不予适用,而无须首先将案件提交给欧洲法院。[48]德国联邦劳动法院紧接着在2010年9月9日的判决中将25岁之前(累积)的雇佣关系存续期间排除在计算范围之外,由此简单搁置了存在争议的德国条款,即《德国民法典》第622条第2款第2项,该规定在终止雇佣关系的通知期上歧视了年轻雇员。[49]取而代之的是,法院使用《德国民法典》第622条第2款第1项的雇佣关系存续期间计算的一般规则。

(三)针对消费者合同的不公平条款提供有效保护:*Invitel* 案、*Camino* 案和 *Aziz* 案

4.15　　欧洲法院依据1993年的《不公平条款指令》[50]作出了多项惊人判决,基于合同主体交涉能力的不平等,法院在判决中坚持有效保护

---

[46] C-144/04 *Werner Mangold v Rüdiger Helm* [2005] ECR I-9981.

[47] C-555/07 *Seda Kücükdevici Swedex GmbH* [2010] ECR I-365, para 22.

[48] C-555/07 *Seda Kücükdevici Swedex GmbH* [2010] ECR I-365, para 54.

[49] BAG, 2 AZR 714/08, Zeitschrift für Wirtschaftsrecht (ZIP) 2011, 444.

[50] Council Directive 93/13/EEC of 5 April 1993 on unfair terms in consumer contracts [1993] OJ L 95/29.

原则,新近的 *Invitel* 案和 *Aziz* 案判决中亦凸显了这一点。[51] 欧洲法院的此种判决,要求成员国法院依职权适用某些保护性条款,尤其是《不公平条款指令》第 6 条。欧洲法院的上述判例法,以 *Océano* 案[52](涉及管辖权条款)为起点,在 *Claro* 案[53]和 *Asturcom* 案[54](均涉及消费者合同中仲裁条款)中得到延续,并在 *Pannon* 案[55]中得到确认和完善,具体如下:

> 因此,受理诉讼的法院必须确保《不公平条款指令》规定的保护措施的有效性。所以,欧共体法律在这一领域赋予成员国法院的职权不仅限于对合同条款可能存在的不公平性进行裁决的权力,还包括在具备审查不公平条款所需的法律和事实要素时,以及在评估法院对案件是否具有属地管辖权时,成员国法院

---

[51] C-472/10 *Nemzeti Fogyaszróvédelni Hatóság v Invitel* [2012] ECR I-(26.04.2012);相关评议参见 H.-W. Micklitz/N. Reich, "AGB-Recht und UWG-(endlich) ein Ende des Kästchendenkens nach Pernivoca und Invitel", EWS 2012, 257;针对佐审官特尔斯泰尼亚克在 2011 年 12 月 6 日初步意见的评议,参见 H.-W. Micklitz/N. Reich, EuZW 2012, 126。

[52] 合并审理案件 C-240-244/98 *Océano Grupo ed. v Quintero et al* [2000] ECR I-4941。

[53] C-168/05 *E. M. M. Claro v Centro Movil Milenium* [2006] ECR I-10421。

[54] C-40/08 *Asturcom v Christina Rodrigues Nogueria* [2009] ECR I-9579;相关评议参见 H. Schebasta, "Does the National Court Know European Law", in: H.-W. Micklitz/N. Reich (eds.), "The Impact of the Internal Market on the Private Law of Member Countries", EUI Working Papers 2009/22, 47 = ERPrL 2010, 847,作者坚持,在 *Asturcom* 案中,消费者"全然懈怠",未对仲裁程序提出任何抗辩,未就终局裁决的既判力提出任何抗辩(尽管国内诉讼规则适用既判力原则)【判决第 34 段】,欧洲法院没有适用有效原则,而是适用了较宽松的对等性审查(equivalence test)。

[55] C-243/08 *Pannon v Erzsébet Sustikné Györfi* [2009] ECR I-4713 para 32;亦参见 C-137/08 *VB Penzügyi Lizing v Ferenc Schneider* [2010] ECR I-10847, para 56,该案涉及主动审查问题,即根据涉讼争议条款,法院是否有管辖权。

主动审查该问题的义务。

这种做法显然与成员国的程序自主原则存在冲突。然而,在 van Schinjdel 案[56]中,欧洲法院已经作出了保留,该案被引证为在取决于当事人主动性的民事诉讼中对程序自主原则的最明确承认。但人们往往忽视了,欧洲法院在该判决中已经表达了法院基于公共利益审查(public interest test)进行主动干预的例外情况。佐审官特尔斯泰尼亚克和博伊森(Boysen)在联合意见中为上述判例提供了如下理由:

> 在依据不同的消费者保护指令执行消费者权利的判例中可以看到,欧洲法院对成员国程序自主概念的适用并不严格。[57]

另一起案件涉及匈牙利消费者保护局对固定电话网络 Invitel 提起的一项禁令诉讼的影响问题。Invitel 的格式条款包含了汇票费用(以及额外邮寄费用)条款,但未具体说明相关费用的计算方法。因此,根据《不公平条款指令》第 3 条及其(列举性)附件,前述条款被指控为不公平条款。成员国法院向欧洲法院提交了两项先予裁决问题,其一是争议条款的公平性问题,在此不作讨论,另一个是禁令成功后对个人消费者合同的影响问题,这对本节讨论而言更有意义。

在德国法上,这一问题似乎可以用《不作为之诉法》第 11 条的抗辩方案(Einredelösung)"解决",即一旦禁止使用该条款的判决产生了

---

[56] C-430-432/93 *Van Schijndel and Van Veen v Stichting Pensionenfonds* [1995] ECR I-4705,para 21;有关限缩 *Van Schijndel* 程式(*Van Schijndel* formula)后续判例的详细讨论,参见 A. Hartkamp,*The Impact of EU Law on National Private Laws*,2012,at paras 124-130。

[57] V. Trstenjak/E. Beysen, "European Consumer Protection Law: *Curia semper dabit remedium*?", CMLRev 2011, at 119.

既判力，消费者就能对继续使用该条款提出抗辩，但这种既判力仅面向将来，不溯及既往，而且仅限于被诉的特定经营者（特定被告），而不能针对其他经营者，即便其使用了相同的条款也不受拘束。[58] 实践中，这一解决方案并未发挥作用，对涉讼条款相对方的个人消费者而言，采用这一解决方案也无法为其提供有效的救济。

Invitel 案用隐含的"救济实效"原则（principle of "remedial effectiveness"）为上述问题提供了一个意义更为深远的解决方案，但这意味着德国必须修改法律。在 Invitel 案中，欧洲法院首先坚持《不公平条款指令》第 7 条第 2 款的"所采取措施的威慑性质和劝阻目的"【判决第 37 段】，进而指出： 4.16

> 如果消费者合同某项格式条款的不公平性在禁令诉讼中得到确认……成员国法院必须主动裁定本国法所规定的所有后果，确保消费者现在以及未来都不会受到已签订合同中的此项不公平格式条款之拘束。[59]

显然，正如"混合方法"所建议的，这些后果必须包含在成员国法中，但必须采取如下两种形式：

第一种和个人合同相关，合同中的讼争条款根据《不公平条款指令》第 6 条"对消费者不具有拘束力"，这意味着，根据成员国法的不当得利返还理论，依不公平条款所支付的款项必须返还消费者；

---

[58] 相关批评参见 H.-W. Micklitz/N. Reich, "AGB-Recht und UWG-(endlich) ein Ende des Kästchendenkens nach Pernivoca und Invitel", EWS 2012, at 261。

[59] C-472/10 *Nemzeti Fogyaszróvédelni Hatóság v Invitel* [2012] ECR I-(26.04. 2012), para 43.

第二种和不公平条款的未来效力相关,根据《不公平条款指令》第 7 条第 1 款,必须禁止继续使用讼争条款。

成员国法(德国法)也必须作相应修正,必须用无效方案(Unwirk-samkeitslösung)来取代所谓的抗辩方案,也就是说,必须由德国管辖法院依职权决定不适用案涉无拘束力条款,而不取决于消费者的主张。

新近的 Aziz 案【边码 4.5】涉及的是,在执行包含不利于违约消费者的不公平条款的抵押贷款时,消费者可以采取的救济措施:

> 由此可见,根据西班牙的程序规则,即便消费者向审理确认之诉的法院主张质疑条款的不公平性导致抵押执行程序无效,抵押财产也最终归属于第三方,这一点始终不可逆转,除非该消费者在抵押权行使日期届至通知(marginal note)之前预先对废止抵押权的申请进行了登记。就此而言,鉴于主要诉讼程序中所涉及的抵押权强制执行程序的进展和特点,这种可能性微乎其微,因为很有可能消费者不会在为此目的所规定的期限内进行预告登记,原因可能是相关执行程序进展迅速,也可能是消费者不知道或不了解自己的权利范围……因此,必须认为这些程序规则有损于指令保护目标,理由是,在消费者向该法院起诉,主张作为强制执行基础的合同条款是不公平的情况下,这些规则使审理确认之诉的法院无法提供临时救济来中止或终止抵押执行程序,而这种救济是确保最终裁决的充分实效所必需的。[60]

---

[60] C-415/11 *Aziz v Catalunyacaixa* [2013] ECR I-(14.04.2013), paras 57-59.

从消费者(而非银行)的角度观之,西班牙僵化的执行程序违反了有效原则,因为消费者没有类似临时救济的救济措施来摆脱不公平条款的不利后果。依照西班牙现行法律,即便合同中含有加速到期、单方面确定未付债务金额、由法院确定违约利息的不公平条款【判决第 73 段至第 75 段】,按照欧洲法院判例法的要求【边码 4.16】,西班牙管辖法院也不得主动中止执行程序。欧洲法院还提到了执行程序中的风险,即纵使条款不公平,消费者也可能会失去房屋且无法收回,仅给予消费者获得赔偿的可能性违反了有效原则:

> 在主要诉讼程序中,如果抵押财产是权利受到侵害的消费者的家庭住所,这一点就更为适用,因为保护消费者的手段仅限于支付损害赔偿金和利息,但这些手段无法防止消费者最终且不可逆转地失去该住所。[61]

另一方面,正如欧洲法院在 Camino 案中所坚持的,所提供的救济措施必须与指令目标相称,因此可以排除对讼争条款进行修改的救济措施: 4.17

> 如果成员国法院有权修改此类合同中不公平条款的内容,这种权力可能就会影响《不公平条款指令》第 7 条长期目标的实现。这种权力将不利于劝阻出卖人或供应商对消费者直接不适用这些不公平条款……一旦出卖人或供应商知道,即便这些条款被判定无效,成员国法院仍有权在必要范围内修改合同,以保障

---

[61] C-415/11 *Aziz v Catalunyacaixa* [2013] ECR I-(14.04.2013), para 61.

出卖人或供应商的利益,那么他们就会继续使用这些条款。[62]

欧洲法院在该判决中坚持认为,有效原则也适用于债务追偿的简易程序:

> 在这种情况下,必须指出,即便法院已经享有条款公平性审查所需的所有法律和事实内容,这种程序安排也完全妨碍了受理支付令申请的成员国法院在诉讼程序中或在任何其他阶段,自主地在消费者未提出异议的情况下对出卖人或供应商与消费者之间订立的合同条款是否公平进行审查。这种程序安排构成对《不公平条款指令》保护目标的有效性的减损。鉴于支付令程序、程序进程及其特点……整体而言……存在这样一种重大风险,即相关消费者很可能不会按要求提出异议,原因可能是规定的异议期限特别短,也可能是顾虑到讼争债务金额与因诉讼产生的费用不成比例,还可能是消费者不知道或不了解自己的权利范围,或由于出卖人或供应商提交的支付令申请内容有限,消费者获得的信息不完整。[63]

该判决似乎并不要求成员国法院在简易程序中总是依职权审查条款的公平性。欧洲法院批评的并不是这种快速追偿债务程序本身,而是在有证据证明使用不公平条款的情况下,仍严格禁止法官审查诉讼实质性内容的做法。

---

[62] C-618/10 *Banco Español de Credito v Camino* [2012] ECR I-(14.06.12), para 69;相关评议参见 P. Rott, ERCL 2012, 470 at 475。

[63] C-618/10 *Banco Español de Credito v Camino* [2012] ECR I-(14.06.12), paras 53-54.

(四) 买卖法上严格责任的范围: Weber-Putz 案

在 2011 年 6 月 11 日的 *Weber/Putz* 案[64]判决中,欧洲法院所持立场有别于 2010 年 5 月 18 日佐审官马扎克的批判意见,*Weber/Putz* 案的案件事实可能已广为人知,无须赘述。这个富有争议的例子很好地展现了,欧盟法对传统买卖法救济手段的影响已超越了《消费品买卖指令》的规定本身【边码 2.8】。案件涉及的是,消费者因更换瑕疵产品以及安装替代产品所产生的附加费用的补偿问题,例如拆除并更换有瑕疵的地砖,或是断开并重新连接无法正常运行的洗碗机。佐审官马扎克认为应当依据欧盟法律驳回诉讼请求,但欧洲法院支持了这一诉讼请求,认为这与出卖人交付符合约定的产品的义务之间存在因果关系。法院的论证极为简略,其依据是《消费品买卖指令》中相当模糊的规定,即应在"合理时间内""无偿"和"不给消费者造成重大不便"的条件下进行修理和更换,即便合同本身不包含安装服务。这就为出卖人构建了一个严格责任制度,出卖人不仅要就更换瑕疵产品的行为本身负责,还要为由此产生的后续费用负责,即便这些费用在风险移转之后才产生。同时,为防止向出卖人主张过高费用,欧洲法院提到基于《消费品买卖指令》第 4 条向前手出卖人或生产商提起追索诉讼的可能性【判决第 48 段】。欧洲法院还被问及,当修理或更换瑕疵产品陷入不能时,应将《消费品买卖指令》第 3 条第 3 款理解为是出卖人的"绝对"抗辩,还是"相对"抗辩。在将《消费品买卖指令》转化

4.18

---

[64] 合并审理案件 C-65/09+C-87/09, *Gebr. Weber et al v J. Wittmer et al* [2011] ECR I-5257。

为《德国民法典》第 439 条时,当时德国法的"通说"(herrschende Meinung)是将修理和更换理解为"绝对比例审查"(absolute proportionality test),即如果其中一种救济方式陷入不能,而另一种救济方式的费用不成比例,其后果就是完全丧失买卖法规定的第一顺位的救济方式(原给付请求权);消费者只能解除合同或减少价款;根据现行(德国)法律,损害赔偿只能在出卖人有过错的情况下才能主张,但由于出卖人自己并不生产产品,也不知道(或不应知道)瑕疵存在,这种可能性通常会被排除。然而,欧洲法院选择了《消费品买卖指令》鉴于条款第 11 条的"相对比例抗辩"(relative proportionality defence),即使一种救济方式(修理)已不可能实现,而另一种救济方式(更换)会给出卖人造成不成比例的费用时,消费者也不会完全丧失第一顺位的救济方式(原给付请求权),只允许出卖人将不成比例的更换费用(包括断开和重新连接的费用)降低到"按照产品违约程度与产品符合约定本应具有的价值的成比例的数额"【判决第 74 段】。因此,补偿的基准并不是拆除瑕疵产品或/和安装适格产品的费用(可能高得多),而是其较低的净值。这似乎是对当事人不同利益的一种公平平衡(平衡原则详见第五章)。

4.19 基于一致解释原则(the principle of consistent interpretation),在 2011 年 12 月 21 日的一项后续判决中,德国联邦法院将更换的范围从单纯的断开连接扩大到也包括重新连接,这种可能性历来是德国司法裁判法院所否认的。[65] 德国联邦法院也使用了《消费品买卖指令》第 3 条

---

[65] BGH,VIII ZR 70/08 NJW 2012,1073;但德国联邦法院并未将该原则扩大到商事交易,参见 VIII ZR 226/11 of 17.10.2012,EuZW 2013,157。

第3款的"相对比例审查",并用其在 Quelle 案[66]所采用的德国法上的"目的性限缩"的方法,对《德国民法典》第439条进行了限制性解释。德国联邦法院详细讨论了法律著作中有关如何落实合比例性标准的不同建议,并认为600欧元足以补偿无瑕疵地砖的价值(1200欧元)。

本书对上述判决的效率问题不作讨论,尤其是判决对远程合同可能产生的负面影响。本书更关注的是与指令中消费者保护目标相关的有效性论证(*effectiveness* argument)。欧洲法院对此进行了广泛的考量,但同时也考虑了出卖人的经济状况,或者更确切而言是具体交易的经济状况。根据"相对比例审查",欧洲法院避免了消费者完全丧失第一顺位的救济方式(这本应是"绝对比例审查"的结果),从而严重损害了《欧盟基本权利宪章》第47条和《消费品买卖指令》所规定的有效保护消费者的原则。该判决对于瑕疵商品销售而言,无疑是有震慑阻却效果的,尤其是当出卖人明知这些商品须安装(例如洗碗机)或嵌入(例如地砖)时。与此同时,欧洲法院使用了基于"公平平衡"原则【判决第75段】的合比例性论点,即消费者必须承担这项交易的部分风险。在严格责任制度下,赔偿因交付瑕疵产品而产生的费用也可以使这种平衡成为可能。因此,有效性论证导致了出卖人和消费者之间的特殊的风险分担和风险分配,其在保护《消费品买卖指令》规定的消费者权利的同时,又不会过度增加出卖人的风险。消费者保护的有效性并不意味着消费者的交易全无风险,但消费者至少不应承担所有风险,从而避免产生违反欧盟新兴的诚信原则【边码7.8】的结果。

---

[66] BGH NJW 2009, 427.

(五)错失良机:*Heininger*案

4.20　本章可能会夸大欧洲法院判例法上有效原则在欧盟民法中的重要性。但在一些判决中,欧洲法院似乎也并不准备用更前瞻性的方法来提供救济,以保护欧盟法上的权利。对此,最典型也是最常被讨论的例子是所谓的 *Heininger* 案[67],在该案中,欧洲法院审理的问题是,消费者撤回与银行之间以上门交易方式订立的抵押贷款合同,这一撤回会对开发商的不动产融资交易(financed real estate transaction)有何影响。德国联邦法院以不动产交易和信贷交易在法律上相互独立为依据,立即给出了结论,认定撤回其中一项交易(抵押贷款合同),不会对另一项交易(不动产买卖合同)产生影响,撤回抵押贷款合同的唯一后果是合同无效。[68] 问题在于,合同无效的后果为何? 就像德国联邦法院暗示的那样,消费者是否必须全额偿还贷款,而不享有分期付款的权利? 消费者是否要支付合同约定的利息,包括随时间累积所产生的利息? 如果消费者未被告知享有撤回权,结果有何不同? 消费者能否基于德国法上的缔约过失理论,就银行未充分告知的事实主张损害赔偿?[69] 或者甚至主张,由于贷款合同和不动产买卖合同

---

[67]　C-481/99 *Heininger v Bayr. Hypo und Vereinsbank* [2001] ECR I-9945.

[68]　BGH NJW 2002, 1884.

[69]　有关讨论,参见 N. Reich, "Balancing in Private Law and the Imperatives of the Public Interest: National Experiences and (Missed?) European Opportunities", in: R. Brownsword et al. (eds), *Modern Tendencies in Private Law*, 2011, 221 at 230; H. Unberath/A. Johnston, "The Double Headed Approach of the ECJ Concerning Consumer Protection", CMLRev 2007, 1237 at 1261; T. Möllers/P. Grassi, "Die Europarechtswidrigkeit der Schrottimmobilienrechtsprechung zur Haustürwiderrufs-RiLi 85/577/EWG durch deutsche Gerichte", VuR 2010, 4.

构成一个经济单元(an economic unit),即使其在形式上相互独立,但也必须一体判断?

上述问题皆由下级法院(成员国法院)提呈给欧洲法院,欧洲法院则在后续的 Schulte 案[70] 和 Crailsheimer Volksbank 案[71] 中对德国联邦法院的限制性的判例(restrictive case law)持反对立场,并在论证中提出如下理论:

4.21

第一,欧洲法院遵循了佐审官莱热(Léger)意见[72] 中形式性区分的方法,认为消费者的撤回导致贷款合同无效,双方由此必须恢复到交易的初始状态,即消费者在无正当理由的情况下获得了贷款,因此必须立刻全额还款【Schulte 案判决第 87 段】。

第二,贷款的使用目的并不重要,欧洲法院间接否认了将"关联合同"(linked contracts)作为欧盟法律原则的观点,但不排除成员国法存在这种观点【Schulte 案判决第 80 段】。

第三,消费者必须为无正当理由使用的贷款资金支付市场利息,从而恢复原状【Schulte 案判决第 92 段】。

第四,但各成员国必须"确保其立法保护那些无法避免此类风险的消费者(因不知晓指令的撤回权而造成租金收入和财产价值损失),采取适当措施使消费者能够避免承担此类风险的后果"【Schulte 案判决第 101 段】。

这最终意味着,消费者的经济状况不会因行使撤回权而有所改善,损害赔偿的主张在实践中难以证明。欧洲法院也并不重视自己在

---

[70] C-350/03 *Schulte* [2005] ECR I-9215.
[71] C-229/04 *Crailsheimer Volksbank* [2005] ECR I-9294.
[72] Opinion of AG Léger in *Crailsheimer Volksbank*, C-229/04 *Crailsheimer Volksbank* [2005] ECR I-9294 (2 June 2005), paras 54, 72.

其他案件中所使用的有效原则。[73] 相反,欧洲法院依据的是交易的形式区分理论(the theory of a formal separation of transactions),佐审官莱热在 2004 年 10 月 29 日针对 Schulte 案的意见中对此予以确认:

> 我认为,与指令的实际效果一样,对指令的目的性解释并未准许担保贷款合同的解除对不动产买卖合同的效力产生任何形式的影响。[74]

问题在于,能否对这种有效性范式(effectiveness paradigm)作不同解读? 这一点仍悬而未决,但即便能作不同解读,也不会是非黑即白的简单回答。有效性范式在某种程度上被裹挟于成员国的"充分自主"(full autonomy)和"充分实效"(full effectiveness)之间:"充分自主"要求成员国根据本国的救济规则和程序,以其希望的任何方式保护公民(Heininger 案即为一例,因为《上门交易指令》[75]将救济措施的提供留由成员国自行规定),除非存在欧盟的明确立法;而在欧盟法或成员国法的救济存在不足时,看似矛盾的"充分实效"的方法就将适用(正如本书研究的案例一样)。但即便是用"充分实效"的方法,欧洲法院也必将寻找折中方案,来对不同利益进行平衡。[76] 正如最近的

---

[73] 参见 H.-W. Micklitz,"The ECJ between the Individual Citizen and the Member States-A Plea for a Judge Made European Law on Remedies", in:H.-W. Micklitz/B. de Witte (eds.),*The ECJ and the Autonomy of Member States*,2012,349 at 386;更积极的观点,参见 A. Hartkamp,*The Impact of EU Law on National Private Laws*,2012,para 174,作者写道,"这是一个意想不到的结果"。

[74] C-350/03 Schulte [2005] ECR I-9215, para 95.

[75] [1985] OJ L 372/31.

[76] 参见 N. Reich, "Balancing in Private Law and the Imperatives of the Public Interest: National Experiences and (Missed?) European Opportunities", in:R. Brownsword et al. (eds),*Modern Tendencies in Private Law*,2011,221 at 230;同样提出批评意见的,(转下页)

Weber/Putz 案所证明的,这种平衡不应过多从形式性权限方面考虑,而应以实质的合比例性标准来衡量。

鉴于《消费者权利指令》【边码2.5】第3条第3款第4项已明确将金融服务排除出适用范围,Heininger 案未来将不再重演。

(六)判例研究汇总

表4-1体现了欧洲法院判例中的不同方法: 4.22

欧洲法院判例	欧盟权利	成员国救济	成员国程序	欧盟(保护的)"升级"
Von Colson 案	禁止性别歧视:《劳动领域男女平等待遇指令》	缔约过失:象征性赔偿		充分赔偿,震慑效果
Kücükdevici 案	禁止年龄歧视:《建立雇佣和职业平等待遇一般框架指令》	年轻雇员无特殊解雇保护		《建立雇佣和职业平等待遇一般框架指令》连同《欧盟基本权利宪章》第21条的排除(歧视性条款)适用的效果
Invitel 案 Camino 案 Aziz 案	禁止不公平条款:《不公平条款指令》;成员国法院依职权控制	不调整不公平条款,只进行赔偿	消费者保护局的"抽象"禁令;不能作为拒绝执行(合同条款)的抗辩理由	对消费者个人订立合同的溢出效应;消费者的有效抗辩

(接上页)参见 H. Rösler, *Europäische Gerichtsbarkeit auf dem Gebiet des Zivilrechts*, 2012,156,作者认为,"欧洲法院可能没有理解问题的实际维度和法教义学的复杂性"。

(续表)

欧洲法院判例	欧盟权利	成员国救济	成员国程序	欧盟(保护的)"升级"
Weber/Putz 案	产品和安装应符合合同;《消费品买卖指令》	仅允许更换;此前德国联邦法院判决:根据《德国民法典》第439条只允许赔偿断开连接产生的费用;"绝对比例审查":如果一种救济方式(更换)不合比例,另一种救济方式(修理)也无法适用时。		断开连接和重新连接的严格责任;"相对比例审查";仅限于修理或更换;按比例减少因恢复产生的成本
Heininger 案作为一剂解药	撤回以上门交易形式订立的抵押贷款合同;在未告知(撤回权)的情形下,撤回无时间限制;行使撤回权的后果由成员国规定;《上门交易指令》第7条,现已被《消费者权利指令》废止。	拒绝救济:不存在抗辩权穿透(Einwendungsdurchgriff)	必须全额偿还贷款并支付市场利息	欧盟未规定救济时,第4条第4款"消费者保护的适当措施";欧洲法院:对未告知撤回权的情形,仅限于赔偿

表 4-1

六、欧盟基础性法律:竞争规则

(一)竞争规则的直接效力

4.23　欧盟针对企业责任的最重要规则与竞争有关。这是欧盟法律坚持开放市场的直接结果,其既保护作为机制的竞争,也保护个体竞争者和其他市场参与者。尽管企业自治构成共同体法律和现行欧盟法律的一项基本价值,并受竞争规则的间接保障【边码1.14】,但企业自治不应被经营者通过反竞争协议的合作或对市场支配地位的滥用所扭曲。这项欧盟法律基本原则的制裁体系包括两个方面:

其一,欧盟基础性法律规定,反竞争协议是无效的,且不能在诉讼或国际仲裁裁决的承认程序中执行【边码1.15】[77];

其二,2003年《关于实施条约第81条和第82条的竞争规则的第1/2003号理事会条例》[78]规定了由欧盟委员会或成员国反垄断行政机构实施的行政处罚,但其未规定损害赔偿和禁令等民事制裁。

当下共识在于,欧盟用竞争条款来确保责任的规则在民法救济上并不充分、存在不足,在滥用支配地位的情况下尤其如此。滥用支配地位行为是被禁止的,但根据欧盟基础性法律,这些行为本身并不会产生民法上的后果,尤其是不会引发损害赔偿诉讼。欧盟委员会有权处以巨额罚款或采取行政措施,但这些手段并不能为受损害的竞争者或因反竞争行为而蒙受损失的上下游企业提供足额赔偿,遑论因限制竞争行为而支付过高价格的消费者或公共采购的采购方了。

欧洲法院在成立之初就清楚地认识到,上述状况不尽如人意。事实上,欧洲法院曾试图制定如下三项补充性工具,以克服欧盟法的不完备之处: 4.24

---

[77] 参见 C-126/97 *Eco Swiss China Time v Benetton International NV* [1999] ECR I-3055;详见 W. van Gerven, in:J. Stuyck/H. Gilliams, *Modernisation of European Competition Law*, 2002, 93,作者提出了一项理事会条例的建议。

[78] Council Regulation (EC) No. 1/2003 of 16 December 2002 on the implementation of the rules on competition laid down in Articles 81 and 82 of the Treaty [2003] OJ L 1.

其一,竞争规则在私主体之间具有直接效力,换言之,无论是行政诉讼,还是民事诉讼,成员国法院均可援引竞争规则[79];

其二,成员国法律应当针对违反欧盟法律规定的反竞争行为制定与国内法类似的制裁措施;

其三,这些制裁与国家责任(state liability)一样,也应遵守"对等"和"有效"原则,主要是前述原则的"消极"(适用)【边码4.3】。

欧洲法院早期判例表明,这些制裁措施的依据是成员国法律,而非欧盟法律,初审法院(现为综合法庭)后续在 *Automec II* 案[80]的裁决中重申了这一点。因此,在违反欧盟法律的情况下,如果遵守前述对等和有效原则,那么也可以同样援引(成员国法律)的所有限制规则。在 *Francovich* 案[81]之前,对反竞争行为进行制裁的法律状况,与违反欧盟法律的国家责任非常相似。

显然,传统方法有诸多不足之处:

其一,类似违法行为因适用法律不同而作不同处理;

其二,对违法行为的不同处理引发了更多的竞争扭曲,而这正是欧盟法律希望避免的;

其三,对等原则和有效原则提供了一些指引,但非常模糊,且大多"消极"指引;

其四,成员国法院在竞争规则的私人执行诉讼上非常犹豫,这

---

[79] Case 127/73 *BRT v SV SABAM* [1974] ECR 314.
[80] Case T-24/90 *Automec Srl v Commission* [1992] ECR II-2224.
[81] Case C-6 and 9/90 *Francovich et al v Italy* [1991] ECR I-5357;后续案件参见 C-46 & C-48/93 *Brasserie du Pêcheur v Germany and the R v Secretary of State for Transport ex parte Factortame Ltd* [1996] ECR I-1029。

一点与美国的法院不同[82];

其五,随着欧共体(现为欧盟)政策转变为更多依靠私人执行竞争规则,受害方能够得到的救济措施必须更加有效,并激励受害方进行私人诉讼。

从欧洲法院新判例的基调来看,法院从不完全性法律(*lex imperfecta*)向完全性法律(*lex perfecta*)的范式转变,在一定程度上克服了上述不足。

(二)竞争法的新趋势:*Courage*理论及其后续 *Manfredi* 案

竞争法领域也出现了与 1991 年国家责任类似的范式转换。佐审官范格文在 *Banks* 案的全面意见中为这一变化做好了准备,他提出:

> 这些(关于反竞争行为的)禁令的目标,是保障在共同市场中不扭曲的竞争和企业的竞争自由,因此,违反该制度的行为必须得到完全纠正。[83]

4.25

佐审官范格文以国家责任的现行原则违反直接有效的欧盟法为依据,并将其适用于违反竞争规则的行为。他认为,决定赔偿的不是成员国法律,而是欧共体法律本身。这一点与初审法院此前在 *Automec II* 案中的裁决形成鲜明对比。基于直接效力理论(doctrine of direct effect),欧共体必须建立一套有效的赔偿制度,抑或是预防制

---

[82] Jones, *Private Enforcement*, 1999.

[83] C-128/92 *H. J. Banks & Co. Ltd v British Coal Corporation* [1994] ECR I-1209, 1260.

度,这不应取决于成员国法律的不同发展状况。范格文的论点与 *Francovich* 案的论点如出一辙,均以法政策为基础,原因在于,条约本身并未对此进行规定,此前的判例也仅仅是简单提及成员国法律。

在 *Banks* 案中,欧洲法院并未采纳上述论点,因为该观点否认了涉诉竞争规则的直接效力,即欧洲煤钢共同体(ECSC)的规则,而不是《欧洲共同体条约》本身。欧盟有关违反竞争法的责任理论在后续的 *Courage* 案[84]中才得以发展,该案涉及英国的"不得自证其罪"规则,即禁止反竞争协议的当事人主张损害赔偿。欧洲法院撤销了这一规则,因为其妨碍了共同体法律的充分实效,欧洲法院不仅给出了否定意见,还就违反共同体竞争规则的损害赔偿问题作如下全面说明:

> 综上所述,任何个人都可以以违反第 85 条第 1 款(现为《欧盟运行条约》第 101 条,原《欧洲共同体条约》第 81 条)为由,向成员国法院提起诉讼,即使他是该条款所指的可能限制或扭曲竞争的合同一方。事实上,此种权利的存在强化了共同体竞争规则的实施,阻却了可能限制或扭曲竞争的协议或做法,而这些协议或做法往往是隐蔽的。由此观之,向成员国法院提起损害赔偿之诉,可以为维护共同体内部的有效竞争作出重大贡献。[85]

欧洲法院明确指出,损害赔偿诉讼是对在竞争领域落实企业责任的一项重大贡献。损害赔偿诉讼直接以欧盟法律为依据,而不是以成

---

[84] C-453/99 *Courage Ltd v Bernhard Crehan* [2001] ECR I-6297.

[85] C-453/99 *Courage Ltd v Bernhard Crehan* [2001] ECR I-6297, paras 25-27(强调系后加)。

员国法为依据，不过该类诉讼在程序特征和管辖法院的确定上均受到成员国法律制约。[86]

作为后续，欧洲法院在 Manfredi 案[87]【边码 4.5】中试图澄清 Courage 案的遗留问题。法院重申了民事救济对执行竞争规则的重要性，其中包括，"任何个人"（any individual）提起的损害赔偿请求依照《欧洲共同体条约》第 81 条第 2 款（现为《欧盟运行条约》第 101 条第 2 款）应为绝对无效【判决第 61 段】。在本案中，由于价格卡特尔，个人消费者不得不支付更高的汽车保险费，这种损害与《欧洲共同体条约》第 81 条所禁止的协议之间必须存在因果关系，这一点应由成员国法院来确定。根据有效原则，损害赔偿必须包括所受损害、所失利益和利息【判决第 95 段】。根据对等原则，仅当成员国法律规定了惩罚性赔偿时，才应判定惩罚性赔偿【判决第 93 段】。欧共体法律对于损害赔偿请求权人的不当得利问题并未作出规定【判决第 94 段】。诉讼时效不得使损害赔偿请求权实际上无法行使，尤其是当诉讼时效从协议或协同行为之日起计算时【判决第 78 段】。

4.26

（三）损害赔偿的范围和限度：Courage 案和 Manfredi 案的影响

欧洲法院在 Courage 案中高度概括、全面的陈述，以及在 Manfredi 案的发展，构成了法院继 Francovich 案之后系列判例之开端。当

4.27

---

[86] A. Komninos, CMLRev 2002, 473; 不同观点参见 N. Reich/H.-W. Micklitz, Europäisches Verbraucherrecht, 4th ed. 2003, paras 4.74 and 29.12。

[87] 合并审理案件 C-295-298/04 Vicenzo Manfredi et al v Lloyd Adriatico Asssicurazioni SpA et al [2006] ECR I-6619。

然,这意味着经济主体正在利用欧洲法院的新判例,但目前的情况似乎并非如此。此点目前尚无定论,本书也不作深入探讨,但如下几点仍须澄清:[88]

第一,鉴于违反欧盟法律义务时国家和企业承担责任的相似性,义务违反行为的确定标准也应相同。违反行为必须足够严重,才能成立损害赔偿诉讼。轻微违反行为不足以引发损害赔偿诉讼,尤其是在违反行为所依据的基本数据(结构性指标)存疑时,例如市场边界不清且在此基础上收集的数据存疑。明显违反行为将会触发损害赔偿诉讼,例如,违反《纵向协议集体豁免条例》所谓"核心限制条款",像横向或纵向定价协议、市场分割、地域限制或无正当理由拒绝供应。此类违反行为可能导致直接适用的条例所保护的主体提起损害赔偿之诉。

第二,损害赔偿诉讼的适格原告范围尚不明确。欧洲法院笼统表述为"任何个人",但这并不准确。佐审官米朔(Mischo)在2001年3月22日的意见中提到,第三人也是受害者,其中最主要的是消费者和竞争者【佐审官书面意见第38段】。就纵向销售链中的损害赔偿责任分配而言,确定国家责任的直接因果关系标准或有助益。在2012年11月6日的 *Otis* 案[89]中,即便欧盟委员会作为监管机构已对违规企业处以巨额罚款,欧洲法院仍在一起因反竞争行为而遭受经济损失的采

---

[88] 详见 N. Reich, CMLRev 2005, 35; J. Basedow (ed.), *Private Enforcement of EC Competition Law*, 2007; J. Basedow et al. (eds), *Private Enforcement of EU Competition Law* 2011; J. Keßler, *Schadenersatz und Verbandsklagerechte im Deutschen und Europäischen Kartellrecht*, 2009; S.E. Keske, *Group Litigation in European Competition Law*, 2010; 评论见 N. Reich, CMLRev 2011, 1758; 另参见 O. Remien (ed.), *Schadenersatz im Europäischen Privat-und Wirtschaftsrecht*, 2012.

[89] C-199/11 *Europese Gemeenschap v Otis et al* [2012] ECR I-(06.11.2012).

购案中赋予欧盟委员会以诉讼主体资格,这种潜在利益冲突被判定为不违反《欧盟基本权利宪章》第 47 条。

第三,德国联邦法院(BGH)在 2011 年 11 月 28 日的一项判决[90]中也允许分销链的间接买受人主张损害赔偿,这与美国反垄断法只对直接买受人进行赔偿的规定形成鲜明对比。[91]

第四,作为原告的受害方应就违反《欧盟运行条约》第 101 条第 1 款以及存在"核心限制"承担举证责任。但如果被告以某种方式参与了分销合同另一方的反竞争行为,则可初步认定其存在违反行为。[92]

第五,损害赔偿金额必须与违反行为造成的损失成比例,由此排除了惩罚性赔偿,但允许剔除利润。就像欧盟责任或国家责任一样,比较法研究或有助于确定欧盟范围内的赔偿阈值。

第六,被告能否提出原告能够将损害"转嫁"给下游之抗辩,取决于相关市场。德国联邦法院的上述判决当属欧盟司法辖区中讨论该问题的首例判决。德国联邦法院裁定,"在分析可比利益时,可将原告因转嫁卡特尔价格上涨所获利益纳入考量,以避免不当得利。卡特尔的侵权方应就转嫁承担举证责任"。在前述 Otis 案[93]等采购案中,由于无法转嫁的可能性存在,卡特尔价格的受害方才能收回被多收的费用。最终消费者的情况亦是如此,虽然损害的广泛分布使得因

---

[90] BGH,NJW 2012,928;评论见 R. van den Bergh, ZEuP 2013,147; V. Soyez, EuZW 2012,100; A. Fuchs, in: O. Remien (ed.), *Schadenersatz im Europäischen Privat-und Wirtschaftsrecht*, 2012。

[91] Hannover Shoe v United Shoe Machinery, 392 US 481 (1968); Illinois Brick v Illinois 431 US 720 (1977).

[92] C-49/92P *Commission v Anic* [1999] I-4125 at para 96.

[93] C-199/11 *Europese Gemeenschap v Otis et al* [2012] ECR I-(06.11.2012).

果关系很难证明。至于卡特尔的其他间接受害者,德国联邦法院认为,"对方当事人的次要举证责任在于对所有相关情况进行仔细、全面的分析,以核实其必要性和合理性",这几乎是否认了(被告的)转嫁抗辩。[94]

第七,禁令或私人执行诉讼在欧共体法律和现行欧盟法律下的可能性有多大尚未可知。相关例子包括拒绝缔约,因为拒绝缔约将构成对潜在合作伙伴的反竞争行为。在 *Automec II* 案中,初审法院将这一问题留给成员国法律处理。但在执法权下放的趋势下,欧盟法律必须在这方面制定自己的规则。根据"有权利就有救济"原则,应该可以对反竞争行为颁发禁令。[95]

七、违反欧盟基础性法律中直接适用条款的损害赔偿

4.28   尽管 *Courage* 案只涉及违反竞争法的行为,但该案的裁判逻辑可以延伸到直接适用于私主体间的所有的基础性法律条款。欧洲法院的新近判例中,涉及劳动者自由流动和提供服务自由的案件尤其体现了这一点。无论是涉及职业足球协会规则的 *ASBL v Bosman* 案[96],还是涉及私营企业语言测试的 *Angonese* 案[97]中,欧洲法院立

---

[94] 相应评议参见 R. van den Bergh, ZEuP 2013, 161。现可参见 2013 年《关于依据成员国法对违反成员国和欧盟竞争法规定的行为提起损害赔偿诉讼的若干规则的指令(草案)》第 12 条至第 15 条,参见 COM (2013) 404 final of 11.06.2013。

[95] 参见 AG Jacobs, opinion of 22 May 2003 in 合并审理案件 C-264/01 etc. *AOK-Bundesverband v Ichthyol-Gesellschaft Cordes et al* [2004] ECR I-2493, para 104。

[96] C-415/93 *ASBL v Bosman* [1995] ECR I-4921。

[97] C-281/98 *Roman Angonese v Cassa di Risparmio di Bolzano SpA* [2000] ECR I-4139。

场始终明确。此外,在 Wouters 案中,欧洲法院还将这一裁判逻辑延伸至所有保护人员自由流动并使其不受集体限制的共同体法律条款。[98] 正如 Viking 案和 Laval 案所示[99],这一判例法已经扩展到侵害派遣工人提供服务自由的特定类型的行业行为之中。欧洲法院在 Viking 案中的措辞为:

> 《欧洲共同体条约》第 39 条、第 43 条和第 49 条(现为《欧盟运行条约》第 45 条、第 49 条和第 56 条)不仅适用于公共当局的行为,也扩展适用于旨在以集体方式规制有偿就业、自营职业和提供服务的任何其他性质的规则。[100]

上述论证可以通过欧洲法院的有效解释得以正当化,并可通过援引《欧盟基本权利宪章》第 47 条间接证实。欧洲法院在 Viking 案中给出的理由是,在一些成员国,工作条件由法律规定,而在另一些成员国,工作条件由集体协议规定,将集体协议排除在基本自由的适用范围之外将"有可能造成适用上的不平等"。在 Laval 案中,欧洲法院使用了一项功能性更强的论据,即"协会或组织行使其法定自主权不受公法管辖,如果其(行使法定自主权对服务提供自由)所造成的障碍可以抵消为消除国别性障碍所作出的努力,那么消除服务提供自由障碍的目标就会受到威胁"[101]。因此,《欧洲共同体条约》第 43 条和第

---

[98] C-309/99 *Wouters, Savelbergh, Price Waterhouse Belastingadviseurs v Algemene Raad* [2002] ECR I-1577, para 120.

[99] C-438/05 *ITF & FSU v Viking et al* [2007] ECR I-10779;C-351/05 *Laval et al v Svenska Byggnadsförbundet* [2007] ECR I-11767;详细分析见 N. Reich,*Europarättslig Tijdskrift* 2008,851;D. Wyatt,*Croatian Yearbook of EU law and Policy* 2008,1。

[100] C-438/05 *ITF & FSU v Viking et al* [2007] ECR I-10779, para 33.

[101] C-351/05 *Laval et al v Svenska Byggnadsförbundet* [2007] ECR I-11767, para 99.

49条(现为《欧盟运行条约》第49条和第56条)具有直接效力,并赋予自由因工会社会行动(social action)而受到侵犯的个人以相应权利。[102]

最新一起案件涉及意大利研究人员拉卡内利(*Raccanelli*)提起的诉讼【边码3.4】,他获得德国马克斯普朗克科学促进协会(简称马普学会)的博士津贴,但却不能像与他情形类似的德国同事那样得到一份收入更高的无固定期限劳动合同,他认为此举涉嫌歧视,违反了《欧洲共同体条约》第39条(现为《欧盟运行条约》第45条):

> 《欧洲共同体条约》第39条规定了一项基本自由,这是对《欧洲共同体条约》第12条禁止歧视的一般性规定的具体适用,因此,法院认为,禁止歧视的规定同样适用于所有旨在规范集体有偿劳动的协议和个人之间的合同……因此,必须认为《欧洲共同体条约》第39条的禁止基于国籍的歧视的规定同样适用于马普学会这类私法上的社团。[103]

上述裁决也适用于《联系国协定》[EA (Association) Agreements]保障的自由,尤其是营业自由和不歧视依法雇佣的劳动者的自由,因为根据欧洲法院判例法,这些自由具有直接效力【边码3.13】。[104] 在 *Kolpak* 案中,佐审官施蒂克斯-哈克尔(Stix-Hackl)在2002年7月11日的

---

[102] *Viking*, para 58; *Laval*, para 97.

[103] C-94/07 *Raccanelli v MPG* [2008] ECR I-5939, paras 45-46.

[104] C-63/99 *R v Secretary of State for the Home Department, ex parte Wieslaw and Elzbieta Gloszczuk* [2001] ECR I-6369;C-235/99 *R v Secretary of State for the Home Department, ex parte Eleanora Ivanova Kondova* [2001] ECR I-6427;C-257/99 *R v Secretary of State for the Home Department, ex parte Julius Barkoci and Marcel Malik* [2001] ECR-6557,C-268/99 *Aldona Malgorzata Jany et al v Staatssecretaris van Justitie* [2001] ECR-8615;C-162/00 *Land Nordrhein-Westfalen v Beata-Pokrzeptowicz-Meyer* [2002] ECR I-1049;全面讨论,参见 N. Reich/S. Harbacevica, *Europarättslig Tidskrift* 2002,411。

意见以及欧洲法院在 2003 年 5 月 8 日的判决中均坚持了这一论证，该案涉及德国手球协会章程对来自斯洛伐克的职业手球运动员的歧视问题，章程规定限制了职业手球比赛中第三国的外籍球员的人数。[105]

佐审官范格文在 *Banks* 案中关于直接适用的共同体规则与"足够严重地违反"情形下的损害赔偿诉讼间的相互关系的论证，在此也可适用。[106] 因此，博斯曼（Bosman）先生本应能够就其因职业足球协会的规则而无法继续其职业球员生涯的事实主张赔偿。安戈内塞（Angonese）先生应得到赔偿，因为除了博尔扎诺储蓄银行（Cassa di Risparmio di Bolzano）规定的方式之外，他不被允许用其他方式证明自己的语言能力。科尔帕克（Kolpak）先生应得到德国手球协会的赔偿，因为他作为斯洛伐克职业运动员在其职业生涯中受到歧视，而他的职业生涯是受到《联系国协定》保护的。在 *Laval* 案中，瑞典劳工法院（Swedish Labour Court）判定，由于瑞典建筑工人工会的非法抵制行为"足够明显"（sufficiently clear）地违反了欧盟法律，因此遭受经济损失的公司有权获得赔偿，这显然是一项备受争议的判决。[107]

4.29

---

[105] C-438/00 *Deutscher Handballbund eV v Maros Kolpak* [2003] ECR I-4135.

[106] N. Reich, YEL 2010, 112; R. O' Donoghue/B. Carr, in: *Cambridge Yearbook of European Legal Studies*, 2009, 157, 作者提到英国法。不同的方法，则参见 D. Leczykiewicz, in: D. Leczykiewicz/S. Weatherill (eds.), *The Involvement of EU Law in Private Law Relationships*, 2013, 220, 在此提及的情形包括：被违反的义务是否明确、是否容易找到原告的相应权利，所涉及的是权利还是仅仅是自由等等，（笔者认为）所有这些情形作为前提条件都略显武断。

[107] 参见 2009 年 12 月 2 日瑞典劳工法院（Arbetsdomstolen）第 89/09 号判决，该判决认定，瑞典工会因违反具有直接效力的自由流动规则，而向 Laval 公司承担共计 250 万瑞典克朗（25 万欧元）的损害赔偿责任。瑞典劳动法院还在判决第 35 页提到了 *Raccanelli* 案判决。详见 U. Bernitz/N. Reich, CMLRev 2011, 604。

在 Raccanelli 案中,欧洲法院被明确问及赔偿问题,但法院并未直接回应,而是提到了成员国法律,但成员国法律必须依据有效解释原则(effet utile)进行解释,这就要求对受害者进行公允的赔偿:

> 对此,应当认定,《欧洲共同体条约》第 39 条和《劳动者在共同体内自由流动的第 1612/68 号条例》均未规定成员国或马普学会等协会在违反禁止歧视规定的情况下应采取的具体措施,而是让其根据可能出现的不同情况,在适合实现这些规定目标的不同解决方案中进行自由选择……因此,正如委员会书面意见所言,应由受理法院根据非合同责任的成员国准据法,评估申请人在主要诉讼程序中有权主张的赔偿的性质。有鉴于此,对问题之三的回答是,在主要诉讼程序中,如果申请人所主张的因歧视造成的损害是有依据的,则应由受理法院根据非合同责任的成员国准据法,来评估申请人有权主张的赔偿的性质。[108]

判决中无法看出成员国法院是否有完全赔偿责任(从判决措辞而言似乎如此),或者这种救济措施是否全由成员国法律进行自由裁量。本书认为,若是全由成员国法律进行自由裁量,其后果与《欧洲共同体条约》第 39 条(现为《欧盟运行条约》第 45 条)的有效解释原则相矛盾。

---

[108] C-94/07 Raccanelli v MPG [2008] ECR I-5939, paras 50-52.

八、重新审视《欧盟基本权利宪章》第 47 条和《欧盟条约》第 19 条第 1 款对欧盟民法的重要性

(一)对《欧盟基本权利宪章》第 47 条和《欧盟条约》第 19 条"串联"的实质理解

从上述判例研究中,欧盟民法有效性要求背后复杂的解释和平衡问题可见一斑。但《欧盟基本权利宪章》第 47 条似乎是一个"睡美人",在 Alassini 案[109]中尚未被真正"唤醒"。欧洲法院援引《欧盟基本权利宪章》第 47 条的其他案件[110]似乎与民法相去甚远,无法使损害赔偿或恢复原状等救济措施产生影响。因此,是否应遵循莱齐凯维奇的怀疑立场?

4.30

然而,(依据《欧盟基本权利宪章》第 47 条)诉诸法院的权利和获得有效救济的权利本身并不能打破对欧盟权利可执行性的所有限制,也无法授权欧盟引入统一的一般性的救济制度。[111]

还是采纳米克利茨的更积极的观点?

---

[109] C-317/08 *Rosalba Alassini et al v Telecom Italia* [2010] ECR I-2214.

[110] C-432/05 *Unibet v Justiekanslern* [2007] ECR I-2271,该案涉及行政程序的诉讼地位;C-279/09 *DEB Deutsche Energiehandels-und Beratungsgesellschaft mbH v Bundesrepublik Deutschland* [2010] ECR I-13849,该案涉及对法人的法律援助问题;C-402+415/05P *Kadi et al v Council of the EU* [2008] ECR I-6351,该案涉及对被控从事恐怖活动的人的保护问题;C-12/08 *Mono Car Styling* [2009] ECR I-6653,para 47,该案涉及劳动者在集体裁员情况下强制执行知情权的诉讼权利问题;C-249/09 *Fuß v Stadt Halle* [2010] ECR I-9849,para 66,该案涉及防止雇主对坚持自身欧盟权利的雇员采取报复措施的问题。

[111] D. Leczykiewicz, "'Where Angels Fear to Tread': The EU Law of Remedies and Codification of European Private Law", ERCL 2012, 58.

我主张建立一个积极有为的法院,一个认真对待三种法律秩序(经济、社会、公民)之间不平衡性的法院,一个愿意在社会法律秩序中发展权利、救济和程序的法院……《欧盟基本权利宪章》第 47 条必须在这方面发挥关键作用。[112]

必须铭记,即便欧洲法院在 Alassini 案和 Otis 案[113]中在民法背景下援引了《欧盟基本权利宪章》第 47 条,但自 Von Colson 案以来,第 47 条所依据的有效原则就已成为欧洲法院的"隐藏议程"。欧洲法院对《欧盟基本权利宪章》第 47 条和《欧盟条约》第 19 条第 1 款的明确援引,并没有给有效原则增添实质性的新内容,而是使其符合欧盟民法宪法化的新近发展。[114] 由此可见,有效性有"消极"的一面,即"涤除性",有效性也有"积极"的一面,即"解释性"和"救济性"。这两方面现在均体现在《欧盟基本权利宪章》第 47 条之中,至少消极的一面是该条允许对成员国法律作初步审查,确定其是否使欧盟基础性和派生性法律中的民事权利的实施变得"不可能或过于困难"。这是一项有力且在某种程度上直截了当的论点,欧洲法院最近在 Alassini 案中使用了这一论点。作为补充,对等审查(the equivalence test)旨在防止成员国法律对基于欧盟法进行赔偿的规定低于成员国

---

[112] H.-W. Micklitz, in: H.- W. Micklitz/B. de Witte (eds.), The ECJ and the Autonomy of Member States, 2012, at 392.

[113] 参见 C-199/11 *Europese Gemeenschap v Otis et al* [2012] ECR I-(06.11.2012),欧洲法院在该案中援引了《欧盟基本权利宪章》第 47 条,"《欧盟基本权利宪章》第 47 条规定的有效司法保护原则包括多项内容,尤其包括辩护权、权利平等原则、诉诸法院的权利以及获得建议、辩护与代理的权利"【判决第 21 段】。法院没有明确提到实体救济措施,但也没有排除这些救济措施。

[114] 同样意义上参见 C. Mak, "Rights and Remedies-Article 47 EUCFR and Effective Judicial Protection in European Private Law Matters",本书写作时此文尚未发表。

法的标准,*Asturcom* 案即为一则上佳示例,因为该案涉及法院依职权保护消费者免受不公平条款的影响。

有效性也有积极的一面,它可以解释现有救济措施,甚至可以引入新的救济措施,前述案例应已证明了这一点。这导致了本书所主张的救济措施在实体和程序层面上的"升级"。虽然成员国的所谓"救济"自主和"程序"自主受到了质疑,但未被完全放弃。 **4.31**

这一结果符合《欧盟基本权利宪章》第 47 条和《欧盟条约》第 19 条第 1 款的规范文义和规范意旨。对此,细究《欧盟基本权利宪章》第 47 条(并结合《欧盟条约》第 19 条第 1 款第 2 句)的结构和内容或有裨益。前述规定首先要求欧盟法律存在一项"权利"。《欧盟基本权利宪章》第 47 条采取了"以自由主义精神保护作为主观权利的个人权利"之理念。在民法上,这仅限于那些旨在创设有利于特定个人的强制性标准的欧盟法律条款,如果欧盟法律对合同自治或多或少地进行了保留,则不得援引《欧盟基本权利宪章》第 47 条第 1 款。[115]

正如第二章和第三章所述,这种强制性通常体现在与劳动者保护、消费者保护和非歧视有关的合同法议题上。但正如对违反竞争规则进行赔偿的 *Manfredi* 案[116]所示,强制性也不局限于欧盟合同法,而是取决于适用的欧盟法或欧洲法院解释的派生性立法。除了强制性之外,这些条款还应根据欧盟法律的基本原则直接生效,即必须足够精确且不附条件。

---

[115] 一则示例为 2011 年欧盟《迟延支付指令》(Directive 2011/7/EU),指令第 7 条在"显失公平原则"的限度内援引第 3 条第 5 款的"确定支付日期的合同自由"【边码7.9】。

[116] 合并审理案件 C-295-298/04 *Vicenzo Manfredi et al v Lloyd Adriatico Asssicurazioni SpA et al* [2006] ECR I-6619。

4.32　　　成员国必须为这种个人主观权利提供"足以确保有效法律保护的救济措施"。因此，相较于"救济"的德文译法"*wirksamer Rechtsbehelf*"和法文译法"*recours effectif*"，"救济"的英文术语"remedies"的含义更加宽泛，原因在于，德文和法文术语似乎仅限于诉诸和参与诉讼程序，但英文术语还包括基于合同法、侵权法和返还法的实体救济措施，本章开篇案例即为例证。所以在按照《欧盟基本权利宪章》第52条对欧盟法律进行目的解释时，本书更倾向于采用广义的英文救济概念，而不是德文或法文的狭义理解。事实上，在民事权利领域，倘若无法事先确保"救济"（措施），有效的"司法保护"便无从谈起。

　　　　这些救济可能与实体法和/或程序法有关。实体性救济（substantive remedies）包括损害赔偿、恢复原状、合同条款无效和排除适用与（欧盟法）不相符的成员国法律规定。[117] 程序性救济（procedural remedies）包括诉讼资格、禁令、时限和证据规则等等。[118] 然而，准确区分实体性救济和程序性救济并非易事，这在很大程度上取决于适用的成员国法律，而各成员国法律对两者的区分标准不尽相同，诉讼时效即为例证。显然，救济措施必须具备欧盟法的规范依据，且最终必须具有可执行性。但正如欧洲法院在 *Alassini* 案中所指出的，这并不排除替代性争端解决机制（ADR）的存在，只要 ADR 不会排除司法诉讼程序的可能性。

4.33　　　如前所述，本章所主张的方法导致了救济措施的"混合化"，这些

---

〔117〕 A. Hartkamp, *The Impact of EU Law on National Private Laws*, 2012, paras 113-114.

〔118〕 相关示例参见 W. van Gerven, "Of Rights, Remedies, and Procedures", CML-Rev 2000, at 522; A. Hartkamp, *The Impact of EU Law on National Private Laws*, 2012, paras 115-116。

救济措施必须经由"与指令相符的解释"(directive-conforming interpretation)的经典方法引入到成员国法律之中。最近,这些救济措施也可以通过指令的"消极横向效力"加以补充,前提是这些指令与《欧盟基本权利宪章》,尤其是与第 31 条第 2 款的劳动者保护以及第 21 条和第 24 条的非歧视规则有关。有观点认为,一体解读《欧盟基本权利宪章》第 38 条的消费者保护原则与《欧盟运行条约》第 12 条和第 169 条,似乎也可以得出横向的欧盟指令(horizontal EU directives)具有类似的"排除性直接效力"[119],但本书对此存疑。

为了避免出现对有效原则"过度扩张"的担忧,应牢记,有效原则只适用于欧盟法律创设或意图创设权利的领域,例如保护个人的竞争或自由流动规则领域,或是保护劳动者、消费者、受歧视者的领域。这始终是一个解释问题,而解释所依据的条款也必须具有强制性。

(二)"充分"实效:过于"充分",过于"空洞",还是"恰到好处"? 采取平衡方法的必要性

另一个法政治问题是,欧洲法院在重塑基于成员国法的救济措施时,是否逾越了解释欧盟法律的职权范围? 这种批评与其说是针对消极意义上的有效原则和对等原则,倒不如说是针对积极意义上的"充分实效"原则。有效原则和对等原则一贯被视为欧盟法律的一般宪法原则,其当然不限于行政和程序问题,还扩张到包括(强制性)合

4.34

---

[119] 这一有趣论点参见 O. Mörsdorf, "Die Auswirkungen des neuen, Grundrechts auf Verbraucherschutz gem. Art. 38 GrCh auf den nationalen Verbraucherschutz", Juristenzeitung 2010,759。

同法在内的民法议题，相反，批评针对的是积极的"充分实效"原则及其解释和救济维度，欧洲法院在前述判例中发展了这一原则，其与成员国传统的救济"自主"和程序"自主"及权限相抵触。无论是出于震慑目的"使用"（有人称其为"滥用"）损害赔偿，还是以严格责任规则取代合同法上损害赔偿的过错原则，还是在不公平条款的诉讼中限制意思自治，又或是将消费者买卖中的出卖人责任扩大到风险转移之前，以及在满足特定条件下将替代性纠纷解决机制视为诉讼程序的前置条件，上述种种情形下，成员国的"自治"似乎所剩无几。问题在于，欧洲法院的行为是否越权？在德国联邦宪法法院（BVerfG）审理的 Honeywell 案中，原告对 Mangold 案提出了此种质疑，但最终被驳回【边码3.7】。德国联邦宪法法院确认，欧洲法院在解释并最终发展欧盟法律方面享有广泛的范围和权限，甚至于可以"损害"成员国法律的传统原则。这难道不是欧洲法院的越权行为吗？

还应牢记的是，即便在欧洲法院要求"升级"成员国救济和程序以保护欧盟法律授予的权利时，欧洲法院也为成员国法院留出了广泛的自由裁量空间，以对相互冲突的利益作适当平衡。Putz/Weber 案就是一则最佳示例。即使将出卖人的严格责任扩展到风险转移时所售商品的"实体"质量之外的做法似乎具有"革命性"，但考虑到出卖人的合法利益和交易特点，消费者的救济措施仍然需要受到合比例性论证的限制。由此，德国联邦法院[120]在后续案件中径行判定由消费者和出卖人各担一半风险，倒也不足为奇了！

在歧视案件中也可以看到类似的做法【边码4.13】。在赔偿受歧

---

〔120〕 BGH, VIII ZR 70/08 NJW 2012, 1073;但德国联邦法院并未将该原则扩大到商事交易，参见 VIII ZR 226/11 of 17.10.2012, EuZW 2013, 157。

视者的所有案件中,必须以自始存在相关成员国规则为先决条件。最初的1976年《劳动领域男女平等待遇指令》并未规定此类救济,而是留由成员国自行选择。一旦成员国法对此予以规定,欧洲法院的判例法就会对其进行"升级",使其符合有效性标准。欧盟仅在后续立法,尤其是2002年《劳动领域男女平等待遇指令》[121]以及欧盟强制性规定中才明文规定了损害赔偿这一救济措施。2002年《劳动领域男女平等待遇指令》第6条第2款现已被2006年《劳动领域男女平等待遇指令》[122]第13条所取代,该条在某种程度上将欧洲法院所发展的有效救济措施明文规定为一项强制性条款,从而使最初仅仅是可选择适用的损害赔偿制度趋于完整。

(三)有效原则与集体救济的相关性?

多位佐审官的意见已经认可了消费者组织或工会的集体救济措施(例如禁令)的有效性。佐审官特尔斯泰尼亚克在2011年12月6日就 Invitel 案的意见中写道:

4.35

> 作为实施集体权利的一种手段,集团诉讼(collective action)不仅提供了一种法律救济方式,还以有效震慑为特征。从上述判决可以看出,欧洲法院也认同这一评价。相较于个人诉讼,集团诉

---

[121] Directive 2002/73/EC of the EP and of the Council of 23 September 2002 amending Council Directive 76/207/EEC on the implementation of the principle of equal treatment for men and women as regards access to employment, vocational training and promotion, and working conditions [2002] OJ L 269/15.

[122] Recast Directive 2006/54/EC of the EP and the Council of 5 July 2006 on the implementation of the principle of equal opportunities and equal treatment of men and women in matters of employment [2006] OJ L 204/24.

讼有诸多优点。集团诉讼将消费者的共同利益捆绑在一起,使其有可能通过司法途径得到执行。通过集团诉讼,消费者保护协会赋予消费者发言权和影响力,这是处于弱势地位的消费者在孤立的诉讼中无法获得的。最后,集团诉讼有助于提高消费者的诉讼地位,使消费者在败诉时免于承担民事诉讼费用,而这种费用风险可能会阻却消费者单独维权,因为在将单个案件的较低价值和可能发生的诉讼费用相比较之后,消费者会认为不值得起诉。通过集团诉讼的方式成功维权,可以公平地平衡消费者和经营者的利益,这也表明,就消费者保护而言,个人诉讼与集团诉讼同样必要。[123]

然而,在这种情况下,有效原则并不像《欧盟基本权利宪章》第47条规定的那样与保护个人权利相关联,而是作为一种"抽象的救济"(abstract remedy),旨在"清理市场",排除其中的不公平条款和不公平商业实践,同时也是对歧视性行为的制裁。但问题在于,这些做法对消费者个人而言有什么影响?成员国法律有无义务纠正不公平条款或实践的相应后果(消除后果请求权)?[124] 这难道不是正确理解《欧盟基本权利宪章》第47条救济功能的结果吗?作为基本原则,受害人难道不应该有权利追讨不当支付的款项吗?[125] 对此,可以将 Invitel

---

〔123〕 C-472/10 *Nemzeti Fogyaszróvédelni Hatóság v Invitel* 〔2012〕ECR I-(26.04.2012),para 41;类似见 AG Jacobs, opinion of 27 January 2000, in C-195/98 *Öst. Gewerkschaftsbund, Gewerkschaft öffentlicher Dienst v Republik Österreich* 〔2000〕ECR I-10497,para 47。

〔124〕 相关讨论参见 H.-W. Micklitz/N. Reich,"Von der Missbrauchs-zur Marktkontrolle",EuZW 2013,457。

〔125〕 A. Hartkamp, *The Impact of EU Law on National Private Laws*, 2012, at para 134。

案理解为朝着这个方向迈出的第一步。[126] 法院写道：

> 因此，正如本案主要诉讼程序所涉，如果消费者合同中的某项格式条款在禁令诉讼中被认定为不公平条款，那么成员国法院就必须主动（并且就未来而言）承担本国法律规定的所有后果，以确保已签订包含此种不公平格式条款的合同的消费者不受该条款之拘束。[127]

2005年《不公平商业行为指令》下禁令的类似后果似乎被第3条第2款排除了，但欧洲法院在最近的 Pereničová 案中坚持主张：

> 依据《不公平条款指令》第4条第1款认定商业行为不公平，是管辖法院认定合同条款不公平的依据之一。[128]

欧洲法院似乎建议将集体救济和个人救济相关联，这一点须在未来加以发展。

就新兴的集体救济而言，反歧视法是另一则例子，在无法确定歧视性行为的个人受害者的情况下尤其如此。成员国有义务对拒绝与受歧视群体订立合同的不合理歧视行为进行制裁，无论该国是否规定了民事救济措施。[129] 正如施泰因多夫（Steindorff）在二十年前所坚持的，民法具有制裁功能。[130] 对《种族民族平等待遇指令》【边码3.7】中

4.36

---

[126] H.-W. Micklitz/N. Reich, "AGB-Recht und UWG-(endlich) ein Ende des Kästchendenkens nach Pernivoca und Invitel", EWS 2012, at 264.

[127] C-472/10 *Nemzeti Fogyaszróvédelni Hatóság v Invitel* [2012] ECR I-(26.4.2012), para 43.

[128] C-453/10 *Perenicova and Perenic* [2012] ECR I-(15.4.2012), para 42.

[129] N. Reich, YEL 2010, 112 at 141.

[130] E. Steindorff, *EWG-Vertrag und Privatrecht*, 1996, 303 ff.

某些特征(例如种族)进行歧视的情况下,民法的制裁也必须有效,佐审官波亚雷斯·马杜罗在2008年3月12日对比利时 Feryn 案[131]的意见中强调了这一要求。Feryn 案涉及一家"上开式"大门的生产商和安装商的种族歧视问题,他们宣称拒绝雇佣移民(案件中主要是阿拉伯裔),认为顾客会因忌惮被窃而不愿意用他们的产品。佐审官波亚雷斯·马杜罗指出:

> 关于制裁问题,《种族平等待遇指令》第15条规定,"成员国应制定适用于违反根据本指令通过的成员国法律条款的制裁规则,并应采取一切必要措施确保这些制裁规则得到实施。制裁可能包括向受害人支付赔偿,但必须有效、适当和有震慑性……"。此外,……成员国法院有义务采取一切适当措施,确保成员国履行义务,以实现指令规范目标。应由(提呈先予裁决的)成员国法院根据本国法的相关规定,来确定哪种救济措施适用于本案。但是,……纯粹的象征性制裁不足以起到震慑并禁止歧视的效果。因此,针对此类行为的法院禁令似乎是更适当的救济措施。总而言之,如果成员国法院认为存在违反平等待遇原则的情况,法院就必须采取有效、适当和有震慑性的救济措施。[132]

在2008年7月10日的判决中,欧洲法院基本采纳了佐审官波亚雷斯·马杜罗的意见,并允许雇主证明其实际招聘政策不存在歧视。但这种抗辩是存在问题的,因为此举并不能消除雇主公开发表的带有

---

[131] C-54/07 *Centrum voor gelijkheid van kansen en voor racismebestrijding* (*CGKR*) *v Firma Feryn NV* [2008] ECR I-5187; N. Reich, EuZW 2008, 229.

[132] C-54/07 *Centrum voor gelijkheid van kansen en voor racismebestrijding* (*CGKR*) *v Firma Feryn NV* [2008] ECR I-5187, paras 27-29.

明显歧视性言论的影响。而在救济措施问题上,欧洲法院允许成员国法院在遵守有效原则、比例原则和震慑原则的前提下采取多种替代方法:

> 如果与主要诉讼程序中的案件争议相契合,这些制裁措施在必要时可以由法院或主管行政机关认定存在歧视行为,同时进行充分公示,并由被告承担公示费用。根据成员国法律规定,还可以采取禁令的形式,要求雇主停止歧视性行为并酌情处以罚款。此外,还可诉请提起程序的机构赔偿损害。[133]

欧洲法院在最近一起涉及性取向歧视的 *ACCEPT* 判决中【边码3.38】坚持认为,"不能将纯粹象征性的制裁视为对2000年《建立雇佣和职业平等待遇一般框架指令》的正确和有效转化"【判决第64段】。

另一方面,不能在缺乏派生性法律基础的情况下径行将《欧盟基本权利宪章》第47条"升级"为一种提供集体救济的机制。这种解释显然有悖于《欧盟基本权利宪章》第51条第1款的有限适用范围,也违背了对"基本原则"排除任何直接效力的理解。必须将《欧盟基本权利宪章》第47条与现行欧盟法律及成员国转化法律中有关集体救济的规则结合起来理解。如前所述,《欧盟基本权利宪章》第47条允许"升级"(upgrading)现有的救济措施,但不允许"创设"(creation)新的救济措施。[134] 正如 *Feryn* 案所示,这两个概念可能很难区分,但这也构成欧洲法院基于《欧盟运行条约》第267条所享有的解释权限的

4.37

---

[133] C-54/07 *Centrum voor gelijkheid van kansen en voor racismebestrijding (CGKR) v Firma Feryn NV* [2008] ECR I-5187, para 39.

[134] N. Reich, *Individueller und kollektiver Rechtsschutz*, 2012, 50 ff.

一部分。因此,在消费者保护和非歧视案件中,将现行禁令的集体救济扩大到个人赔偿,这当然属于欧洲法院的管辖范围,但在竞争或反歧视案件中,创设一种独立的损害赔偿集团诉讼,则不属于欧洲法院的管辖范围。当然,就欧盟立法中引入集体救济措施而言,《欧盟基本权利宪章》第47条可以作为一项法政治论据。

例如,2000年《种族平等待遇指令》第7条第2款、2000年《建立雇佣和职业平等待遇一般框架指令》第9条第2款以及2004年《关于接纳第三国国民的学习、交换学生、无偿培训或志愿服务条件的指令》第8条第3款都规定,在歧视案件中,由非政府组织寻求"集体救济",而这些非政府组织是根据成员国法律成立,并在确保遵守非歧视规定方面具有合法权益的社团、组织或其他法律实体。但是,这些非政府组织只能在有限情形下提起诉讼,专门为受歧视者提供支持,并且此类诉讼须以受害者的同意为前提。不同于消费者案件,禁令在《欧盟基本权利宪章》中并无明文规定,这是反歧视法律中一个令人遗憾的法律漏洞,并且,根据《欧盟基本权利宪章》第47条的有效原则进行的解释也无法填补这一漏洞。这种解释显然违背立法者意愿。另一方面,由于指令在救济性保护领域也仅规定了最低要求,成员国可以规定比指令更高的标准,允许非政府组织采取"独立"的诉讼和禁令。根据对等原则【边码4.3】,针对违反成员国法规定的权利的集体救济,也必须适用于那些违反欧盟权利的行为。但这一扩展并未创设任何新的欧盟法律基本原则,其仅旨在以与成员国法的权利相同的方式对待欧盟法律权利。

九、结语：有效原则，效力如何？

正如本章欧洲法院判例法所呈现的，只要是在欧盟法律的适用范围内，有效原则无疑对成员国民法产生了深远影响。在欧盟法律影响下"重塑"的救济成为了一种"混合体"，这些救济措施以成员国的实体或程序性规定为起点，因而遵守了成员国的"救济自主和程序自主"。欧盟法律将使这些救济措施符合《欧盟基本权利宪章》第47条和《欧盟条约》第19条第1款规定的原则。成员国法院必须适用欧洲法院"重塑"的救济措施，并排除与之冲突的国内法。这种方法还推广了欧洲法院在 *Kücückdevici* 案中的做法，使指令在一定程度上具有横向直接效力。但对有效原则的这种广泛延伸并不符合集体救济的要求，集体救济只是遵循了不甚严格的对等原则，即欧盟法上的权利必须享有与成员国法上权利相同的保护手段。欧盟法律上的集体救济取决于成员国法上的类似诉讼是否适用集体救济。[135]

4.38

本章参考文献

1. F. Benyon (ed.), *Services and the EU Citizen*, 2013.

2. U. Bernitz et al. (eds.), *General Principles of Community Law as a Process of Development*, 2008.

3. U. Bernitz et al. (eds.), *General Principles of EU law and Private Law*, 2013.

4. U. Bernitz/N. Reich, "Comment to the judgment of the Swedish Arbetsdomsto-

---

[135] Recommendation of the Commission "Towards a Horizontal Framework for collective Redress", COM (2013) 401/2 of 11.6.2013.

len of 2.12.2009 in Laval", CMLRev 2011, 603.

5. R. Brownsword et al. (eds), *The Foundations of European Private Law*, 2011.

6. T. Eilmannsberger, *Rechtsfolgen und subjektives Recht im Gemeinschaftsrecht*, 1997.

7. T. Eilmannsberger, "The relationship between rights and remedies in EC-Law: In search of the missing link", CMLRev 2004, 1198.

8. W. van Gerven, "Of Rights, Remedies, and Procedures", CMLRev 2000, 501.

9. A. Hartkamp, *European Law and National Private Law*, 2012.

10. H. Koziol/R. Schulze (eds.), *Tort Law of the European Community*, 2008.

11. J. Lindholm, *State Procedure and Unions Rights*, 2007.

12. D. Leczykiewicz, "The Constitutional Dimension of Private Liability Rules in the EU", in: D. Leczykiewicz/S. Weatherill (eds.), *The Involvement of EU Law in Private Law Relationships*, 2013, 199.

13. C. Mak, "Rights and Remedies. Article 47 EUCFR and Effective Judicial Protection in European Private Law Matters", in: H.-W. Micklitz (ed.), Collected Courses EUI Summer School "The Constitutionalization of European Private Law", 2013 (forthcoming).

14. H.-W. Micklitz/N. Reich/P. Rott, *Understanding EU Consumer Law*, 2009.

15. H.-W. Micklitz/B. de Witte (eds.), *The ECJ and the Autonomy of Member States*, 2012.

16. D. Poelzig, *Normsetzung durch Privatrecht*, 2013.

17. N. Reich, *Individueller und kollektiver Rechtsschutz im EU-Verbraucherrecht-Von der "Nationalisierung" zur "Konstitutionalisierung" von Rechtsbehelfen*, Schriftenreihe der Juristischen Studiengesellschaft Hannover Bd. 51, 2012.

18. N. Reich, "The interrelation between rights and duties in EU Law: Reflections on the state of liability law in the multilevel governance system of the Union-Is there a need for a more coherent approach in European private law?", YEL 2010, 112.

19. N. Reich, "The Principle of Effectiveness and EU Private Law", in: V. Bernitz et al., *General Principles of EU Law and European Private Law*, 2013, 301.

20. O. Remien (ed.), *Schadenersatz im Europäischen Privat-und Wirtschaftsrecht*, 2012.

21. K. Riesenhuber (ed.), *Europäische Methodenlehre*, 2010.

22. H. Rösler, *Europäische Gerichtsbarkeit auf dem Gebiet des Zivilrechts*, 2012.

23. P. Rott, "The ECJ's Principle of Effectivness and its Unforseeable Impact on Private Relationships", in: D. Leczykiewicz/S. Weatherill (eds.), *The Involvement of EU Law in Private Law Relationships*, 2013, 181.

24. R. Schulze (ed.), *Compensation of Private Losses*, 2011.

25. R. Schulze, *European Private Law -Current Status and Perspectives*, 2011.

26. V. Trstenjak/E. Beysen, "European Consumer Protection Law: *Curia semper dabit remedium*?", CMLRev 2011, 95.

第五章
平衡原则

目次

一、引言：关于欧盟民法中平衡的对话　　185

二、不公平条款裁判中的平衡：透明度、"核心条款"和不公平性审查　　188

 （一）英国最高法院的商法平衡路径　　189

 （二）德国联邦法院适用的平衡　　191

 （三）欧盟对"分散平衡"的偏好　　193

三、避免"过度保护"的平衡方法　　198

 （一）针对所谓"过度保护"的"民法原则"及其限制？　　198

 （二）劳动者保护中的平衡：Paletta I & II 案中权利滥用的模糊概念　　202

四、"平衡"在社会冲突中的作用：基本权利 vs.基本自由？　　204

 （一）欧洲法院作为社会冲突的最终裁判者？　　204

 （二）佐审官波亚雷斯·马杜罗的意见　　206

 （三）欧洲法院在 Viking 案中的裁判方法　　208

  1. 芬兰海员工会的情况　　208

  2. 国际运输工人联合会的特殊情况　　209

  3. 如何平衡牵涉不同自治实体的"横向冲突"？　　210

五、结语　　214

本章参考文献　　216

一、引言：关于欧盟民法中平衡的对话

本章将讨论欧盟宪法上的一些众所周知的观点，即需要平衡 （balance）看似相互矛盾的立场，这些立场都要求在《欧盟基本权利宪章》的众多"权利"或"原则"中保护自己的利益。以欧洲法院的 *Promusicase* 案〔1〕为起点【边码 1.8】，该案涉及《欧盟基本权利宪章》第 17 条和第 47 条的知识产权保护权与第 7 条和第 8 条的隐私权和人格权保护的平衡问题。法院写道：

5.1

> 因此，本项先予裁决申请提出了一个问题：对保护不同基本权利的要求需要进行调和，即一方面是尊重私人生活的权利，另一方面是保护财产权和获得有效救济的权利……所以，成员国在转化上述指令时，必须注意遵循这样一种对指令的解释，即能够在共同体法律秩序所保护的各项基本权利之间取得适当平衡。此外，成员国当局和法院在执行这些指令的转化措施时，不仅必须以与指令相符的方式解释国内法，还必须确保其所依赖的指令解释不会与这些基本权利或共同体法的其他基本原则（例如比例原则）相抵触。〔2〕

在新近的 *Sky* 案中，欧洲法院也使用了类似方法【边码 1.13】：

> 首先，考虑到确保《欧盟基本权利宪章》第 11 条所保障的接收

---

〔1〕 C-275/06 *Productores de Música de España*（*Promusicae*） v *Telefónica de España SAU*［2008］ECR I-271.

〔2〕 C-275/06 *Productores de Música de España*（*Promusicae*） v *Telefónica de España SAU*［2008］ECR I-271, paras 65 and 68.

信息的基本自由(the fundamental freedom to receive information)和媒体的自由与多元化的重要性,其次,鉴于《欧盟基本权利宪章》第16条所保障的对营业自由的保护,欧盟立法机构有权通过像2010年《视听媒体服务指令》第15条那样的限制营业自由的规则,并在对相关的权利和利益进行必要的平衡中,将公众获得信息的权利,置于比合同自由更优先的地位。[3]

本章将论证,作为欧盟法的一项宪法原则,平衡原则(the principle of balancing)对欧盟民法也具有重要意义和相关性。对此,美国法理学家邓肯·肯尼迪(Duncan Kennedy)从跨国视角反思了民法方法论中有趣的相互冲突的同步发展,其观点或有参考价值。他认为,"在平衡时,我们其实是在众多可行的备选方案中选择一项规范(而不是选择获胜一方),理由是该规范能最好地平衡或结合相互冲突的规范性考量因素"[4]。这种在宪法学上众所周知的方法论,已使得民法的法律思维向法外考量"开放",尽管这种"开放"表现得相互冲突、不尽连贯。对邓肯·肯尼迪所称的"古典法律思想"(Classical Legal Thought, CLT)的更抽象的法律推理的许多追随者而言,这种"开放"接近于政策制定。人们担心,民法作为这种"开放"的一部分,尤其在有成文法传统的国家,会丧失其"纯粹性",即为了高效的市场经济而确保合同主体"自由意志"得到执行。传统民法上广泛存在的任意性规范,是在一定程度上将旨在最大程度降低交易成本的理性当事人在知晓潜

---

[3] C-283/11 *Sky Österreich v Österreichischer Rundfunk* [2013] ECR I-(22.01.2013), para 66.

[4] D. Kennedy, "A Transnational Genealogy of Proportionality in Private Law", in: R. Brownsword et al. (eds), *The Foundations of European Private Law*, 2011, 185.

在冲突的情况下本会写入合同的内容制定为法律规范。[5]但不同于（传统民法）所盛行的任意性规范，（欧盟）民法被强制性规范所"腐蚀"，这些规范旨在保护弱势主体（第二章），将非歧视等宪法价值强加于自由交易（第三章），并且必须得到有效执行（第四章）。

即使是肯尼迪提到的《共同参考框架草案》【DCFR，参见边码0.10和6.6】[6]，似乎也被这种基于平衡而在民法中更多以实质正义为导向的趋势所"污染"。[7]在这种情况下，"平衡"成为一个非常复杂且备受争议的问题，超越了基于意思自治而几乎不受拘束的传统民法的双方当事人关系，但本书并不认可传统民法的这种双方当事人架构，因为"有限"自治概念【边码1.3】即是欧盟民法区别于成员国私法的特征之所在。后文将展示，"平衡"可以在欧洲多层次的司法体系中找到，平衡始终与"古典法律思想"相对抗，后者是基于抽象、形式性和"原则化"的法律推理，旨在捍卫意思自治不受法外原则和价值观的侵入。本章研究将立足如下三个领域，在这些领域，平衡的表现方式各异，且在某种程度上相互冲突：

5.2

第一个领域是在根据《不公平条款指令》对消费者合同的不公平条款进行司法控制时，所谓的"价格论据"（price argument）【边码5.3至5.8】；

第二个领域是针对潜在"过度保护"弱势主体的【边码5.9至

---

[5] 关于协调的经济学方法，参见 F. Gomez/J. Januza, "The Economics of Private Law Harmonised Law-making: Mechanisms, Modes and Standards", in: R.Brownsword et al. (eds), *The Foundations of European Private Law*, 2011, 115。

[6] C. von Bar/E. Clive/H. Schulte-Nölke (eds), *Principles, Definitions and Model Rules of European Private Law, Draft Common Frame of Reference* (*DCFR*), outline ed. 2009.

[7] 参见 H. Eidenmüller et al., "Der Gemeinsame Referenzrahmen für das Europäische Privatrecht-Wertungsfragen and Kodifikationsprobleme", Juristenzeitung 2008, 529; OxfJLSt 2008, 659; R. Schulze (ed), *Common Frame of Reference and Existing EC Contract Law*, 2008。

5.11】,看似矛盾、不一致的相对立"民法(基本)原则"的形成;

第三个领域是作为欧盟劳动关系基本权利或基本原则的"集体自治概念"(collective autonomy concept)与条约中的自由流动条款相冲突【边码 5.12 至 5.17】。

二、不公平条款裁判中的平衡:透明度、"核心条款"和不公平性审查

5.3　　在欧盟民法中,最困难且讨论最多的问题之一,就是如何划定意思自治的界限,这一点在第一章"'有限'自治"中已有讨论。对此,最近有关 1993 年《不公平条款指令》[8]解释和适用的诉讼或对理解意思自治的界限有所助益。讼争问题涉及对《不公平条款指令》第 4 条第 2 款的理解:

> 对合同条款公平性的评估,既不应涉及合同主要内容的定义,也不应涉及给付与对待给付的均衡性,只要这些条款所用的语言通俗易懂。

这项"最后一刻"提出的修正案的立法史有些混乱,难以用于解释目的。[9]欧盟立法者似乎是将如下两项重要原则合二为一,而这

---

[8] Council Directive 93/13/EEC of 5 April 1993 on unfair terms in consumer contracts [1993] OJ L95/29.

[9] L. Niglia,*The Transformation of Contract in Europe*,2003,139;H.-W. Micklitz/N. Reich/P. Rott, *Understanding EU Consumer Law*,2009,para 3.11;该修正案的"起源"常见于如下文献,参见 H. Brander/P.Ulmer,"The Community Directive on Unfair Terms in Consumer Contracts-some critical remarks on the proposal submitted by the EC Commission",CMLRev 1991,647 at 656,其中坚持认为,法院对价格和所提供的商品或服务之间关系的合理性或等价性的任何司法控制都是"对自由市场经济基本原则的诅咒"。

两项原则被认为对所有基于有效竞争的市场经济均具指导意义：

其一，消费者合同中预设条款的透明度原则；

其二，一旦满足透明度要求，所谓的"核心条款"（core-terms）将被排除在第3条第2款不公平性审查范围之外。

经由英国、德国和欧盟三个司法辖区的新近诉讼，我们可以分析法官在处理欧盟立法者提出的问题时所持的不同前见【*Vorverständnisse* 参见边码0.2】。对此，有必要作简要说明。

（一）英国最高法院的商法平衡路径

在2009年11月25日的 *Office of Fair Trading v Abbey National et al.* 案判决中，英国最高法院（前身为上议院）解释了《不公平条款指令》第4条第2款[10]，该案涉及英国银行对"无存款"消费者收取下列费用的争议做法： 5.4

一是"透支超额费用"（overdraft excess charges），在某种程度上类似于2008年《消费者信贷指令》[11]第12条意义上的"透支"；

二是有担保的已付款项目费用"（guaranteed paid item charges）；

---

〔10〕 *Office of Fair Trading v Abbey National et al* [2009] UKSC 6 (on appeal from [2009] EWCA Civ 116)，批判性评论参见 S. Whittaker, "Unfair Contract Terms, Unfair Prices and Bank Charges", ModLR 2011, 106; M. Kenny, "Orchestrating Consumer Protection in Retail Banking: *Abbey National* in the Context of Europeanized Private Law", ERPrL 2011, 43。英国最高法院参考了其在早先案件中的判决，见 *Director General of Fair Trading v First National Bank* [2001] UKHL 52;[2002] 1 AC 481;批判性分析参见 H.-W. Micklitz, "Case note: House of Lords-*Fair Trading v National Bank*", ERCL 2006, 471; H.-W. Micklitz, "Zum englischen Verständnis von Treu und Glauben in der Richtlinie 93/13/EWG", ZEuP 2003, 865; H.-W. Micklitz, *The Politics of Judicial Co-operation*, 2005, 418。

〔11〕 概述参见 H.-W. Micklitz/N. Reich/P. Rott, *Understanding EU Consumer Law*, 2009, para 5.8。

三是"未付款项目费用"（unpaid item charges）；

四是"已付款项目费用"（paid item charges）。

正如曼斯勋爵（Lord Mance）所承认的【判决第 105 段】，这些费用约占银行支付服务收入的 30%，在某种程度上，那些"无存款"客户，即那些较有资金需要的客户，大大补贴了"有存款"客户，即那些经济状况较佳而无须支付这些费用的客户。假定上述列有不同收费内容的条款本身满足透明度要求，那么问题就在于，这些条款是否为不公平条款，又或者，这些条款能否被认定为"核心条款"，从而被排除在《不公平条款指令》第 4 条第 2 款的适用范围之外。

5.5 就讼争收费条款适用《不公平条款指令》第 4 条第 2 款（或是英国转化《不公平条款指令》[12]的相应规定）的请求，英国高等法院和上诉法院在极为详细的判决中不仅均予以驳回，而且用欧盟法律上众所周知的原则，来对指令的例外情形作狭义解释，并将欧洲法院多次重申的《不公平条款指令》的消费者保护目标纳入考量。[13] 英国高等法院和上诉法院的论点大致相同，认为一部分讼争条款涉及附加收费，这些费用或是对未提供的服务收费，或是与交易的"核心条款"（即基于合同等价交换关系提供的服务）并不相关的收费。

5.6 英国最高法院的做法是颠覆性的。从上议院法官的表态中可以看出，他们对消费者保护的观念是一种纯粹以市场为导向的商事前见（commercial *Vorverständnis*）。由此观之，《不公平条款指令》或多或少更

---

[12] Unfair Terms in Consumer Contract Regulations 1994, S.I. No. 3159, as adjusted by S.I. 1999 No. 2083；详见 G. Howells/S. Weatherill, *Consumer Protection Law*, 2nd ed. 2005, para 5.3 at pp. 267.

[13] 例如，参见 C-243/08 *Pannon* [2009] ECR I-4713, para 22。

关注消费者的选择，而不是保护消费者免受不公平条款的侵害。正如沃克勋爵(Lord Walker)所言，"银行向往来客户提供的服务是一揽子类似的服务"【判决第 40 段】。菲利普斯勋爵(Lord Phillips)也赞同这一观点【判决第 89 段】。曼斯勋爵详细分析了该条款的立法史，否定了"核心"和"非核心"条款("essential" and "non-essential" terms)之间的区别【判决第 112 段】。如果消费者"购买"的一揽子服务不是以"信贷"方式进行，那么就包括所有前述费用，由此，"根据合同应支付的任何货币价格或报酬"不属于"不公平性审查"(the unfairness test)的范畴。只有附属条款(ancillary provisions)才落入"不公平性审查"的范围。

上述判决在多个方面招致批评。首当其冲的，当然是法院未能依据《欧盟运行条约》第 267 条第 3 款(原《欧洲共同体条约》第 234 条第 3 款)向欧洲法院申请先予裁决。其次是判决大幅缩小了不公平性审查的范围，即便是那些仅间接涉及"一揽子价格"的条款也被排除在审查范围之外。最后，更重要的是，上议院对消费者法的功能存有以下偏见：他们认为，消费者法的功能并不是平衡银行和消费者之间不平等的权力分配，并由此来保护弱势主体【边码2.1】，而是将消费者理解为理性市场主体，即消费者是在"要么接受，要么离开"的基础上，对(银行提供的)一揽子服务进行选择，而法官无意干预这种服务的"性价比"。

(二)德国联邦法院适用的平衡

德国联邦法院不得不对类似案件作出裁判，但法院从明确区分"附属性条款"(关于价格的附属性约定)和"价格条款"的角度出发，得出了迥异的结果。"价格条款"包含了"核心条款"，根据德国

5.7

法,"不公平性审查"不能适用于"核心条款",德国法的规范方式与《不公平条款指令》略有不同,但立法目的是相似的。[14]

在一起与英国最高法院审理案件类似的银行收费案中,德国联邦法院并未援引《不公平条款指令》第4条第2款,而是援引了德国法(一定程度上也包括欧盟法)对一次性支付赔偿条款(lump-sum payments for damages clauses)进行审查(内容控制)的一项规定。德国联邦法院通过对概念的"技术处理",来实现对银行收费的(内容)控制,即重新界定银行的费用条款,将之定义为违约金条款和损害赔偿条款,而不是价格条款。

然而,重新界定"冲突利益"(conflicting interests)的上述方法并未持续下去。值得一提的是,德国联邦法院在1997年10月14日作出的后续判决中,就银行和信用卡提供商对在境外使用信用卡(收取)特别费用的格式条款的内容控制问题[15],法院略微修正了此前的概念论证,否认了这种条款的(内容)控制。德国联邦法院在未提及欧盟法律,尤其是《不公平条款指令》第4条第2款的情况下指出[16],不仅与服务对价有关的一般条款不属于不公平条款内容控制的范畴,那些在法律上未作规制的特别服务(特别给付)条款(*Sonder-*

---

　　[14] 1993年11月30日判决参见BGHZ 124,254。2012年11月13日的新近判决确认,禁止对所谓的"P账户",即扣押保护账户(Pfändungsschutzkonto,这是一种立法者为保护客户免受扣押而引入的特殊账户)收取额外费用,参见VuR 2013,105。此外参见 M. Kenny,"Orchestrating Consumer Protection in Retail Banking:Abbey National in the Context of Europeanized Private Law", ERPrL 2011, at 58,作者从风险分配的效率论点出发,对这一判例的负面影响进行了批评。

　　[15] BGHZ 137, 27 at 30.

　　[16] 相关批评,参见 J. Basedow, "Die Klauselrichtlinie und der EuGH-eine Geschichte der verpassten Gelegenheiten", in:H. Schulte-Nölke/R. Schulze (eds), *Europäische Rechtsangleichung und nationales Vertragsrecht*, 1999, 277, 285。

leistung)也不属于内容控制范畴。法院坚持意思自治原则,允许银行自主制定价格条款。由于所有提供商都以近乎垄断的方式收取特别费用,消费者通常会认为,在境外使用银行卡理应支付特别费用。

德国联邦法院之后在 2010 年 3 月 24 日作出了一项广为人知的后续判决[17],同与终端消费者签订的天然气供应合同中的条款有关,即天然气价格与轻油市场价格挂钩条款。德国联邦法院并未讨论价格条款的一般性问题,即与《不公平条款指令》第 4 条第 2 款有关的问题,而是径行认定,由于违反《德国民法典》第 307 条第 1 款第 1 项关于禁止不适当地损害消费者利益("不合理地歧视公用事业公司的消费者")的规定,价格条款无效。

德国联邦法院的上述不同判决表明,法官在裁判时对讼争格式条款的适当性、公平性的前见,似乎比判决中提到的概念框架更为重要。这种(依赖前见裁判的)方法可能对法律的明确性并无助益,但其至少允许对采取何种路径作开放性讨论,以在个案中得出公正的处理结果。

(三)欧盟对"分散平衡"的偏好

根据上述理解,在控制与价格条款相关的不公平条款时,决定性的控制工具并不是《不公平条款指令》第 3 条第 2 款的"公平性审查"(fairness test),而是第 4 条第 2 款的"透明度审查"(transparency test)。尼利亚(Niglia)曾指出《不公平条款指令》给欧洲合同法带来的改变:

5.8

---

〔17〕 VIII ZR 178/08,NJW (Neue Juristische Wochenschrift) 2010,2789;详见 H.-W. Micklitz, *Brauchen Konsumenten und Unternehmen eine neue Architektur des Verbraucherrechts? Gutachten A zum 69. Deutschen Juristentag*,2012,A 73-75。

每当法官解读《不公平条款指令》中需要考量的一系列市场因素时,以市场为导向的合同法词汇已经取代了以规则为基础的传统合同法词汇,这一点在各个方面都愈发明显。[18]

此外,Ausbanc 案[19]有助于分析欧盟消费者保护的前见问题。佐审官特尔斯泰尼亚克在 2009 年 10 月 29 日作出的案件意见,有助于理解该诉讼的范围和重要性。在涉及意思自治的范围和限制的多个私法领域,特尔斯泰尼亚克已经对欧盟特有的平衡理论(EU-specific theory of balancing)作出了重大贡献。例如,在最近有关上门交易[20]、消费者买卖[21]和不公平商业实践[22]的判例中,欧洲法院最终都坚持了平衡理论。

Ausbanc 案涉及上议院默示裁决(implicitly decided)的一项问题,即《不公平条款指令》第 4 条第 2 款在格式条款不公平性内容控制中的地位。当时的西班牙法律还未按照欧共体法的最低限度协调原则转化《不公平条款指令》第 4 条第 2 款。西班牙最高法院提交先予裁决的问题是,这种排除对价格"核心条款"不公平性的控制是否构成了妨碍。佐审官特尔斯泰尼亚克将《不公平条款指令》第 4 条第 2 款作

---

[18] L. Niglia, *The Transformation of Contract in Europe*, 2003, at 190.

[19] C-484/08 *Caja de Ahorros y Monte de Piedad de Madrid v Asocación de Usuarios de servicios bancarios* (*Ausbanc*) [2010] ECR I-4785;案件说明参见 J Stuyck,ERCL 2010,449.

[20] 佐审官特尔斯泰尼亚克关于对 1985 年《上门交易指令》规定的依职权保护消费者撤回权的后果的平衡方法,参见 C-227/08 *Martin*, opinion of AG Trstenjak, paras 79-83.

[21] C-404/06 *Quelle v Bundesverband der Verbraucherzentralen* [2008] ECR I-2685, opinion of AG Trstenjak, para 51.

[22] 参见 207/07 *Gysbrechts* [2008] ECR I-9949,opinion of AG Trstenjak of 17 July 2008;相关批评参见 H.-W. Micklitz/N. Reich, VuR 2008,349。

为意思自治和弱势主体(消费者)保护之间冲突的焦点【佐审官书面意见第 39 段】。问题在于,成员国有无权利将不公平条款的控制扩大到交易的核心内容,还是如英国最高法院所言,竞争和透明度足以保护消费者?

佐审官的论证在很大程度上是对最低限度协调原则的法律论证。最低限度协调概念允许成员国在如何保护消费者的问题上享有广泛的裁量空间,但同时禁止降低消费者保护水平【佐审官书面意见第 86 段】。更重要的是,佐审官就《不公平条款指令》对"利益"平衡以及欧盟法律在此背景下的特殊作用发表了意见。由此,诸如开放市场经济、竞争和基本自由这些欧盟法律基本原则并未使指令第 4 条第 2 款具有强制性。佐审官主张对《不公平条款指令》第 4 条第 2 款作限缩解释,而不是像英国最高法院判决那样作扩大解释,第 4 条第 2 款规定并没有涵盖价格条款的所有方面【佐审官书面意见第 41 段】。

在随后的判决中,欧洲法院坚持《不公平条款指令》的消费者保护目标【边码 2.5】:

> 根据既有判例法,《不公平条款指令》引入的保护体系是基于这样一种理念,即相较于出卖人或供应商,消费者在交涉能力和知识水平上均处于弱势地位,导致消费者只能同意由出卖人或供应商预先拟定的合同条款,而无法对这些条款的内容施加影响。[23]

欧洲法院的现行判例遵循了佐审官特尔斯泰尼亚克的思路,明示

---

〔23〕 C-484/08 *Caja de Ahorros y Monte de Piedad de Madrid v Asocación de Usuarios de servicios bancarios*(*Ausbanc*)〔2010〕ECR I-4785, para 27.

了消费者保护规则的重要性。一些学者甚至主张,对欧盟法律采取"存疑时有利于消费者"(in dubio pro consumatore)的解释思路。[24]这种观点未来能否继续,目前仍未可知。有迹象表明,欧洲法院倾向于支持(欧盟立法的)完全协调,但此举会削弱成员国的消费者保护力度。[25]若是按照英国最高法院的解释,这将极大地限缩不公平性审查的范围,并使消费者保护降格为消费者选择(consumer choice)。

新近的 RWE 案[26]涉及家用天然气供应的单方面涨价条款。作为一个地区性的消费者咨询中心,德国北威斯特法伦州消费者中心代表二十五名消费者,对德国最大的天然气供应公司之一提起代表诉讼(representative action)。被告公司在特殊合同(special contracts)的格式条款中提到了单方面变更天然气价格的法律规定,但未说明理由。欧洲法院认为,《不公平条款指令》第1条第2款所提及的法律规定仅适用于标准计费合同(standard tariff contracts),不适用于特殊合同。针对德国联邦法院提呈的先予裁决问题,欧洲法院根据《不公平条款指令》第4条第2款和第5条的透明度要求以及2003年《内部市场天然气指令》[边码3.19]的类似规定,对价格变更条款进行了审查,认为:

---

[24] H. Rösler, "Auslegungsgrundsätze des Europäischen Verbrauchervertragsrechts in Theorie und Praxis", RabelsZ 2007, 495; K. Tonner/M. Tamm, " Zur Auslegung des europäischen Verbrauchervertragsrechts-insbesondere zur Auslegungsregel 'in dubio pro consumatore'", in: L. Thévenoz/N. Reich (eds), *Liber amicorum B. Stauder*, 2006, 527; 批评意见参见 K. Riesenhuber, "Kein Zweifel für den Verbraucher", Juristenzeitung 2005, 831; K. Riesenhuber, *Europäische Methodenlehre*, 2006, 264, 作者提出了不同方法,主张将消费者原型(consumer leitbild)作为解释基础。另见新近论文 V. Trstenjak/E. Beysen, "European Consumer Protection Law: *Curia Semper Dabit Remedium*?", CMLRev 2011, 95。

[25] 相关概述参见 N. Reich, "Von der Minimal-zur Voll-zur 'Halbharmonisierung'", ZEuP 2010, 7 at 10。

[26] C-92/11 *RWE Vertrieb v Verbraucherzentrale NRW* [2013] ECR I-(21.03.2013).

然而,这种允许单方面调价的标准条款必须符合上述指令规定的诚信、平衡和透明度的要求。[27]

供应商必须在提价前及时通知消费者,并告知其有权终止合同。欧洲法院坚持维护这种(信息)告知的有效性和终止合同的权利,因而遵循了先前的判例【边码4.16】:

无论是在供应合同的缔约阶段,还是在合同履行期间,必须将供应商单方面变更合同条款的权利告知消费者,这种严格的要求旨在平衡双方当事人利益。除了供应商享有防范情势变更(change of circumstances)的合法利益(legitimate interest)外,消费者也享有同样的正当利益。首先,消费者有权了解并因此能够预见情势变更给他带来的可能后果。其次,一旦出现情势变更,消费者有权获得相关信息,以便对新情况作出最适当的回应。对于消费者在供应商单方面变更供应合同价格条款时终止合同的权利而言,至关重要的是……消费者享有的合同终止权不是纯粹形式性的权利,而是可以实际行使的权利。如果出于与行使终止权的方法或与市场条件相关的原因,消费者事实上无法更换供应商,或者消费者没有及时得到有关即将发生变化的适当通知,使其无法了解新费率的计算方式或是在了解计算方式后酌情更换供应商,那么情况就将有所不同。必须特别考量的因素包括:相关市场是否具有竞争性、消费者终止合同可能付出的代价、从发出通知到新的价格条款生效之间的时间间隔、通知时提供的信息,以

---

[27] C-92/11 RWE Vertrieb v Verbraucherzentrale NRW [2013] ECR I-(21.03.2013), para 47.

及更换供应商所需承担的费用和花费的时间。[28]

对消费者个体审查涨价条款合法性的能力,欧洲法院似乎信心十足。这种乐观的态度,再次印证了本书对欧洲法院在弱势主体保护上纯粹个人主义概念的批评【边码 1.15】。另外,这些信息告知对消费者集体利益的保护也是必要的,例如在 RWE 案中,北威斯特法伦州消费者中心通过消费者或用户协会提起诉讼。从这一更广泛的角度来看,平衡似乎已经成为格式条款司法控制的核心内容,平衡也让欧盟法律对消费者格式合同实现了更深入的干预,从而落实"诚信"原则和透明度原则【边码 7.5】。

三、避免"过度保护"的平衡方法

(一)针对所谓"过度保护"的"民法原则"及其限制?

5.9 　　欧洲法院使用平衡方法的另一个领域涉及以下情形:根据欧盟条例或指令来保护弱势主体,导致了"过度保护",这些条例或指令大多涉及作为"'有限'自治"概念一部分的消费者保护【边码 1.20】,而至少在成员国管辖法院看来,这种"过度保护",应通过成员国法允许的某种"平衡"方法加以纠正,例如诚信、权利滥用或避免不当得利等规则。以 Messner 案[29]为起点,该案涉及的问题是,如果消费者使用通过远程合同购买的商品存在不当,随后撤回合同,出卖人能否依据国

---

[28] 参见 C-92/11 RWE Vertrieb v Verbraucherzentrale NRW [2013] ECR I-(21.03.2013), paras 53-54 (强调系后加)。

[29] C-489/07 Messner v Firma Stefan Krüger [2009] ECR I-7315.

内法(德国法)向消费者主张损害赔偿。与之相关的 1997 年《远程合同指令》似乎排除了损害赔偿权利,但德国法规定了这项权利。欧洲法院的回复很隐晦:

> 然而,尽管 1997 年《远程合同指令》旨在保护远程合同这种特殊情形下的消费者,但指令并不是要赋予消费者超出有效行使撤回权所必需的权利。因此,基于指令规范目标,尤其是指令第 6 条第 1 款第 2 句和第 6 条第 2 款规定的禁止适用撤回权的情形,指令原则上并不排除成员国制定规则,在消费者以不符合民法基本原则(像诚信或不当得利这些民法原则)的方式使用了通过远程合同购买的商品时,出卖人有权要求消费者进行合理赔偿。[30]

欧洲法院"像诚信或不当得利这些民法原则"的表述引发了广泛讨论,即究竟在多大程度上,可以认为欧盟民法存在这些原则,以及如果存在,其又源自何处。有此讨论的原因在于,这些原则并不定然存在于欧盟所有成员国的法律秩序之中【边码 0.3】,尤其是,"诚信"原则虽然见诸《共同参考框架》[31]等欧盟新近"软法",但英国法上并无"诚信"原则(详见第七章)。

欧洲法院在后续案件中也有类似表述,但背景略有不同。在 Hamilton 案中[32],欧洲法院根据 1985 年《上门交易指令》考量了撤回权的失权问题:

> 有关撤回权行使的条款(即《上门交易指令》第 5 条第 1

---

[30] C-489/07 *Messner v Firma Stefan Krüger* [2009] ECR I-7315, paras 25-26.

[31] 参见佐审官特尔斯泰尼亚克在 2009 年 2 月 18 日就 *Messner* 案作出的书面意见第 85 段。

[32] C-412/06 *Hamilton v Volksbank Filder* [2008] ECR I-2383, para 42.

款)规定,除非另有规定,"消费者有权放弃其作出的(合同)承诺/义务的效力"。该款所用"承诺"(undertaking)一词表明,……只要消费者在行使撤回权时不受被撤回的合同的任何承诺之拘束,其即可行使撤回权。这一逻辑源于一项民法基本原则,即作为一般规则,全面履行合同的结果,要么是履行合同中当事人各自所负的义务,要么是解除合同。

在 Friz 案[33]中,欧洲法院也有类似提法,案件涉及撤回封闭式不动产基金的法律后果,根据《上门交易指令》的文义,撤回并不能完全免除消费者的义务:

> 《上门交易指令》中没有任何规定免除了特定情形下消费者对经营者所负的义务,也没有任何规定排除了消费者根据具体情况承担因行使撤回权而产生的特定(法律)后果。基于这一考量,有必要确定《上门交易指令》是否允许这样的一项成员国规则存在,即如果消费者注销了以合伙形式设立的封闭式不动产基金的成员资格,那么该消费者作为合伙人的权利,应按照退伙之日的权益价值计算。该案中,主要诉讼程序涉及的成员国规则似乎就是如此。正如(提呈先予裁决的成员国管辖法院)在其裁决中指出的,该规则旨在依据民法基本原则,确保在各利益相关方之间实现妥适平衡和风险公平分配。

上述案件中,似乎清晰可见的是,即便此种判例法招致诸多

---

[33] C-215/08 *Friz GmbH v Carsten von der Heyden* [2010] ECR I-2947, paras 45-48.

批评[34],但欧洲法院无意确立新的民法(基本)原则,而是允许成员国法院依据本国法律来平衡不同利益,相关的欧盟法律工具则采取了看似严格的措辞,以避免无意中"过度保护"消费者。因此,对 1985 年《上门交易指令》和 1997 年《远程合同指令》进行修正的 2011 年《消费者权利指令》【边码 2.1】分别在第 10 条(不同于 *Heininger* 案【边码 3.20】及其后续 *Hamilton* 案,将未告知情形下行使撤回权的时限限制为 12 个月)和第 14 条第 2 款(遵循了 *Messner* 案判例,由消费者就商品价值贬损承担有限责任)推动欧洲法院的判例成文化。

然而,欧洲法院的判例法并不一致。在新近的 *McDonagh* 案[35]中,案件涉及在因"非常情势"(extraordinary circumstances)取消航班时,即因冰岛的埃亚菲亚德拉(Eyjafjallajökull)火山喷发导致空域关闭时,航空公司向乘客提供协助的义务范围问题。2004 年欧盟《航空旅客条例》[36]第 9 条规定,航空公司应提供此类协助,且该规定并无航空公司辩称的"非常情势"的限制。欧洲法院拒绝适用平衡原则,认为不得通过对条例进行"目的性限缩"的方式,来引入这项一般性限制,并赋予消费者或乘客在此类协助遭到拒绝的情况下要求赔偿损失的权利。不过,欧洲法院允许基于个案进行限制:

5.10

> 尽管如此,乘客只能因航空承运人未遵守《航空旅客条例》第 5 条第 1 款第 b 项和第 9 条履行照顾义务获得赔偿。乘客只

---

[34] 这是笔者对海塞林克的精彩判例分析所提出的主要批评,参见 M. Hesselink, "The General Principles of Civil Law: Their Nature, Role and Legitimacy", in: D. Leczykiewicz/S. Weatherill (eds.), *The Involvement of EU Law in Private Law Relationships*, 2013, 131 at 139。

[35] C-12/11 *D. McDonagh v Ryanair* [2013] ECR I-(31.01.2013).

[36] [2004] OJ L 46/1.

能获得依个案情况证明是确有必要并且适当、合理额度的赔偿,这一点应由成员国法院评估。[37]

(二)劳动者保护中的平衡:Paletta I & II 案中权利滥用的模糊概念

5.11 欧洲公民广泛享有的权利,尤其是在自由流动这一欧盟法最坚实的支柱领域所享有的权利,基于"法律社会化"(socialisation of law)理论应当得到保护,免受单方面滥用。这一点在劳动者保护领域尤其突出,因为欧盟法对劳动者持相当友好的态度【边码2.4】。然而,欧洲法院也要防止劳动者自己滥用权利,这与赋予劳动者权利的根本目标相违背,或者允许成员国采取措施以防止这种单方面的滥用。至少在大陆法传统中,这种"反向平衡"(countervailing balancing)的法律概念就是权利滥用(abus de droit)概念。[38] 在1974年的"旧案"*Van Binsbergen*案[39]中,欧洲法院就限制提供服务自由有明确表述:

> 同样,成员国应有权对完全或主要在其领土上提供服务的主体采取措施,以防止其以规避在该国境内设立(业务)时应适用的职业行为规则为目的来行使《欧盟运行条约》第56条(原《欧洲共同体条约》第49条)所保障的自由的权利。

---

[37] C-12/11 *D. McDonagh v Ryanair* [2013] ECR I-(31.01.2013), para 51.

[38] 相关概述,参见 R. de la Feria/S. Vogenauer, *Prohibition of Abuse of Law*, 2011,尤其参见特别是梅茨格(Metzger)的论文(第235页)以及惠特克(Whittacker)的评论(第253页)。

[39] 参见 C-33/74 *Van Binsbergen v Besteuur von de Bedrijfsverening voor de Metaalnijverheid* [1974] ECR 1299, para 12;对此予以确认的判例,参见 C-28/93 *TV10 v Commissariaat v. d. Media* [1994] ECR I-4795, para 20。

这种固有限制是确保提供服务自由本身的一部分,其授权成员国采取措施,防止潜在的滥用行为,例如援引关于(业务)设立的规则,以便更严格地控制在其领土上的活动。

欧洲法院在后续案件中也延续了这一论调,但同时大幅限缩了范围。以争议案件 *Paletta II* 案为例,该案涉及一个在德国居住、在意大利度假的意大利家庭,他们经常在假期尾声患病,并出示意大利医生的诊断,主张依据德国法休带薪病假。问题在于,这种情形能否像德国法的观点那样,被视为是对帕莱塔(Paletta)先生获得疾病赔偿权利之"滥用",尤其当他在意大利反复"患病"的情形下?对此,欧洲法院虽然口头上接受了"滥用"的论点,但实质上限缩了范围:

> 本院一贯认为,共同体法律不能作为滥用或欺诈的依据……因此,尽管成员国法院可以基于客观证据,将劳动者的滥用或欺诈行为纳入考量,以便在适当情况下拒绝让劳动者从他试图依据的共同体法律中获益,但成员国法院必须根据这些条款的规范目标来评估此种行为。[40]

与此同时,欧洲法院坚持认为,权利滥用抗辩不应排除共同体权利的行使。因此,指控对方有"滥用或欺诈行为"(abuse or fraudulent

---

[40] C-206/94 *Brennet v Paletta* [1996] ECR I-2357,paras 24-25;相关评论参见 K. Ziegler, "'Abuse of Law' in the Context of Free Movement of Workers", in:R. de la Feria/ S. Vogenauer, *Prohibition of Abuse of Law*, 2011, at 309;另参见佐审官科斯马斯(Cosmas)在 *Paletta* 案意见中基于罗马法上"欺诈毁灭一切"(fraus omnia corrumpit)原则提出的意见,at 2373 para 51;而在判例 *Günaydin v Freistaat Bayern* 中,欧洲法院并未发现土耳其移民工人滥用权利,他们签署的文件仅为获得临时工作许可,但他们后来希望留在接受国,参见 C-36/96 *Günaydin v Freistaat Bayern* [1997] ECR I-5143。此外亦参见判例 C-367/96 *Kefalas et al v Greece* [1998] ECR I-2843;相关批评参见 D. Triantafyllou,CMLRev 1999,157;F. Ranieri,ZEuP 2000,165。

conduct)的人(*Paletta* 案中的雇主)应提供充分证据证明,单凭指控是不够的。但是,欧洲法院并未试图去制定权利滥用的客观界定标准,例如,防止以公平劳动条件为由规避保护性规定。欧洲法院对权利滥用似乎持十分狭隘的立场,坚持采用基于诸如"滥用或欺诈行为"等行为因素的强烈主观内容,在本案涉嫌休假后因病反复缺勤的情况下,前述条件在不允许适用"初步证据"(prima facie evidence)规则时很难得到证明,而欧洲法院驳回了适用这种证据规则的可能性。[41]

四、"平衡"在社会冲突中的作用:基本权利 vs.基本自由?

(一)欧洲法院作为社会冲突的最终裁判者?

5.12　　美国法理学家邓肯·肯尼迪在其前述文章中提出了一个问题[42],即"欧洲的合比例性分析"(European proportionality analysis)与美国式的宪法中的平衡是什么关系。前述不同案件试图表明,"欧洲"的合比例性概念实际上并不存在,这一概念的使用在很大程度上取决于诉讼中的法官前见(*Vorverständnis*)。这一点可以通过对 *Laval* 案[43]

---

[41] 参见 K. Ziegler, "'Abuse of Law' in the Context of Free Movement of Workers", in:R. de la Feria/S. Vogenauer, *Prohibition of Abuse of Law*, 2011, at 310。

[42] D. Kennedy, "A Transnational Genealogy of Proportionality in Private Law", in: R. Brownsword et al. (eds), *The Foundations of European Private Law*, 2011, 185.

[43] C-341/05 *Laval un Partneri Ltd v Svenska Byggnadsarbetareförbundet* [2007] ECRI-11767;该先予裁决以此前判决为基础,参见 49/05 case A 268/04 of 29 April 2005。有关该诉讼的更早的讨论,参见 N. Reich, "Diskriminierungsverbote im Gemeinschaftsprivatrecht", in: *Jahrbuch Junger Zivilrechtswissenschaftler*, 2005, 9; C. Barnard, *EC Employment Law*, 4th ed. 2012, 283; N. Wahl/P. Cramér (eds), *Swedish Studies in European Law*, 2006, 129; C. Woolfson/J.W. Summer, "Labour Mobility in Construction:European Implications of the Laval Dispute with Swedish Labour", European Journal of Industrial Relations 2006, 49; V. Hatzopoulos/T. Uyen Do, "The Case Law of the ECJ concerning the Free Provision of Services", CMLRev 2006, 978。

和 Viking 案[44]的简短分析予以证明,该案涉及欧盟的自由流动规则是否适用于工会及其工会联合会开展或支持的社会行动(social action),即抵制将劳动者从一个欧盟国家(拉脱维亚)派往另一欧盟国家(瑞典),或抵制将渡轮悬挂旗帜从工资较高国家(芬兰)改挂为工资较低国家(爱沙尼亚)。案件判决结果引起了学界的强烈反响。[45]鉴于笔者在其他文章中已有讨论,本书不再赘述。[46] 本书仅限于 Viking 案,该案涉及芬兰(维京航运公司)"罗塞拉"号(Rosella)的所有者与芬兰海员工会之间的争议,后者在国际运输工人联合会的支持和声援下采取了抵制换旗的社会行动。

后续讨论将以如下判例法为基础,即欧盟的基本自由,尤其是 Vi-

---

[44] C-438/05 *The International Transport Workers' Federation (ITF) & The Finnish Seamen's Union (FSU) v Viking Line ABP & Oü Viking Line Eesti* [2007] ECR I-10779. 高等法院(the High Court)确立了案件管辖权,原因在于,国际运输工人联合会的总部设在伦敦,因此根据 2001 年《关于民商事案件管辖权和判决承认与执行条例》第 2 条,应由英国法院管辖,当事人也不能提出欧洲法院在 C-281/02 *Andrew Owusu v NB Jackson et al.* [2005] ECR I-1383 一案中提出的不方便法院(*forum non conveniens objections*)的异议。高等法院签发了针对国际运输工人联合会和芬兰海员工会的禁令,但上诉法庭在将案件提交欧洲法院的裁决中撤销了该禁令,参见 [2005] EWCA Civ 1299 (Waller LJ)。有关该项诉讼的阐述,参见 B. Bercusson, "The Trade Union Movement and the EU:Judgment Day", ELJ 2007, 279。

[45] C. Joerges/F. Rödl, "Informal Politics, Formalised Law, and the 'Social Deficit' of European Integration: Reflections after the Judgments of the ECJ in Viking and Laval", ELJ 2009, 1; P. Rodière, "Les arrêts Viking et Laval, le droit de grève et le droit de négociation collective", RTD Eur 2008, 47; J. Malmberg/T. Sigman, "Industrial Actions and EU Economic Freedoms: The Autonomous Collective Bargaining Model Curtailed by the ECJ", CMLRev 2008, 1115; L. Azoulai, "The Court of Justice and the Social Market Economy: The Emergence of an Ideal and the Conditions for its Realization", CMLRev 2008, 1335; S. Deakin, "Regulatory Competition after Laval", in: *Cambridge Yearbook of European Legal Studies*, 2008, 581.

[46] N. Reich, "Fundamental Freedoms versus Fundamental Rights -Did Viking get it Wrong?", Europarättslig Tijdskrift 2008, 851.

king案中适用的《欧洲共同体条约》第43条(现行《欧盟运行条约》第49条)所规定的营业自由以及 Laval 案中适用的《欧洲共同体条约》第49条(现行《欧盟运行条约》第56条)所规定的提供服务自由,也能"横向"【边码4.28】适用于工会的社会行动,理由是这种社会行动被视为是"对上述自由的限制"。因此,决定性的问题是,能否依据欧洲法院一贯判例法中发展出的一般"公共利益"审查(general "public interest" test),来证明这些行动(限制)的正当性。

(二)佐审官波亚雷斯·马杜罗的意见

5.13　　佐审官波亚雷斯·马杜罗于2007年5月23日就 Viking 案发表了意见,他坚持认为,在派生性法律未作规定的情况下,必须依据平衡审查(balancing test)来解决案件,他对此有明确阐述。[47] 问题在于,为了抵制受自由流动规则保护的企业的迁址行为,工会究竟能在多大程度上采取社会行动。劳动者(及其工会)必须承受内部市场日益繁荣的同时所产生固有的经常性的负面影响。作为交换,社会应致力于普遍改善劳动者的生活和工作条件,并向那些因市场力量而陷入困境的劳动者提供经济支持【佐审官书面意见第59段】。

　　这种平衡并不是通过比例审查,而是通过传统的市场分割理论(market segregation)来实现的。工会之间协调一致的集体行动政策,通常是保护海员工资和工作条件的合法手段。但如果集体行动妨碍从某些成员国雇佣海员以保护其他成员国海员,产生了分割劳动力市场

---

[47] C-438/05 *The International Transport Workers' Federation (ITF) &The Finnish Seamen's Union (FSU) v Viking Line ABP & Oü Viking Line Eesti* [2007] ECR I-10779, paras 57-72.

的效果,则将触及作为共同市场基础的非歧视原则的核心。[48]

本书认为,Viking 案明确显示,佐审官马杜罗提出的这套简单的审查方法存在诸多弊端。国际运输工人联合会和芬兰海员工会的集体行动似乎通过对换旗(行为)的抵制分割了劳动力市场,阻碍了雇佣(更廉价的)爱沙尼亚海员。但另一方面,在团结一致行动的工会看来,这是一项抵制方便旗的一般政策,而不是针对爱沙尼亚海员的特别政策。问题在于,如果这项社会政策可能会对自由流动产生不利影响,这种政策的合法性应由谁判定?如果希望社会行动有效,那么这些影响可能纯属偶然,是社会行动不可避免的后果。佐审官似乎还夸大了 Commission v France 案[49]和 Viking 案中社会行动的相似性:在 Commission v France 案中,法国对西班牙水果出口商采取"野猫行动"(wildcat actions)* 封锁道路,使自由流动变为不可能;而在 Viking 案中,维京航运公司仍可继续运营渡轮"罗塞拉"号。事实上,在与芬兰海员工会进行的旷日持久的谈判中,维京航运公司已运营四年有余,尽管公司可能未获得预期利润,但利润本身并非自由流动规则的保护对象。这些社会行动的经济弊端也可能在欧盟内部与企业迁址有关的其他冲突中显现出来。本书认为,维京航运公司不能期待从抵制换旗行为的社会行动中获得特别保护,除非这种社会行动本身不合比例(例如 Commission v France 案),但该案显然不属于此种情形。

---

[48] C-438/05 *The International Transport Workers' Federation (ITF) & The Finnish Seamen's Union (FSU) v Viking Line ABP & Oü Viking Line Eesti* [2007] ECR I-10779, at para 62.

[49] C-381/93 *Commission v France* [1994] ECR I-5145.

* 未经工会同意的自发罢工。——译者注

(三) 欧洲法院在 Viking 案中的裁判方法

5.14　　欧洲法院的论证基于如下前提,即根据欧共体法律,法院在 Schmidberger 案[50]和 Omega 案[51]的判决中阐明的[52]关于自由流动的规则,构成对社会行动权(the right to social actions)的最重要限制,这也是 Viking 案【判决第44段】中提到的《欧盟基本权利宪章》第28条目前所保障的。集体行动权的行使,必须"与条约所保护的权利相关的要求相协调,并符合比例原则"[53]。

　　欧洲法院明确承认,工会有权采取集体行动,"以保护劳动者的合法权益",法院的这一立场有其正当性,因为《欧盟条约》第3款第3项明确规定,共同体"因此不仅兼具经济目标与社会目标",还应坚持"以充分就业和社会进步为目标的社会市场经济"[54]。这些基本原则必须区分情况适用。在 Viking 案中,法院认为,有必要区分芬兰海员工会的社会行动和国际运输工人联合会的团结行动呼吁。

1. 芬兰海员工会的情况

5.15　　倘若芬兰海员工会的集体行为"可以初步合理认为属于劳动者保护的目标"【判决第81段】,那么这种行动就是正当的,这一点应由成员国法院裁定。但欧洲法院确定了一些新的限制条件,对罢工权设

---

[50] C-112/00 *Eugen Schmidberger v Austria* [2003] ECR I-5659.

[51] C-36/02 *Omega Spielhallen-und Automatenaufstellungs-GmbH v Oberbürgermeisterin der Bundesstadt Bonn* [2004] ECR I-9609.

[52] C-438/05 *The International Transport Workers' Federation (ITF) & The Finnish Seamen's Union (FSU) v Viking Line ABP & Oü Viking Line Eesti* [2007] ECR I-10779, at para 45.

[53] *Viking*, para 46;另见 *Laval*, para 95。

[54] *Viking*, paras 77 and 79; *Laval*, paras 103 and 105。

定了额外限制。

社会行动必须真正服务于劳动者保护目标,"如果能够确定,讼争的工作或就业条件没有受到危害或严重威胁"【判决第81段】,例如,如果接管重新悬挂船旗的企业将受先前保护劳动者的集体协议或法律规定约束,情况就将有所不同。仅提及避免方便旗的政策是不够的。类似的论据也可用于抵制为避免业务外包而进行的罢工。

芬兰海员工会所采取的行动,是捍卫劳动者权利的合法手段,这种行动必须符合比例性的要求。这一点也必须由成员国法院确定,欧洲法院仅提供指引。欧洲法院特别强调了最后救济原则(the *ultima ratio* principle),以证明抵制换旗行为的社会行动侵犯了营业自由【判决第87段】。

2. 国际运输工人联合会的特殊情况

国际运输工人联合会的情况有些特殊,原因在于,作为一个海员工会的领导组织,国际运输工人联合会以抵制方便旗(combating flags of convenience)为特殊目标。欧洲法院被间接问及,依据自由流动权,这项(抵制方便旗)政策是否合理。对此,欧洲法院判决含糊不清,因为其既要坚持这项政策的限制性,但又提到了成员国法院的意见,即"该政策也旨在保护和改善海员的就业条款和条件"【判决第88段】。欧洲法院用以下措辞解决了这一冲突:

5.16

> 然而,从提交给欧洲法院的卷宗中明显可见,在抵制使用方便旗的政策背景下,国际运输工人联合会在接到其成员的要求时,如果船舶的注册地不是船舶所有人的国籍国,其必须对该船舶的受益所有人(beneficial owner)采取团结行动,无论该受益所有人行使其营业自由权(right of freedom of establishment)是否会对雇

员的工作或就业条件产生不利影响。因此,正如维京公司在听证会上所辩称的,国际运输工人联合会对此也未反驳,将集体谈判权利保留给船舶受益所有人国籍国的工会的政策,也适用于在另一个国家注册的情形,前提是该国保障劳动者享有的社会保护水平高于其在第一国享有的水平。[55]

欧洲法院表示,不会将判断团结行动合法性的任务交给成员国法院,欧洲法院的这种立场究竟意味着什么?欧洲法院似乎对捍卫和支持抵制方便旗政策的社会行动持全面批评立场,因为并无证据表明,该政策必然以保护劳动者利益为目标。成员国法院必须确认,团结行动确以保护劳动者利益为目标,而这一点须由国际运输工人联合会证明。归根结底,这似乎严重限制了在具体社会冲突发生前、在特定领域采取团结行动的权利。欧洲法院的这种解释似乎存在很大问题,因为这意味着,工会及其工会联合会只能为保护劳动者的具体目标而采取社会行动,而不能为了支持从长远来看可能改善其成员社会福利的政策,或是为了防止企业通过间接行动,尤其是外包,来实施"社会倾销"(social dumping)行为。这种对罢工权的限制甚至超出了佐审官马杜罗的观点,即通过社会行动防止市场分割,而不是为了避免外包而对社会行动施加普遍限制。更遗憾的是,尽管欧洲法院坚持欧盟的社会目标,并广泛保障作为基本权利的社会行动权,但法院并未就判决理由作出真正解释。

3.如何平衡牵涉不同自治实体的"横向冲突"?

5.17 在欧盟自由流动规则对传统社会政策目标和成员国工会集体行

---

[55] *Viking*, para 89.

动的"溢出效应"上,Viking案和Laval案引发了律师的激烈辩论,他们从成员国劳动者和欧盟自由流动的角度出发,观点各不相同。[56]尽管欧洲法院持此种"社会论调"(social rhetoric),但两项判决无疑倾向于采取更"自由"、不那么"社会化"的方法,一定程度上将自由流动权置于罢工的基本权利之上。但就欧洲法院判例法的新近发展而言,这也并非新鲜事。Viking案判决似乎尤其体现了这一趋势:首先,判决对芬兰海员工会的罢工和国际运输工人联合会的团结行动论证不明确,前述罢工似乎仅限于在劳动者受到威胁时提供具体保护,可以认为,该案中并不存在失去工作场所和/或收入的实际危险。其次,有人担心,支持一项从长远看可能会改善劳动者处境的政策将违反欧盟自由流动的首要原则,因为该政策与集体谈判并无直接关系,且只是通过增加换旗的难度和成本,给公司的流动性带来间接负面影响。即便欧洲法院似乎希望通过平衡审查来保护罢工权和参与团结行动的权利,但在解释与集体行动有关的基本自由或基本权利时,法院并未对罢工权和参与团结行动的权利作出真正解释。这种平衡显然偏向于自由流动,而不利于社会权利,这一结果是存在问题的。

显然,如果无法证明直接或间接妨碍自由流动的其他类型的社会行动有助于改善对劳动者的(具体)保护,那么Viking案的判决就有可能会被用于针对前述社会行动。此外,"合比例性"(proportionality)概念最初针对的是成员国或欧盟限制基本自由或基本权利的行动,使用这一概念会产生不确定性,最终会阻碍集体行动,或至少会增加集体行动的难度,使法官(无论是成员国还是欧盟)成为社会纠纷的最终裁

---

〔56〕 参见前注45引用文献,欧洲法院的德国籍法官采取了更微妙的立场,参见 T. von Danwitz, "Grundfreiheiten und Kollektivautonomie", EuZA 2010, 6, 11。

判者。[57]

5.18　　欧洲法院论证存在的主要问题,并不在于基本权利和基本自由之间的等级关系,本书认为两者处于同一位阶,而在于对合比例性论点的引用,这一论点目前似乎被转用于私人协会的行动上。欧洲法院似乎遗漏考量的是,私人协会的合法性来自于《欧洲人权公约》第11条、《欧盟条约》第6条和《欧盟基本权利宪章》第28条所保护的结社自由。因此,在为实现合法社会目标(legitimate social objectives)而确定行动方针时,私人协会的自由裁量权必然大于成员国。私人协会不受《欧盟条约》第4条第3款的成员国忠诚义务等类似义务的约束。在未有效限制私人协会的行动自主权时,这种由欧洲法院对自由流动产生负面影响的任何成员国行为进行监督的严格比例审查(但也存在一些细微差别,在保护儿童等敏感领域[58]上允许成员国有相当大的裁量余地)不得简单交由私人协会进行。欧盟法律只能设定社会行动的外部限制,必须给社会主体留出广泛的自由裁量空间,使其能自主决定如何实现这些限制。因此,正如《欧洲人权公约》第11条第2款所言,为了民主社会的利益,必须接受自由流动的负面影响。

5.19　　因此,欧洲法院解释和适用的欧盟法律,只能为横向("明显的私人")关系中的行动设定外部限制。如果工会(或商会)的集体行动倾

---

[57] 在《法兰克福汇报》的文章中,作者似乎对欧洲法院的裁判方法持肯定态度,参见 R. Rebhahn, "Europäisches Gericht bringt Bewegung in das Arbeitskampfrecht", Frankfurter Allgemeine Zeitung (19 December 2007),23。

[58] 参见 C-244/06 *Dynamik Medien Vertriebs GmbH v Avides Media AG* [2008] ECR I-505,欧洲法院援引第24条第1款,该条规定"儿童有权获得对其福祉的保护,保护水平应由成员国确定"。

向于否定这种自由,例如采取"闭店"政策或严重违反"消极结社自由"(negative freedom of association)[59],那么这种行动就会因为违反比例原则而不具有正当性。这同样适用于旨在基于国籍、性别、种族或类似事由的,被人权和欧盟法律明确谴责(详见第三章)的歧视性工作条件的社会行动。另一方面,必须继续由社会主体自行决定其行为是否以及如何"真正有助于劳动者保护",国际运输工人联合会抵制方便旗的政策是否合法(正如佐审官马杜罗所言,前提是不存在歧视因素),团结行动在多大程度上合法,以及在不(预先)通知行业行动的情况下,他们希望在罢工、抵制、纠察或停工方面采取哪些具体步骤。在合比例性标准方面,援引 *Schmidberger* 案和 *Commission v France* 案有误导之嫌,因为这两起案件均涉及成员国的行动(或不行动)[state (non-)action],而不是像私人协会这样的主体发起的社会行动。显然,正如欧洲法院在 *Omega* 案中就基本权利所承认的,在这方面必须特别认真地对待成员国法律和社会关系的差异性。[60] 无论欧盟基本自由多么重要,基本自由都不能无限制地凌驾于基本权利之上。[61] 平衡具有两面性,它不得无限制地优先考虑基本自由或基本权利,正因为基本自由和基本权利处于"过于基础性"的地位,无论如

---

[59] 有学者提到了位于斯特拉斯堡的欧洲人权法院的判例法,参见 F. Sudre et al., *Les grands arrêts de la Cour Européenne des droits de l' homme*, 2003, 482。

[60] C-36/02 *Omega Spielhallen-und Automatenaufstellungs-GmbH v Oberbürgermeisterin der Bundesstadt Bonn* [2004] ECR I-9609, para 37.

[61] 同样,有学者担心芬兰工会会"失去权力"。参见 C. Joerges/F. Rödl, "Informal Politics, Formalised Law, and the 'Social Deficit' of European Integration: Reflections after the Judgments of the ECJ in Viking and Laval", ELJ 2009, 17。

何都不能将其强行划分为任何形式的位阶关系。[62] 要做到这一点,既不能像前文所述的那样,直接通过在基本自由范围之外为社会行动设定一个"保留区",也不能间接通过推定社会行为不得超出诉讼中事后确定的"劳动者保护"的狭义范围。事实上,在这一领域必须保持司法克制。[63]

五、结语

5.20　关于平衡作为欧盟民法基本原则(包括横向关系中的集体行为)的讨论结果为何?从方法论角度来看,法院似乎用不同的方法来作出其认为公平公正的裁决。法院既会参考概念法学意义上的"古典法律思想",在其思维的概念范围内为法律问题找到看似连贯的解决方案;也会使用更为开放的"合比例性"标准进行论证,以平衡不同的规范和社会利益,填补"法律漏洞"。这两种方法均无法避免"不确定性"悖论,而这正是法律现实主义者和批判性法学研究非常重视的。[64] 埃塞尔的解释性现实主义(hermeneutic realism)坚持通过穿透(刺穿面纱),将法律推理扩大到"原则"。德沃金后来也采用了这

---

[62] 又见 P. Rodière, "Les arrêts Viking et Laval, le droit de grève et le droit de négociation collective", RTD Eur 2008, at 57; L. Azoulai, "The Court of Justice and the Social Market Economy: The Emergence of an Ideal and the Conditions for its Realization", CMLRev 2008, 1335。

[63] 参见 C. Joerges/F. Rödl, "Informal Politics, Formalised Law, and the 'Social Deficit' of European Integration: Reflections after the Judgments of the ECJ in Viking and Laval", ELJ 2009, at 21。

[64] 参见 D. Kennedy, A Critique of Adjudication (fin de siècle), 1997, 169 ff.。

一方法,指出了"规则"和"原则"(或标准)之间的区别【边码0.2】。[65]

但即使是微调这种方法论,也并不尽如人意,前文对欧洲不同法院基于不同前见所作的裁判已有所讨论。正如 Viking 案的分析所示,即便欧洲法院使用了一些"社会论调",欧洲法院的判例法也只能从自由主义的前见来作出解释,有关社会行动的判例法尤其如此。在消费者保护上,英国最高法院也有类似观点【边码 5.6】。欧洲法院的立场有些犹豫不决、观点不明,其并未充分使用平衡原则所允许的全部论据。在德国,在涉及不公平价格条款的案件【边码 5.7】和对消费者保护采取限制方法的 Heininger 案中,德国联邦法院对两起案件所采用的方法存在显著差异,而 Heininger 案基本上得到了欧洲法院的支持【边码 4.20】。在方法论视角下,最为相关的是最近关于援引"民法基本原则"来平衡消费者和经营者之间合同安排的判例法【边码 5.9】,这与后续对"诚信"的深入分析相关(第七章)。最后,在 Viking 案和 Laval 案中,欧洲法院试图界定欧盟自由流动条款中(工会)集体自治的界限,这构成了对平衡审查最复杂和最具争议之运用。正如莱纳茨(现任欧洲法院副院长)和古铁雷斯-冯斯所言:

> 欧洲法院必须尊重成员国的宪法传统,但不能因此而放弃欧盟的基本宪法原则……然而,在对欧盟完整性至关重要的共同价值观的核心范围之外,欧洲法院应采用"(自由)裁量空间"进行分析,在"欧洲共性"和"国家特性"之间取得适当平衡。[66]

---

[65] R. Dworkin, *Taking Rights Seriously*, 1977, 2.

[66] K. Lenaerts/J. Gutiérrez-Fons, CMLRev 2010, 1629 at 1668.

本章参考文献

1. L. Azoulai, "The Court of Justice and the Social Market Economy: The Emergence of an Ideal and the Conditions for its Realization", CMLRev 2008, 1335.

2. C. van Bar/E. Clive/H. Schulte-Nölke (eds.), *Principles, Definitions and Model Rules of European Private Law, Draft Common Frame of Reference (DCFR)*, outline ed. 2009, full ed. 2009, Vol I-VI.

3. R. Brownsword et al. (eds.), *The Foundations of European Private Law*, 2011.

4. F. Cafaggi (ed.), *The Institutional Framework of European Private Law*, 2006.

5. R. de la Feria/S. Vogenauer (eds.), *The Prohibition of Abuse in EU Law*, 2011.

6. M. Hesselink, "The General Principles of Civil Law: Their Nature, Role and Legitimacy", in: D. Leczykiewicz/S. Weatherill (eds.), *The Involvement of EU Law in Private Law Relationships*, 2013, 131.

7. D. Kennedy, "A Transnational Genealogy of Proportionality in Private Law", in R. Brownsword et al. (eds.), *The Foundations of European Private Law*, 2011.

8. K. Lenaerts/J. Gutiérrez-Fons, "The Constitutional Allocation of Powers and General Principles of EU Law", CMLRev 2010, 1629.

9. L. Niglia, *The Transformation of Contract in Europe*, 2003.

10. H.-W. Micklitz, *The Politics of Judicial Cooperation*, 2005.

11. H.-W. Micklitz (ed.), *The Many Concepts of Social Justice in European Private Law*, 2011.

12. H.-W. Micklitz/N. Reich/P. Rott, *Understanding EU Consumer Law*, 2009.

13. H.-W. Micklitz/F. Cafaggi (eds.), *European Private Law after the Common Frame of Reference*, 2010.

14. H.-W. Micklitz/B. De Witte (eds.), *The ECJ and the Autonomy of Member States*, 2012.

15. M.-A. Moreau, "Labour relations and the concept of social justice in the EU", in: H.-W. Micklitz (ed.), *The Many Concepts of Social Justice in European Private Law*, 2011, 303.

16. N. Reich, "Fundamental Freedoms versus Fundamental Rights-Did *Viking* get it Wrong?", Europarättslig Tijdskrift 2008, 851.

17. K. Riesenhuber (ed.), *Europäische Methodenlehre*, 2nd ed. 2010.

18. R. Schulze (ed.), *Common Frame of Reference and Existing EC Contract Law*, 2008.

19. R. Schulze/H. Schulte-Nölke, *European Private Law-Current Status and Perspectives*, 2011.

20. C. Willet, "Social Justice in the OFT v. Commutative Justice in the Supreme Court", in: H.-W. Micklitz (ed.), *The Many Concepts of Social Justice in European Private Law*, 2011, 359.

21. V. Trstenjak/E. Beysen, "European Consumer Protection Law: *Curia Semper Dabit Remedium*?", CMLRev 2011, 95.

第六章
比例原则

目 次

一、比例原则对欧盟民法的重要性:概述　　219
  (一)"严格审查"成员国立法　　219
  (二)欧盟立法的"合比例性"　　221
  (三)合比例性的"积极"方法?　　224

二、《共同参考框架草案》　　226
  (一)《共同参考框架草案》总体评估　　226
  (二)《共同参考框架草案》原则和示范规则的(有限)
     法律效力　　228
  (三)欧洲法院判例法对《共同参考框架草案》的选择性
     援引?　　235

三、《可行性研究》和《欧洲共同买卖法》　　236
  (一)《欧洲共同买卖法》的产生　　236
  (二)《欧洲共同买卖法》的结构　　237
  (三)作为混合合同法的《欧洲共同买卖法》　　243
    1. 对"经营者-中小企业"跨境交易并无必要　　245
    2.《欧洲共同买卖法》对消费者合同有无"必要"?　　248

四、欧盟反身性合同治理中协调、趋同和改进立法的开放方法　　254

五、欧盟民事立法的"积极比例"原则:两则示例　　257
  (一)商事合同中的不公平条款　　257

(二)在"《欧洲共同买卖法》助力下"提升消费者合同立法的
一致性:数字合同 260
六、结语:比例原则作为欧盟立法的法律控制和支持工具 264
本章参考文献 265

一、比例原则对欧盟民法的重要性:概述

(一)"严格审查"成员国立法

作为欧盟法(包括欧盟民法)的一项宪法原则,最初引入比例原则(the principle of proportionality),旨在解决成员国基于公共政策或一般利益(general interest proviso)限制自由流动的正当性问题。在此前的 Gebhard 案中,欧洲法院在"'有限'自治"【边码 1.9】的背景下总结了如下基本原则[1]:如果成员国限制合同自治对基本自由产生负面影响,不仅须以合法的公共利益为理由,还必须适合于实现既定目标(手段与目的之间的关系),且为实现预期目标所必需,同时不会给个人造成过重负担。一般而言,这相当于"较小限制的替代方式"审查("less restrictive alternative" test)。[2]如果成员国(法律)措施给个人造成不合理负担,可轻易被能够实现相同目标、干预较小的措施取代,那

6.1

---

[1] C-55/94 *Gebhard v Consiglio dell' Ordine degli Advocati e procuratori di Milano* [1995] ECR I-4165, para 37.

[2] T. Tridimas, *The General Principles of Community Law*, 2nd ed. 2006, 209-220(比例——内国立法举措之审查); N. Reich, in: H.-W. Micklitz/B. de Witte, *The ECJ and the Autonomy of Member States*, 2012, 83 at 97; V. Trstenjak/E. Beysen, EuR 2012, 269, 该文将"相称性"(Angemessenheit)作为比例审查的第三阶段。

么,该项措施就不会被视为是"必要"的。

　　欧洲法院在后续案件中多次使用 Gebhard 审查,措辞时有不同,于此不再赘述。前文提及 Gebhard 审查对成员国限制货物、服务或资本自由流动的(强制性)合同法的影响,并附有欧洲法院的一些审判实例【边码 1.10 至 1.11】。就"符合普遍利益的必要要求还是强制性要求"的问题(imperative requirements in the general interest)而言,诸如消费者或劳动者保护、环境问题和商事交易公平性这些利益清单是开放性的,但"纯粹经济利益"(purely economic interests)不在此列,因为这种利益不能成为限制的理由。成员国通常能够找到正当的公共利益(事由),使其对欧盟内部市场公民行使基本自由的限制合法化。因此,在根据 Gebhard 审查或与之密切相关的审查作出裁决的许多案件中,争议点通常集中在如下三个方面:

　　第一,某项限制性规定是否适当,即是否适于实现所宣称的普遍利益目标?

　　第二,就干预性因素而言,某项限制性规定是否必要,即是否超出实现这一目标所需之范围,例如在"信息"与"监管"的冲突下究竟是保护消费者,还是确保公平商业实践?

　　第三,在某种程度上超出 Gebhard 审查范围的是,成员国的限制性措施是否有助于以"连贯体系的方式"监管跨境医疗或博彩服务。[3]

6.2　　比例原则之适用,是以个案为基础的。有些案件中,欧洲法院会

---

〔3〕 C-169/07 *Hartlauer Handelsgesellschaft v Wiener Landesregierung et al* [2009] ECR I-1721, para 55; C-238/08 *Ladbrokes Betting & Gaming Ltd et al v Stichting de Nationale Sportstotalisator* [2010] ECR I-4757, para 28; C-46/08 *Carmen Media* [2010] ECR I-8149, para 64.

自行作出必要的价值判断,而在其他案件中,欧洲法院则会将之留给成员国法院处理,欧洲法院通常仅就比例原则的个案适用为成员国法院提供指引。而一般规则是,对自由流动的限制越严重,越缺乏正当理由[4],欧洲法院就越容易干预。对于(限制)基本自由的成员国措施(包括基于强制性民法的成员国措施)而言,比例原则已成为一项最重要的审查工具。欧盟判例法内容丰富,本书提及判例仅为了对欧洲法院"严格审查"(hard look)以合法公共利益为由而采取的限制措施有所概述。而对此种控制机制的深入探讨,及其对成员国民法的影响,则不在本书研究范围之内。

(二) 欧盟立法的"合比例性"

更重要的是,比例原则对于发展独立的欧盟民法体系有何影响。这首先是内部市场(《欧盟运行条约》第 114 条)、非歧视(《欧盟运行条约》第 18 条、第 19 条和第 153 条)或社会政策(《欧盟运行条约》第 153 条)条款下的权限问题【边码 0.10】。这些权限条款已被用于与民法(尤其是合同法)有关的措施,也经受住了有关其合比例性的所有挑战。[5] 本书提及此类条款之目的,在于从中探寻基本原则。《欧盟基本权利宪章》保障了基本权利和基本原则,并明确排除了欧盟在这一领域的额外权力(《欧盟条约》第 6 条第 1 款、《欧盟基本权利宪

6.3

---

[4] N. Reich/S. Harbacevica, CMLRev 2003, 615 at 629.
[5] 参见 C-58/08 *Vodafone* [2010] ECR I-4999,针对有关批发和零售漫游费用的强制性规定,判决第 69 段写道:"鉴于《欧共体条约》第 95 条第 3 款(现为《欧盟运行条约》第 114 条第 3 款)背景下消费者保护目标的重要性,在一段时间内对竞争市场进行干预,使其能尽快保护消费者免受过高价格的影响,例如本案中有争议的价格问题,即便这种干预可能会对某些经营者带来经济上的负面影响,但这也与(条约)追求的(消费者保护)目标是相称的。"

章》第51条第2款),尽管这种权力既可用于解释此类立法和成员国的转化规则,亦能填补法律漏洞。

问题在于,具体授权条款下的这些欧盟权力,究竟可以在多大程度上扩展至更一般性的民法领域?例如,与合同订立、不公平条款、损害赔偿和恢复原状相关,不限于特定主体类型或是有针对性的歧视性行为的规则【边码3.2】。民法的一般规则通常由成员国自行立法,欧盟仅对合同之债[6]和非合同之债[7]的冲突法规则作出协调。那么,比例原则是否排除了欧盟在这一领域的权力?这是一个更为根本的问题,关涉民事立法中的欧盟角色:

其一,欧盟立法是否局限于具体问题领域?是否在形成一些"基本原则"(或许增加了"软法"机制)的同时引发了立法的碎片化?

其二,欧盟立法是否应扩展涵盖合同法的通则事项,(这种立法)类似于成员国的合同法,但同时是以平行于成员国法的"第二套"(合同法)制度的形式存在?或是在原有的二十七个成员国法律之外,成为"第二十八个(或第二十九个)"合同法制度(因克罗地亚加入欧盟增至28个成员国)?[8]

关于欧盟在民法(尤其是合同法)的权力范围和可行性的论争,已持续十载有余,其最终结果是欧盟以《欧盟运行条约》第114条"欧盟的内部市场权限"为法律依据,在2011年10月11日提出《欧洲

---

[6] Regulation (EC) No. 593/2008 of the EP and the Council of 17 June 2008 on the law applicable to contractual obligations (Rome I) [2008] OJ L 176/6.

[7] Regulation (EC) No. 864/2007 of the EP and the Council of 11 July 2007 on the law applicable to non-contractual obligations (Rome II) [2007] OJ L 199/1.

[8] 关于相关问题的讨论,参见 J. Basedow, *The Law of Open Societies*, 2013, 229。

共同买卖法条例(草案)》(CESL)【边码6.12】。[9] 与草案相关的学术著作发表众多,于此不作展开。[10]

本书建议,上述问题的解决,不应过多依赖前述权限困境【边码0.11】,而应运用适用于欧盟法律的比例原则,来进行更具针对性的回应。目前,比例原则已然成为欧盟实体法的一部分(《欧盟条约》第5条第4款,略微修改原《欧洲共同体条约》第5条第3款),内容如下:

6.4

> 根据比例原则,欧盟行动的内容和形式不得超出实现条约目标所必需的范围。

在将欧盟行动和实现条约目标相关联时,比例原则提供了一种相对精确的检验标准,由此来评估并最终质疑欧共体或欧盟指令等立法措施的合法性。在烟草广告案判决中,比例原则被广泛用作(合同)无效的论据【边码0.11】。[11] 在后续的烟草生产案件判决中,以及有关欧盟强制性标准的关联案件中,所涉标准主要与产品营销有关[12],但例外情况下也与合同条款[13]有关。对此,欧洲法院的立场更为谨慎,坚持立法机关应具有广泛的自由裁量权:

---

[9] COM (635) final.

[10] 相关概述参见 E. Hondius,ERPrL 2013,3。

[11] C-376/98 *Germany v EP and Council* [2000] ECR I-8419, para 84.

[12] C-491/01 *R v Secretary of State for Health ex parte British American Tobacco (Investments) Ltd et al* [2002] ECR I-11453; C-380/03 *Germany v EP and Council* [2005] ECR I-11573,para 145;前述判决中提及在先的多项判决,例如 C-84/94 *United Kingdom v Council* [1996] ECR I-5755, para 58; C-233/94 *Germany v Parliament and Council* [1997] ECR I-2405,paras 55-56; C-157/96 *National Farmers' Union et al* [1998] ECR I-2211,para 61。

[13] C-344/04 *IATA and ELFAA v Department for Transport* [2006] ECR I-403, para 80,新近判决对此予以确认的,参见 C-58/08 *Vodafone* [2010] ECR I-4999,para 69。

因此,仅在考虑到主管机构追求的目标,相关措施明显不当的情况下,在这方面采取的措施的合法性才会受到影响。[14]

尽管根据当时的《欧洲共同体条约》第5条第3款(现为《欧盟条约》第5条第4款),欧盟立法原则上受比例原则的限制,但欧洲法院承认,"必须允许共同体立法机构在关涉政治、经济和社会选择的领域拥有广泛的自由裁量权,并要求其进行综合评估"。

哈博(Harbo)认为[15],迄今为止,欧洲法院对共同体(现为欧盟)立法措施进行控制时,根据比例原则采用了一种十分"温和"的方法,而对那些被指控限制基本自由的成员国立法措施则使用了更严格的措辞。欧洲法院副院长柯尼·莱纳茨(Koen Lenaerts)将比例原则限于单纯"程序导向"的审查,他认为,只要立法机构能够提供某种"影响声明"或"影响评估"来证明欧盟立法的正当性就已足够。[16] 相较于对成员国限制基本自由的措施进行严格的比例审查,笔者已经批评过这种相当简化的方法。[17]

(三)合比例性的"积极"方法?

6.5   在比例原则下,欧盟机构的自由裁量权范围有多大?在比例审查下,欧盟民事立法有何限制?有何种可能的替代方法?除了侵入意

---

[14] C-491/01 *R v Secretary of State for Health ex parte British American Tobacco (Investments) Ltd et al* [2002] ECR I-11453, para 123.

[15] T.-I. Harbo, "The Function of the Proportionality Principle in EU Law", ELJ 2010, 166, 172, 177.

[16] K. Lenaerts, "The European Court of Justice and Process-Oriented Review", YEL 2012, 3 at 7.

[17] 参见 N. Reich, in: H.-W. Micklitz/B. de Witte (eds.), *The European Court of Justice and the Autonomy of Member States*, 2012, 110。

思自治、自由流动议题(例如前述案例)外,欧盟法律对成员国立法(例如民法一般规则)的侵入是否重要?

本书后续将提出,应赋予比例原则更多的积极内涵。问题不在于欧盟在或多或少严格适用的比例审查下不能做什么,而在于什么是"实现条约目标所必需的"。显然,欧盟立法机构将拥有广泛的自由裁量权,以确定其优先事项并采取适当措施,这些事项与措施始终是本书提出的宪法基本原则的审查对象。有效原则(第四章)即为审查和批判的标准之一:一方面,无法有效实现条约目标的措施是不必要的;另一方面,如果可以证明某些措施比其他措施更有效,那么就有必要采取这些更有效的措施。

这种对欧盟特有的比例原则的积极方法(positive approach)将适用于目前讨论中的多项立法提案,由此在欧盟建构一套更为连贯一致的民法制度。对此,目前为止尚无正式立法,但如下两项提案脱颖而出:

其一,《共同参考框架草案》(DCFR)【边码6.6至6.11】;

其二,《欧洲共同买卖法》(CESL)【边码6.12至6.19】。

上述两项提案主要涉及一般合同法,即所谓商事合同关系和消费者合同关系。上述提案一旦以任何形式成为欧盟成文法,就将显著扩大欧盟民法的范围。《共同参考框架草案》在如下四个重要方面比《欧洲共同买卖法》更加宽泛:

第一,旨在涵盖消费者和消费者之间的关系;

第二,纳入了欧盟在非歧视领域的现行立法;

第三,不限于合同之债,也涵盖了非合同之债的规则;

第四,涵盖了处于合同法和财产法交叉地带的动产担保物权问题。

劳动法目前尚未受到欧盟诸项立法提案的影响,并且劳动法的内容也仅在推定存在民法基本原则的溢出效应时才会被提及。

但本书重点不仅在于欧盟正式立法,还在于私法立法的其他方法[18],例如:

其一,立法协调而非立法统一的冲突法的方法【边码 6.18】;

其二,"软法"工具,例如"行为准则"(codes of practice)、自愿性标准(voluntary standards)和合同条款;

其三,"开放的协调方法"(open methods of coordination)和趋同(convergence)【边码 6.20】;

其四,基于欧盟现有权限,以指令甚至条例形式制定法律【边码 0.10】,通过立法行为实施"积极比例原则"(positive proportionality principle)【边码 6.22 至 6.23】;

其五,发展新兴的民法基本原则,即"诚信"原则(第七章)。

这将表明,欧盟机构可以采取一整套(立法)行动,以使民法与条约的目标更趋一致,同时又不会过度扩张比例原则。关于《共同参考框架草案》和《欧洲共同买卖法》条例草案的分析虽不尽完整,但将为未来立法提供若干示例。

二、《共同参考框架草案》

(一)《共同参考框架草案》总体评估

6.6　　"共同参考框架"(Common Frame of Reference, CFR)【边码 0.10】

---

[18] N. Jansen, "Dogmatising Non-Legislative Codifications", in: R. Brownsword et al. (eds.), *The Foundations of European Private Law*, 2011, 31.

一词被提上欧盟议程已有一段时日,一大批欧洲民法学者也汇集于"研究小组"(Study group)和"现行法小组"(Acquis group)两个专家组。[19] 专家组于 2008 年年初向欧盟委员会提交《共同参考框架》的临时纲要版[20],随后又于 2009 年初提交《共同参考框架》的最终版本[21],并附有六卷本的详细说明和释义。[22]《共同参考框架草案》引发了激烈的学术讨论[23],本书不再深入。但是,与后续欧盟民法讨论有关《共同参考框架草案》中的如下三点内容颇值关注:

第一,《共同参考框架草案》的原则和规则远远超出了单纯的合同法范畴,涵盖了债法总则(例如侵权、不当得利等法定之债)、买卖法以外的一些典型合同(尤其是服务合同)以及动产担保和所有权让与的相关内容。有批评认为,起草者"过度完成"了欧盟委员会交办的任务。

第二,《共同参考框架草案》的目的是整合并在某些情况下改进消费者法的强制性规范(尤其是现行法规则),并将之纳入欧盟民法

---

[19] 相关概述参见 C. Twigg-Flesner, *A Cross-Border Regulation for Consumer Transactions in the EU-A Fresh Approach to EU Consumer Law*, 2012, 46。

[20] C. von Bar/E. Clive/H. Schulte-Nölke (eds.), *Principles, Definitions and Model Rules on European Private Law-DCFR*, interim outline ed. 2008.

[21] C. von Bar/E. Clive/H. Schulte-Nölke (eds.), *Principles, Definitions and Model Rules on European Private Law-DCFR*, outline ed. 2009.

[22] C. von Bar/E. Clive/H. Schulte-Nölke (eds.), *Principles, Definitions and Model Rules on European Private Law-DCFR*, full ed. 2009.

[23] 参见 F. Cafaggi/H.-W. Micklitz (eds.), European Private Law after the CFR, 2010; H. Eidenmüller et al., "The CFR for European Private Law-Policy Choices and Codification Problems", OJLS 2009, 659-708; N. Jansen/R. Zimmermann, "A European Civil Code in all but name", ELJ 2010, 98; M. Hesselink, "The CFR as a source of European Private Law", Tulane LRev 2009, 919-971; O. Cherednychenko, "Fundamental Rights, Policy Issues and the DCFR", ERCL 2010, 39; S. Vogenauer, "CFR and UNIDROIT-Principles of International Commercial Contract: Coexistence, Competition, or Overkill of Soft Law", ERCL 2010, 143; P. Larouche/F. Chirico (eds.), Economic Analysis of the DCFR, 2011; G. Wagner (ed.), The CFR-A View from Law and Economics, 2009; 此外还有大量法国、意大利和德国的文献著述。

一般规则。因此,《共同参考框架草案》第 I-1:105(1)条规定"'消费者'是指任何不以贸易、交易或职业活动为其行为主要目的的自然人"。这一定义比现行法的传统定义更宽泛,涵盖了所谓的"双重目的合同",而依据欧洲法院 *Gruber* 案判例,"双重目的合同"通常不在欧盟法上消费者保护条款的范围内【边码2.9】。[24]

第三,《共同参考框架草案》的法律性质仍不明确。欧盟委员会曾在早期通讯文件(communications)中视其为未来立法的"工具箱",这种称谓似乎小看了学者投入的大量研究。欧盟委员会当然不想正式认可这项工作,因为欧盟条约在一般合同法的事项上尚且存在"权限空白"(competence gap),私法立法更是如此【边码 0.11】。[25] 这一点在《里斯本条约》之后并无改变,相反,《欧盟条约》第 5 条坚持依据授权原则对欧盟权限作狭义解读,并用前述辅助性和合比例性条款加以限制【边码 6.5】。

(二)《共同参考框架草案》原则和示范规则的(有限)法律效力

6.7　《共同参考框架草案》的条款可否在规制性竞争(regulatory competition)概念的基础上成为(或至少部分成为)一套欧盟合同法的"选用性工具"(optional instrument)?[26] 事实上,对"欧盟特有民法"(EU-spe-

---

[24] C-464/01 *Johann Gruber v Bay Wa AG* [2005] ECR I-439,该判决系根据《布鲁塞尔公约》机制(全称为《布鲁塞尔关于民商事案件管辖权及判决执行的公约》)。——译者注)作出。

[25] 此前的评论,参见 N. Reich, "A European Contract Law-Ghost or Host for Integration", WisIntLJ 2006, 425 at 437-449。

[26] 相关概述参见 G. Rühl, "Regulatory Competition in Contract Law: Empirical Evidence and Normative Implications", ERCL 2013, 61,其中涉及成员国合同法中的竞争问题,但不包括欧盟方面。

cific civil law)的诸多支持者而言,选用性工具的想法似乎是解决上述"权限空白"的灵丹妙药,许多学术和政治文章都对欧盟选用性工具的权限、范围以及与成员国法律关系问题进行了探讨,并于 2010 年的鲁汶学术会议后以《欧洲合同法评论》(Europcan Review of Contract Law, ERCL)特刊形式集中刊发。[27] 这场争论在某种程度上肇始于欧盟委员会 2010 年 7 月 1 日公布的《欧盟委员会绿皮书》[28],其他文献著述已有检视与评述。[29]《共同参考框架草案》中,学界对如下问题仍莫衷一是:

第一,权限基础。《共同参考框架草案》的权限基础究竟是《欧盟运行条约》第 114 条的内部市场条款,还是《欧盟运行条约》第 352 条的"保留权限"(reserve competence)条款? 前者须经多数决通过,后者须征得欧洲议会同意并取得理事会一致同意。

第二,主体适用范围。《共同参考框架草案》只适用于经营者和

---

[27] 2011 年《欧洲合同法评论》以特刊形式集中刊文的作者包括 Riesenhuber、Sefton-Green、Gutman、Howells、Augenhofer、Maugeri、Meli、Twigg-Flesner、Mak、Gome、Ganuza、Hesselink、Cristas、Cartwright、Rutgers、Castermans,参见 ERCL 2011,115-366。

[28] COM (2010) 348 final.

[29] C. Herrestahl, "Ein europäisches Vertragsrecht als Optionales Instrument", EuZW 2011, 7; K. Tonner, "Das Grünbuch der Kommission zum Europäischen Vertragsrecht für Verbraucher und Unternehmer-Zur Rolle des Verbrauchervertragsrecht im europäischen Vertragsrecht", EuZW 2010, 767; H. Rösler, "Rechtswahl und optionelles Vertragsrecht in der EU", EuZW 2011, 1; M. Tamm, "Die 28. Rechtsordnung der EU: Gedanken zur Einführung eines grenzüberschreitenden B2C Vertragsrecht", GPR 2010, 281; J. Cartwright, "'Choice is good' Really?", paper presented at the Leuven conference on an optional contract law, ERCL 2011, 335. 德国汉堡的马克斯普朗克比较法与国际私法研究所的一个工作组编写了一部附有详细建议的综合研究报告,参见 "Policy Options for Progress Towards a European Contract Law", 2011, MPI paper 11/2 = RabelsZ 2011, 373; N. Reich, Revija za evropsko pravo 2012, 5-13, 就下列问题提供进一步参考资料;又见 ESC, position paper on options for a European contract law, OJ C 84/1 of 17 March 2011。

消费者之间的消费者合同,还是仅适用于经营者之间的商事合同,抑或两者均适用?

第三,地域适用范围。《共同参考框架草案》仅适用于跨境交易,还是同时涵盖境内交易与跨境交易?

第四,"蓝色按钮"(blue button)。《共同参考框架草案》是否采用舒尔特·内尔克(Schulte-Nölke)教授提出的"蓝色按钮"方法,以此来满足电子商务的需求?[30]

6.8 这场论争的结果在某种程度上形成了《欧洲共同买卖法》的条例草案,相关讨论将在下文展开【边码6.12】。欧盟民事律师要面对的问题虽不那么尖锐,但更为复杂:无论是作为现行共同法(acquis commun)还是共同体现行法(acquis communautaire),《共同参考框架草案》能否用于制定新兴欧盟民法的"基本原则"或至少是"软法标准"(soft law standards)?事实上,《共同参考框架草案》本身的一些措辞似乎对此已有所暗示,在欧盟特有的"诚信原则"领域尤其如此【边码7.13】。

《共同参考框架草案》在某种程度上是此前欧盟私法整合甚至是

---

[30] H. Schulte-Nölke, "EC Law on the Formation of Contract-from the Common Frame of Reference to the Blue Button", ERCL 2007, 348 ff., 作者提出, "'蓝色按钮'将是一种选用性工具,使经营者能在全欧洲范围内建立一个电子商店并遵循同一套规则。这种选用性工具将解决消费者合同、商事合同以及纯粹私人交易(C2C)中可能出现的大多数情况。在电子商店购物时,顾客可以通过点击屏幕上的'蓝色按钮'轻松选择适用选用性工具,表明其同意适用选用性的欧盟法(《共同参考框架草案》)……如果顾客决定点击'蓝色按键',那么这套选用性的欧盟法(《共同参考框架草案》)就将减损本应根据冲突法规则适用的成员国法律"。针对舒尔特·内尔克主张的所谓"教授模式"的批评,参见 H.-W. Micklitz/F. Cafaggi, After the Common Frame of Reference, 2010, xxv。但值得注意的是,在"蓝色按钮"模式下,消费者可以自由选择所适用的法律,而不是像通常情况下在跨境交易中不得不接受(根据冲突规则)强加的法律!

法典编纂项目的续章,其曾广泛援引"原则"概念。可以看出,《共同参考框架草案》使用的"原则"概念相当模糊、适用范围不明,自身价值仍然有限。其既非基于对欧洲法院判例法的分析,也非基于宪法价值(无论是最初包含在《欧盟条约》或《欧盟运行条约》及其前身中,还是现包含于《欧盟基本权利宪章》中的宪法价值)。《共同参考框架草案》主要为一些一般私法概念提供参考,例如诚信、契约严守、情势变更、不当得利和弱势主体保护等等,这些概念在成员国的民法中存在差异甚至是争议。与前文分析不同【边码0.2】,一些原则与规则相混淆。有鉴于此,所谓"兰多委员会"(Lando Commission)起草了《欧洲合同法原则》(*Principles of European Contract Law*, *PECL*)[31],其中第1:101(1)条规定"原则……拟作为欧盟合同法的一般规则适用"(强调系后加)。

在某种程度上早于《共同参考框架草案》的另一项(欧盟立法)提案,是所谓的《现行私法原则》(*Acquis* Principles)。[32]《现行私法原则》是在欧盟委员会的倡议下,由一群法学学者起草,旨在基于现行指令(主要是消费者合同法方面的指令),制定一部真正的欧盟特有的合同法。这显非易事,因为相关指令性质庞杂、具有强制性,而合同法的一般规则大多为任意性规则,两者很难协调。尽管如此,(现行法小组)还是提出了"可能的五项基本原则":

6.9

第一,合同作为"使自然人和法人能够自由通过协议调整相互关系的基本法律工具"的基本功能;

第二,合同的拘束力;

---

〔31〕 参见本书边码0.10,N. Jansen, "Legal Pluralism in Europe", in: L. Niglia, *Pluralism and European Private Law*, 2013, 109 at 121。

〔32〕 Acquis Group, *Acquis Principles -Contract I*, 2007 and later parts.

第三,欧洲合同法的基本功能(与欧盟目标相关);

第四,合同自由及其限制;

第五,知情(information)。[33]

上述原则显然是对(欧盟)合同法目标的不精确描述,其被置于相当笼统而不具体的规则之中。正如本书绪言在"基本原则"部分所述【边码0.2】,这些原则可能对解释某项立法有所助益,但无法用于解释和填补现行欧盟立法或成员国转化法律中的漏洞,因此,后续讨论不作考虑。

6.10   2008年公布的《共同参考框架草案》临时纲要版【边码6.7】惊现如下十五项"原则":

第一,正义;

第二,自由;

第三,保护人权;

第四,经济福利(economic welfare);

第五,团结和社会责任(solidarity and social responsibility);

第六,建立一个自由、安全和公正的区域;

第七,促进内部市场;

第八,保护消费者和其他需要保护的主体;

第九,保护文化和语言的多样性;

第十,理性(rationality);

第十一,法的确定性;

第十二,可预期性;

---

[33] Acquis Group, *Acquis Principles -Contract I*, 2007 and later parts, at XI.

第十三,效率;

第十四,保护合理信赖;

第十五,基于创设风险而承担责任的妥当分配(proper allocation of responsibility for the creation of risks)。

上述原则的排列顺序不分先后。这种看似随意的原则"清单",其价值为何,仍然存在争议。[34] 法国亨利·卡皮唐协会(Association Henri Capitant)认为,上述原则可减为合同自由、合同安全、合同诚信三项指导原则。[35]

2008年临时纲要版的《共同参考框架草案》原则也被批评为只与合同法有关,并不详尽,被认为更具描述性功能。[36] 2009年最终版的《共同参考框架草案》将"根本原则"(Underlying Principles)减至如下四项:

第一,自由;

第二,安全;

第三,正义;

第四,效率。[37]

2009年最终版的《共同参考框架草案》的"根本原则"项下增加了更详细的次级原则。例如,在"自由"项下增加一节"合同自由(作为)起点",将意思自治明确承认为指导原则(guiding principle):

---

[34] 参见概述 DCFR, full edition, Vol. I, at para 12。

[35] B. Fauvenarque-Cosson et al., *Principes contractuals commun*, 2008.

[36] DCFR, at para 13.

[37] DCFR, at para 15;相关批评(在笔者看来被夸大了),参见 M. Hesselink, "If You Don't Like Our Principles, We Have Others", in: R. Brownsword et. al. (eds.), *The Foundations of European Private Law*, 2011, 59。

通常,自然人和法人应自由决定是否订立合同。他们还应自由商定合同条款。……正常情况下,合同自由和合同正义并不冲突。事实上,惯有观点认为,某些情况下,合同自由本身就能带来合同正义。[38]

2009年最终版的《共同参考框架草案》还包含一些其他"次级原则",这些原则有时非常详细,更似措辞宽泛的规则。

此外,2009年最终版的《共同参考框架草案》增加了对所谓"首要原则"(overriding principles)的描述,例如:

第一,保护人权;

第二,促进团结和社会责任;

第三,保护文化和语言的多样性;

第四,保护和增进福祉;

第五,促进内部市场。[39]

这些"首要原则"的法律意义也不明确,其可能仅是一种政治和立法声明,在法律纠纷中价值有限,对当事人的分歧也几无解释力。

另一方面,在《共同参考框架草案》起草的规则中,诚信原则占据重要地位【边码7.14】。[40]

综上所述,可以认为,《共同参考框架草案》关于欧盟民法原则的讨论略显混乱与矛盾,对本书研究主题似乎并无推进意义。

---

[38] 自由,原则三——合同自由(作为)起点。

[39] DCFR, introductory paras 16-21.

[40] M. Mekki/M. Kloepfer-Pelesse, "Good faith and fair dealing in the DCFR", ERCL 2008,338,作者摘自《欧洲合同法原则》(PECL, Article II)的一项原则;相关批评参见 H. Eidenmüller et al., "The Common Frame of Reference for European Private Law-Policy Choices and Codification Problems", OJLS 2008,659。

(三)欧洲法院判例法对《共同参考框架草案》的选择性援引？

《共同参考框架草案》的法律地位并不明确,有些人认为它只是一个工具箱,有些人认为它是立法和法律适用的灵感来源。尽管如此,多位欧洲法院佐审官在与欧盟民法相关的案件意见中援引了《共同参考框架草案》。其中尤其值得关注的是佐审官特尔斯泰尼亚克的意见,她在 Martin 案[41]、Friz 案[42]、VB Penzügi Leasing 案[43]以及 Messner 案[44]中明确援引了《共同参考框架草案》有关消费者合同中公平、滥用和救济概念的几项规定。类似地,佐审官马杜罗在 Hamilton 案[45]的意见中援引了《共同参考框架草案》的前身,即《现行私法原则》。[46]如前所述【边码5.9】,欧洲法院并未明确认可这种方法,但法院在后续判决中援引了像诚信、不当得利和权利滥用等"民法(基本)原则",由此避免因仅形式性适用保护性条款而"过度保护"弱势主体。[47]

6.11

本书研究方法略有不同,原因在于,本书界定的"基本原则"与欧盟基础性法律或《欧盟基本权利宪章》中的宪法声明(constitutional pronouncements)相关,而这些声明必须与其他宪法权利和原则相平衡。本书将讨论的是,在更为广阔的方法论背景下,用于解释和适用欧盟

---

[41] C-227/08〔2009〕ECR I-11939, opinion of 7 May 2009, para 51.

[42] C-215/08〔2010〕ECR I-2947, opinion of 8 September 2009, para 69 at note 62.

[43] C-137/08〔2010〕ECR I-10847, opinion of 6 October 2010, para 96 at note 54.

[44] C-489/07〔2009〕ECR I-7315, opinion of 18 February 2009 at para 85.

[45] Acquis Group, *Acquis Principles -Contract I*, 2007.

[46] C-412/06〔2008〕ECR I-2383, opinion of 21 November 2007, at para 24.

[47] 与 Penzügi Leasing 案和 Martin 案不同,参见 Fritz 案、Messner 案和 Hamilton 案(脚注42、44和46)。

民法的不同方法,能否适用于新兴的"诚信"原则(第七章)。

三、《可行性研究》和《欧洲共同买卖法》

(一)《欧洲共同买卖法》的产生

6.12　　在多年的象征性关注后,欧盟委员会急于推动制定欧盟合同法,甚至没能等到 2010 年 7 月 1 日绿皮书磋商程序的结果【边码 6.7】,欧盟委员会就在 2010 年 4 月组建专家组,研究制定一部欧洲合同法的选用性工具的可行性问题。[48] 仅在一年后,即 2011 年 6 月 3 日,专家组就以创纪录的速度提交了成果,即《欧洲共同买卖法》(Common European Sales Law, CESL)草案建议稿。[49] 草案不仅包括与一般合同法有关的条款(provisions on general contract law)、消费者合同的特殊规则(多为强制性规则),也包括损害赔偿、恢复原状、时效等债法(总则的)一般规则(多为任意性规则)。草案磋商期止于 2011 年 7 月 1 日。2011 年 10 月 11 日,欧盟委员会再次以破纪录的速度公布《欧洲共同买卖法》草案,立法速度之快,使得深入讨论几无可能。

　　问题在于,应如何处理《欧洲共同买卖法》这样一份冗长、复杂、多层次的草案文本?欧盟委员会作了一些修改,例如就纳入"数字内容"问题有所修改,因为 2011 年 5 月 3 日的《可行性研究》并未提到数字内容,而 2011 年《消费者权利指令》【边码 2.1】第 2 条第 11 款,第 5

---

[48] Commission Decision [2010] OJ L 105/109.

[49] 〈http://ec.europa.eu/justice/contract/files/feasibility-study_en.pdf〉;载 R. Schulze/ J. Stuyck (eds.), *An Optional Instrument for EU Contract Law*, 2011;《可行性研究》刊印于第 217 页及以下页码。

条第1款第7项和第8项以及第6条第1款第18项和第19项仅包含数字内容的定义和一些有关知情(information)的特殊规则,欧盟委员会也或多或少地采纳了专家组草案的内容和具体建议。作为欧盟特有的选择性工具,《欧洲共同买卖法》草案为双层结构,由条例和附件两部分构成:

第一,条例(附解释性备忘录和鉴于条款,这在欧盟法律文本中很常见)涵盖"欧盟法律一般事项"(general EU law matters),即所谓的起始部分(chapeau),例如法律工具的规范目标、法律依据、定义、适用范围、消费者合同中同意并执行公平透明的"选择适用"程序("opt-in" procedure),成员国的义务和剩余权力(remaining powers)以及其他技术事项。

第二,附件一包含《欧洲共同买卖法》的具体条款(共186条),附件二包含消费者最终选择适用《欧洲共同买卖法》时的一份"标准信息说明"(Standard Information Note),附件不关联任何鉴于条款或解释性说明。

(二)《欧洲共同买卖法》的结构

本书仅简要概述条例起始部分、附件一的结构和基本内容,对条例的核心条款或争议问题不作深入探讨。[50] 本章除了根据比例原则展开结构性批判【边码6.15至6.16】,还将重点研究《欧洲共同买卖法》对改进欧盟民事立法(包括商事关系与消费关系)的潜在贡献【边码

6.13

---

〔50〕 M. Schmidt-Kessel (ed.), *Der Entwurf für eine Gemeinsames Europäisches Kaufrecht -Kommentar*, 2013; R. Schulze (ed.), *Common European Sales Law (CESL)-Commentary*, 2012.

6.22 至 6.23】。由于消费者之间的关系(C2C relations)、劳动法和反歧视法在《欧洲共同买卖法》中未作规定,本章不作展开。

《欧洲共同买卖法》的要点如下:

第一,《欧洲共同买卖法》本应是《欧盟运行条约》第 114 条意义上的一项内部市场(立法)措施,故应遵循普通立法程序,由理事会和欧洲议会以多数决的方式通过。就《欧盟运行条约》第 114 条这一法律基础,欧洲议会自然是持支持态度的,因为对那些将其与理事会置于不平等地位的权限规范,例如《欧盟运行条约》第 352 条,欧洲议会一贯持抵制立场。[51] 根据《欧洲共同买卖法》解释性备忘录(explanatory memorandum),这是合理的,因为草案消除了"行使基本自由的障碍,这些障碍是各成员国法律之间的差异造成的,尤其是由于经营者在跨境交易时产生的额外交易成本和要面对的复杂法律状况,以及消费者在其他成员国购物时不熟悉(当地成员国法下的)自身权利,这些都直接影响了内部市场的建立和运行,并限制了竞争"[52]。

第二,《欧洲共同买卖法》仅适用于两类合同,主体适用范围有限。第一类合同是经营者与中小企业订立的商事合同,其中一方合同当事人是该法第 7 条第 2 款意义上的中小企业,成员国也可对其进行扩展。第二类合同是消费者合同,根据欧盟现行法对消费者概念的狭义界定,"'消费者'指任何不以贸易、交易或职业活动为行为主要目的的自然人"。《欧洲共同买卖法》对消费者的定义,将会排除适用大

---

[51] 参见欧洲法院判例 C-436/03 *EP v Council* [2006] ECR I-3733, para 43-44,该案涉及欧洲合作社(European Cooperative Society)的法律依据,其依据是《欧盟运行条约》第 352 条,并受到欧洲议会的质疑,该案以欧洲议会败诉告终。

[52] 《欧洲共同买卖法》解释性备忘录第 9 页,类似内容参见鉴于条款第 4 条至第 6 条。

多数的双重目的合同(dual-purpose contracts)【边码6.6】,这一点与《共同参考框架草案》和最新的《消费者权利指令》鉴于条款第17条存在冲突【边码2.1】。[53] 欧洲议会法律事务委员会(Legal Committee of the European Parliament)在2013年2月18日的报告草案中,希望将"消费者"的定义扩大为"在双重目的合同情况下,如果订立合同部分以经营为目的、部分不以经营为目的,并且就合同整体而言,经营并非合同主要目的,此类主体也应被视为消费者"。

第三,根据《欧洲共同买卖法》第13条第a项,该草案可适用于跨境缔约,成员国也可将其适用于纯粹的境内交易。但在经营者与消费者订立合同的情况下,《欧洲共同买卖法》第4条第3款对跨境因素(cross-border element)的定义极为宽泛,合同是否跨境,取决于消费者提供的地址(无论与经常居所地是否相同)、交货地址或账单地址。因此,《欧洲共同买卖法》并不像"蓝色按钮"概念所设想的那样仅适用于远程合同或电子商务。这意味着,在"面对面"的情况下,如果德国消费者和一家设立于德国的公司订立合同,但在法国交付,此时,除了通常适用的德国法之外,当事人还可以特别选择适用《欧洲共同买卖法》。[54] 对消费者或经营者而言,这个选项有吸引力吗? 既然当事人都习惯于根据本国法律传统订立合同,而且除了作为合同一部分的境外交付地这一相当肤浅的因素外,合同并未与跨境因素建立真正联系,而在冲突法的通常情况下,交付地在境外也不会对法律适用有任

---

[53] 相关批评见 H.-W. Micklitz/N. Reich, "The Commission Proposal of a Regulation for an Optional 'Common European Sales Law'-Too broad or not broad enough?", EUI Working Papers Law 2012/04:www.ssrn-id2013183[1].pdf,Part I,paras 18-22 at p. 12。

[54] 相关批评参见 C. Twigg-Flesner, A Cross-Border Regulation for Consumer Transactions in the EU-A Fresh Approach to EU Consumer Law,2012,76。

何影响,既然如此,为何要选择适用《欧洲共同买卖法》这种"未知之旅"呢?有鉴于此,在2013年3月18日的报告草案中,欧洲议会法律事务委员会想要将《欧洲共同买卖法》的适用范围限于在线合同(online contracts)。[55]

第四,《欧洲共同买卖法》的实质适用范围仅限于"动产买卖""数字内容"【边码6.23】以及与货物买卖相关联的"服务合同",某些混合合同被排除在适用范围外,例如《欧洲共同买卖法》第6条第2款包含信贷内容(credit element)的混合合同。[56]因此,如果经营者提供了延期付款或类似的财务手段,适用《欧洲共同买卖法》既无吸引力,也没有可行性。

第五,《欧洲共同买卖法》能否适用于消费者合同,取决于草案第8条和第9条规定的相当复杂和独立的告知与通知要求,同时还需要向消费者发出附件二列举的警示。为防止当事人仅选取最有利的规则,当事人只能选择整体适用《欧洲共同买卖法》(第8条第3款)。如此严苛的规定,无疑与鼓励消费者同意适用《欧洲共同买卖法》的初衷背道而驰。这些规则对经营者而言并无吸引力,因为他们一旦选择适用该法案,就将被禁止使用格式条款。合同订立的过程将被分割为"关于适用《欧洲共同买卖法》的协议"以及"《欧洲共同买卖法》框架内的合同条款协议"两个部分。[57]此外,法案对于经营者与中小企

---

〔55〕 参见 C. Busch,EUVR 2013,33。

〔56〕 欧洲议会法律事务委员会的报告草案希望纳入此类合同,参见 C. Busch, EUVR 2013,34。

〔57〕 H.-W. Micklitz/N. Reich, "The Commission Proposal of a Regulation for an Optional 'Common European Sales Law'-Too broad or not broad enough?", EUI Working Papers Law 2012/04: www.ssrn-id2013183[1].pdf, Part I, at 18.

业订立的合同如何选择适用《欧洲共同买卖法》并无说明,《罗马条例 I》第 3 条能否适用?《欧洲共同买卖法》起始部分的鉴于条款第 10 条似乎是排除适用《罗马条例 I》的,但弗莱斯纳(Flessner)正确地指出,一旦选择适用《欧洲共同买卖法》,根据《欧盟运行条约》第 288 条,《欧洲共同买卖法》将作为欧盟法上的一项条例而具有优先位阶,并将在其适用范围内排除适用与之冲突的成员国法律。[58]

第六,除非采纳弗莱斯纳的观点,否则无法厘清《欧洲共同买卖法》与欧盟现行法、《罗马条例 I》第 6 条第 2 款的强制性成员国消费者法之间的关系。欧盟委员会仅简单写道,"由于《欧洲共同买卖法》包含一整套完全统一、强制性的消费者保护规则,因此,如果当事人选择适用本法,各成员国在这一领域的法律差异将不会存在。相应地,《罗马条例 I》第 6 条第 2 款的前提是各成员国的消费者保护水平不同,所以该款规定对于本法涵盖的事项而言并无实际意义"。欧盟委员会的这种说法似乎有失偏颇,因为《罗马条例 I》第 6 条第 2 款针对的是成员国关于消费者保护的不同规则,而不是欧盟规则。在欧盟法律的框架内,似乎无法想象一项欧盟条例可以被"成员国化",成为与现行成员国合同法相平行的第二套合同法制度。正如《欧洲共同买卖法》鉴于条款第 9 条似乎暗示的那样,"它(《欧洲共同买卖法》)协调成员国的合同法,不是通过要求修改既有的成员国合同法来实现的,而是与每个成员国的国内法一起,为其范围内的合同建立第二套合同法制度。第二套合同法制度应在整个欧盟范围内保持统一,并与既有的成员国合同法规则并存"。《欧洲共同买卖法》条例草

---

[58] A. Flessner, "Der Status des Gemeinsamen Europäischen Kaufrechts", ZEuP 2012, 726.

案如何能首先转化为"第二套"(成员国)制度,并仍然具有欧盟法的属性呢,即作为第二十八个法律制度,或在克罗地亚入盟后成为第二十九个制度而存在?更具说服力的说法似乎是,在适用《欧洲共同买卖法》的情况下,《欧洲共同买卖法》优先于包括《罗马条例I》第6条第2款规定的强制性的成员国消费者保护规则在内的成员国法律。然而,在《罗马条例I》第9条第1款和第2款规定中,法院地法的所谓"优先适用的强制性规则"并不会因为《欧洲共同买卖法》而被束之高阁,因为成员国在这一领域享有广泛的自由裁量权,此种自由裁量权当然也始终受欧盟基础性法律之限制。[59]

　　第七,在上述适用范围内,《欧洲共同买卖法》的各部分包含了针对"经营者与中小企业订立的合同"和"经营者与消费者订立的合同"的详尽规则。仔细分析后会发现,同"经营者与中小企业订立的合同"相关的条款多为任意性规范,其中包括对中小企业的一些"微观保护",例如诚信(第2条第3款)、对欺诈的救济(第56条第1款)、显失公平合同条款(第81条和第86条)、损害赔偿(第171条)和时效(第186条)。消费者保护的规则应具有强制性,即便在一般合同法事项中亦如此,例如,对错误的救济(第56条第2款)、不利解释(第64条)、源于先合同声明的合同条款(第69条)、不定期合同(第77条第2款)、不公平条款的黑色和灰色清单(第84条和第85条)、迟延付款的利息(第167条)以及恢复原状(第177条)。不言而喻的

---

[59] C-369+376/96 *Arblade* [1999] ECR I-8453,para 30;关于上述条款的解释,参见 2013 年 5 月 15 日佐审官瓦尔(Wahl)的案件意见书 C-184/12 *Unamar v Navigation Maritime Belge*,佐审官提出,根据《布鲁塞尔公约》第 7 条,必须依据《罗马条例I》第 9 条第 1 款进行解释。

是,《欧洲共同买卖法》包含两套截然不同的规则,即以任意性规范为主的"经营者-中小企业"合同规则(B2SMU),以及以强制性规范为主的"经营者-消费者"合同规则(B2C)。这使得《欧洲共同买卖法》的主体适用范围成了一个争议不断的问题,狭义的消费者概念更是加剧了争议,原因在于,不同于现行法,成员国无法对消费者概念进行扩展。《欧洲共同买卖法》的这种(规范)混合结构的重要性并不在于权限,而在于后续讨论的《欧盟条约》第5条第4款项下的合比例性标准。

(三) 作为混合合同法的《欧洲共同买卖法》

与《欧洲共同买卖法》有关的法政治论争,主要集中于如下五个方面[60]: 6.14

第一,欧盟法律的权限依据:《欧盟运行条约》第118条抑或第352条;

第二,"选择适用"(opt-in)的方法和技术事项,以及对成员国法律的影响;

第三,详细分析《欧洲共同买卖法》起草的与法的连贯性和确定性有关的许多规则,这些规则有时明确参引现行成员国法律,包括改进建议,这些建议在某种程度上已体现在欧盟法律事务委员会2013

---

〔60〕 大部分辩论文献(持批判态度)已经变得不再有说服力。仅举几例,参见 special issue of Vol. 8 ERCL 2012, Vol. 4 ZEuP 2012; Vol. 212 AcP 2012; ERPrL 2013, 1; H. Eidenmüller et al., "Der Vorschlag für eine Verordnung über ein Gemeinsames Europäisches Kaufrecht", Juristenzeitung 2012, 269; 专著参见 C. Wendehorst/B. Zöchling-Jud (eds.), *Am Vorabend eines Gemeinsamen Europäischen Kaufrechts*, 2012。欧洲法学会(The European Law Institute, ELI)发布了《欧洲共同买卖法》的修订改进版,参见 statement of ELI on the proposal of the Regulation for a CESL, 2012; first supplement of 25 July 2013。

年2月18日的报告草案中;

第四,强制性规范和任意性规范的关系,主要是在消费者合同中,包括根据《欧盟运行条约》第12条或第169条或《欧盟基本权利宪章》第38条,消费者的特定保护水平是否足够"高";

第五,对消费者提供的保护水平是否"过高",从而阻碍了经营者在消费者合同中选择适用《欧洲共同买卖法》。[61]

坦率而言,本书对上述论争无甚兴趣,因为其并未回答一个更重要的前提问题,即利益相关方(经营者、中小企业、消费者和跨境交易的其他参与者)、成员国和欧盟本身是否真的需要像《欧洲共同买卖法》这样的法律工具?[62]欧盟立法的必要性审查(the necessity test)与权限基础(the competence basis)并不完全相同,但是,基于《欧盟运行条约》第114条或第352条所进行的所有立法措施,都必须符合必要性审查,否则,《欧盟条约》第5条第4款就不会对其单独予以规定。欧洲法院适用的"显失比例"审查(the "manifestly inappropriate" test)的条件相当宽松,前文已有提及【边码6.5】。

下文将论证,"经营者-中小企业"合同和"经营者-消费者"合同均无必要将《欧洲共同买卖法》作为一项选用性工具,同理亦适用于欧洲议会法律事务委员会最近提出的建议。在现行欧盟法律中,已经存在或可以预见到其他适当的内部市场缔约机制,这些机制能够满足前述"避免不必要的贸易限制"以及"保障足够高水平的消费者保护"

---

[61] 这种批评主要由具有(行为)法学和经济学背景的美国法律学者提出,参见 D. Caruso, American JCompL 2013, 479 at 486。

[62] 相关批判参见 C. Twigg-Flesner, "Debate on a European Code of Contracts", Contratto e Impresa Europa I-2012, 157。

的双重标准。由此,即便《欧洲共同买卖法》在立法过程中将对"消费者或用户更友好",即便其能克服大量文献争论的一些技术缺陷,甚至即便欧盟委员会所希望的"法律规制的市场"(market for legal regulations)[63]会被接受并被经常使用,《欧洲共同买卖法》的存在也"多此一举"。缔约的现实主义对于讨论"必要性"审查而言似乎是有用的。因为在多数情况下,缔约的主动方会提议应适用的合同法律制度。在消费者合同中,经营者始终是主动一方,消费者只能(被动地)选择接受或放弃。舒尔特·内尔克提出的消费者可以使用对其有利的"蓝色按钮"的想法似乎有些牵强。[64] 在经营者与中小企业缔约时,通常由强势一方拟定合同条款,而这种强势方通常不是中小型企业,除非其处于特别有利地位。[65]

1. 对"经营者-中小企业"跨境交易并无必要

然而,即便依据"显失比例"的标准,也可以反驳欧盟委员会的观点,即欧盟委员会并未解释,《欧洲共同买卖法》为何也应涵盖像合同订立、意思表示瑕疵、合同解释等一般合同法事项,这些并非买卖法(及关联服务)所特有的,以及,《欧洲共同买卖法》为何也应涵盖债法总则的某些领域,例如损害赔偿、恢复原状和时效,而另一方面却将代理、行为能力、合法性等重要问题交由(适用的)成员国法律处理。《欧洲共同买卖法》关于商事交易的规则多可被定性为任意性规

6.15

---

〔63〕 S. Vogenauer, ERPrL 2013, 54; B. Lurger, "A Radical View of Pluralism", in: L. Niglia (ed.), *Pluralism and European Private Law*, 2013, 175; G. Rühl, "Regulatory Competiton in Contract Law: Empirical Evidence and Normative Implications", ERCL 2013, 61.

〔64〕 H. Schulte-Nölke, " EC Law on the Formation of Contract-from the Common Frame of Reference to the Blue Button", ERCL 2007, 348 ff.

〔65〕 C. Twigg-Flesner, "Debate on a European Code of Contracts", Contratto e Impresa Europa I-2012, 163.

范,可通过当事人合意作出更改。《欧洲共同买卖法》中,只有极少数条款包含了可以被中小企业(但不限于)特别援引【边码6.13】的强制性规范。这些规则非常宽泛笼统,并因成员国而异,但目前尚未对跨境交易产生任何经证实的影响。欧盟委员会工作人员的"影响评估"(impact assessment)在这一点上似乎是高度推测性的,即便其可能足以使欧洲法院根据"显失比例"标准进行审查。[66]

无论如何,最终的内部市场问题,可以通过"经营者-中小企业"交易的当事方依据《罗马条例I》第3条规定的自由选择来解决,但第3条第3款和第4款的强制性规则也适用于"经营者-中小企业"交易。至于跨境商事买卖法的具体规则,1980年《联合国国际货物销售合同公约》(CISG)已涵盖了大部分规定,并依据第1条第1款第a项的"选择不适用"机制(opt-out)予以适用,或者,对于未在缔约国营业的经营者,即英国、爱尔兰、葡萄牙和马耳他的经营者,可基于第1条第1款第b项的"选择适用"机制(opt-in)适用公约。诚然,《联合国国际货物销售合同公约》并不涉及一般合同条款(general contract terms),尽管这也构成经营者与经营者之间的商事交易,尤其构成经营者与中小企业交易中的一个重要问题。但是,欧盟合同法条例的这一缺陷,可通过与合同类型无涉的"选择适用"特殊立法轻松解决,下文将进行说明【边码6.22】。

此外,欧盟并非《联合国国际货物销售合同公约》缔约方,欧洲法院对公约并无明确的解释权,但若能证明公约与欧盟法律存在联

---

[66] C-344/04 IATA and ELFAA v Department for Transport [2006] ECR I-403, para 80,新近判决对此予以确认的,参见 C-58/08 Vodafone [2010] ECR I-4999, para 69。

系,欧洲法院则可援引公约并进行间接解释。[67] 但即便如此,问题仍然存在,即对"经营者-中小企业"交易的当事人而言,其已拥有公约这套法律工具,也就公约积攒了丰富的专业知识和经验,由此,适用公约可以提高内部市场同类交易法律工具的确定性,既然如此,欧盟委员会为何还要为相关跨境交易另设一套法律工具? 为何要人为地区分跨境交易的国际和欧盟维度? 这将使交易更加复杂,而不是像欧盟委员会承诺的那样,让各方当事人更明晰其权利义务。因此,在"必要性"审查下,欧盟有无权限通过《欧洲共同买卖法》或类似法律工具,来规制经营者与中小企业之间的跨境买卖(及关联服务)交易? 此点颇值怀疑。[68]

上述批判性分析,恐怕难以通过《欧洲共同买卖法》在"经营者-中小企业"交易中"仅是"一种选用性工具的观点加以反驳。与其他欧盟立法一样,选用性工具必须通过"必要性"审查。"选用"仅涉及其在经营者与中小企业缔结的合同中的具体适用,完全未涉及欧盟向

---

〔67〕 C-381/08 *Car Trim v Key Safety* [2010] ECR I-1255, para 36, 欧洲法院在解释《布鲁塞尔条例I》(the Brussels Regulation 44/2001)第 5 条第 1 款第 b 项的"履行地"概念时,援引了《联合国国际货物销售合同公约》第 3 条。

〔68〕 笔者遵循如下文献所使用的观点,参见 H.-W. Micklitz/N. Reich, "The Commission Proposal of a Regulation for an Optional 'Common European Sales Law'-Too broad or not broad enough?", EUI Working Papers Law 2012/04: www.ssrn-id2013183 [1]. pdf, Part I, paras 14-16, at p. 9。此外,施塔德勒(Stadler)也表达了类似的观点,参见 A. Stadler, "Anwendungsvoraussetzungen und Anwendungsbereich des CESL", AcP 2012, 473 at 489。关于《联合国国际货物销售合同公约》和《欧洲共同买卖法》在跨境商事买卖交易中的差异,详见 U. Magnus, in: U. Magnus (ed.), *CISG vs. Regional Sales Law Unification*, 2012, 97, 其中作者在第 121 页提出,"实际上似乎并没有必要颁布一部与《联合国国际货物销售合同公约》相平行的法律工具(《欧洲共同买卖法》)"。持更为积极立场的,参见 M. Loos/H. Schelhaas, "Commercial Sales: CESL Compared to the Vienna Sales Convention", ERPrL 2013, 105, 111, 特别是在格式条款规则方面,作者持更积极的态度。

各方提议并通过此类立法措施的权限问题。

欧盟委员会认为有必要通过《欧洲共同买卖法》,来降低内部市场缔约的交易成本。不过,事实可能恰恰相反:

其一,《欧洲共同买卖法》第 7 条第 2 款中"中小企业"(SMU)概念本身的模糊性和不确定性,导致《欧洲共同买卖法》的主体适用范围极不明确,而合同相对方可能不知道或无法知晓这一概念,在线交易的情形下更是如此;

其二,《欧洲共同买卖法》的实质适用范围极为有限,因为它将一些重要的合同法议题排除在适用范围外,尤其是代理、抵销、违法性等议题。当事人无法通过法律选择或根据《罗马条例 I》的其他规定来规避应适用的成员国法;

其三,成员国可以将《欧洲共同买卖法》的适用范围扩大(或不扩大)到经营者与中小企业之间订立的跨境合同之外,这将使成员国合同法之间出现更多差异,进而使当事人适用法律的不确定性有增无减。

2.《欧洲共同买卖法》对消费者合同有无"必要"?

6.16　　鉴于欧盟法和成员国法的消费者保护规则多为强制性规范,欧洲法院诸多判决也重申了这点,由此,消费者合同的问题变得更为复杂。[69]《罗马条例 I》第 6 条对跨境交易中的这一问题有所提及,如果按照与欧盟政策相符的方式进行解释,这似乎并不构成真正

---

[69] 佐审官特尔斯泰尼亚克于 2009 年 11 月 29 日的案件意见中已对该判例进行了充分分析,参见 C-453/10 *Pereničová and Perenič v SOS finac* [2012] ECR I-(15.03.2012),paras 42-45,相应评论参见 H.-W. Micklitz/N. Reich,EuZW 2012,126。

的障碍。[70]

尽管欧盟层面进行了协调,但成员国消费者保护法间的差异仍存,这可能需要通过一项更为连贯统一的欧盟条例来调整,重点是要建立跨境消费者合同的统一标准。[71] 然而,《欧洲共同买卖法》的草案规则的"内容"和"形式"均须满足"必要性"要求。本书认为,那些试图规范消费者合同中的特有问题并已成为欧盟立法的条款,恐怕也未满足"必要性"审查,而最近的《消费者权利指令》已将《欧洲共同买卖法》第17条至第19条、第24条至第27条、第40条至第47条关于远程交易、场外交易(off-premises)的条款完全统一。由此,欧盟法律中的消费者保护呈现双层结构,一层是对境内和跨境交易均具强制性的规则,另一层是仅针对跨境合同的"选用性的强制性规范"(optional mandatory provisions),不过,这些条款可能并不总与现行消费者保护制度相协调或适应,但问题在于,欧盟法律是否真有"必要"引入消费者保护的双层结构?

而就《欧洲共同买卖法》拟定了更优规则或不同规则的领域,本书仅举几例。

例如,就数字内容不符合约定时的专业出卖人责任,《消费者权利指令》并无规定,仅《欧洲共同买卖法》第100条至第105条有所规定,即对数字内容消费者或用户的保护,不应取决于其是否选择适用《欧洲共同买卖法》,而应根据积极比例原则,使其成为欧盟具体立法

---

[70] N. Reich, "EU Strategies in Finding the Optimal Consumer Law Instrument", ERCL 2012, 1 at 21.

[71] 这是弗莱斯纳的主要论点,参见 C. Twigg-Flesner, *A Cross-Border Regulation for Consumer Transactions in the EU-A Fresh Approach to EU Consumer Law*, 2012, 46。

措施的一部分【边码6.23】。另一则例子涉及《欧洲共同买卖法》和《消费者权利指令》对产品不符合约定时的救济措施的不同之处。《消费者权利指令》将消费者第一顺位的救济措施限于修理或更换,消费者并无立刻拒绝权,出卖人也无"补正权"(right to cure),但根据最低限度协调原则,成员国法律可以引入"补正权"。但《欧洲共同买卖法》第114条第2款规定了"补正权",即在出卖人能证明产品与合同约定并非轻微不符时,出卖人有权补正。如果经营者建议消费者选择适用《欧洲共同买卖法》,而消费者也同意适用,那么经营者将默示放弃其"补正权",并允许消费者像英国法规定的那样,有权立即拒绝与合同严重不符的商品。[72] 这种对消费者保护的强化,不出所料遭到了商界与学界的强烈反对。[73] 以另一视角观之,在修理或更换对经营者而言可能成本更高的情况下,立刻拒绝的权利难道不是跨境交易中唯一现实的救济措施吗?[74] 最后,为什么这种救济措施要依赖于是否选择适用像《欧洲共同买卖法》这样的复杂工具?而"普通消费者"(normal consumer)通常无法评估其对消费者保护水平的影响。经营者为何不能通过自愿营销行为,或可在经营者与消费者协会之间的软法

---

[72] H.-W. Micklitz/N. Reich, "The Commission Proposal of a Regulation for an Optional 'Common European Sales Law'-Too broad or not broad enough?", EUI Working Papers Law 2012/04: www.ssrn-id2013183[1].pdf, Part III, paras 16, at p. 79.

[73] G. Wagner, "Ökonomische Analyse des CESL", ZEuP 2012, 794 at 820, 作者从经济效率的角度提出批评, 但忽略了英国法, 英国法规定了消费者的拒绝权(consumer's right to rejection), 但未赋予出卖人以补正权; 此外, 并无证据证明存在机会主义行为, 参见 G. Howells/S. Weatherill, *Consumer Protection Law*, 2005, para 3.6.2; R. Anderson, "UK Sales: Loss of the Right to Reject Goods, Judgment of the Scottish Outer House of 5 Feb. 2010", ZEuP 2011, 655。法律事务委员会的报告草案希望将消费者行使拒绝权的时间限制在交付后的六个月内,并应在三十日内提出。

[74] F. Zoll, "Das Konzept des Verbraucherschutzes in der Machbarkeitsstudie für das Optionale Instrument", EUVR 2012, 9 at 21.

工具中,自行提供立即拒绝的权利? 如此一来,还有无"必要"为此专设立法工具?[75]

另外,《欧洲共同买卖法》中的一些条款似乎削弱了《消费者权利指令》或欧洲法院判例法的消费者保护力度。欧洲法院在 Quelle 案判决中明确确认了《消费品买卖指令》中救济措施的消费者保护目标[76],在 Weber/Putz 案中,欧洲法院对在合同未明确约定的情况下,出卖人是否应当承担拆除和重新安装瑕疵商品费用的问题进行了裁决【边码 4.18】。[77] 不同于佐审官马扎克的案件意见,欧洲法院在 2011 年 6 月 16 日的判决中明确提出,由于出卖人交付的产品与合同约定不符,因此,只要拆除(瑕疵产品)并重新安装(无瑕疵产品)的费用合乎比例,出卖人就应承担上述费用。欧洲法院的这一观点是否会被《欧洲共同买卖法》采纳,目前尚不明确。至少就消费者而言,他们并不能确定,在被鼓励或"说服"适用《欧洲共同买卖法》时,他们会获得与现行法相同程度的保护,这种适用机制通常并不取决于消费者的选择,而取决于经营者的营销策略,消费者只能"接受或离开"。更成问题的是,《欧洲共同买卖法》第 112 条第 1 款似乎限制了 Weber/Putz 案判决的法律后果,即根据《欧洲共同买卖法》第 112 条第 1 款的规

6.17

---

〔75〕 欧洲消费者协会(European Consumer Association BEUC)编写的研究报告,参见 G. Howells/H.-W. Micklitz/N. Reich, *Optional Consumer Law Standards for Businesses and Consumers*, 2011.〈www.BEUC.eu〉。

〔76〕 C-404/06 *Quelle AG v Bundesverband der Verbraucherzentralen* [2008] ECR I-2685,《欧洲共同买卖法》第 112 条第 2 款对此予以确认。

〔77〕 合并审理案件 C-65+89/09 Weber and Putz [2011] ECR I-5257,该案审理结果与 2010 年 5 月 18 日佐审官马扎克发布的案件意见有所不同,参见 J. Luzak, EUVR 2012,35。德国后续案件,参见德国联邦最高法院 2012 年 12 月 21 日判决,见 NJW 2012,1073。

定,出卖人只须自费取回被更换的商品,但未规定出卖人还须承担重新安装商品的费用。[78]

6.18 　　故可认为,根据《欧盟运行条约》第114条第3款、第169条以及《欧盟基本权利宪章》第38条,欧盟有义务通过内部市场措施为消费者提供高水平的保护,《欧洲共同买卖法》鉴于条款第11条也提及此点。如果《欧洲共同买卖法》中的消费者保护水平低于《消费者权利指令》的保护水平,则消费者不得通过选择适用《欧洲共同买卖法》,来规避指令中的义务。《欧洲共同买卖法》的这种选择适用机制将在欧盟范围内形成存在水平差异的消费者保护,倘若这种差异无法将内部市场的强制性要求(imperative requirements)正当化,则将违反《欧盟基本权利宪章》第21条和《欧盟运行条约》第12条的非歧视原则。[79]有悖于最近通过的《消费者权利指令》鉴于条款第58条,消费者在《欧洲共同买卖法》的选择适用机制下可能会"被剥夺《消费者权利指令》所提供的保护"。即便在消费者合同中,当事人的选择也会参考《欧洲共同买卖法》的任意性规范以及包含在一般合同法(general contract law)规则中的强制性规范,并无引入选用性工具之必要。原因在于,根据冲突法规则,经营者有选择自由,《罗马条例 I》第3条和第6条第2款的灵活的对等原则,既可作为消费者保护的"止损机制"(long stop),又不会给经营者造成不必要的负担。[80]经营者总是可以通过自愿同意(较)高水平的消费者保护,来避免

---

〔78〕 评论参见 J. Luzak, EUVR 2012, 40。

〔79〕 B. Lurger, "A Radical View of Pluralism", in: L. Niglia (ed.), *Pluralism and European Private Law*, 2013, 175.

〔80〕 N. Reich, "EU Strategies in Finding the Optimal Consumer Law Instrument", ERCL 2012, 1 at 21.

被消费者本国的保护条款"套牢"。既无"监管漏洞",也"无必要"通过允许当事人选择适用欧盟司法管辖下的《欧洲共同买卖法》来"填补"了。

总而言之,即使《欧洲共同买卖法》能以现行欧盟法的权限条款,尤其是《欧盟运行条约》第 114 条为法律依据,但仍有争议的是,《欧洲共同买卖法》的两项核心内容,即规范内部市场上"经营者和中小企业"以及"经营者和消费者"之间的跨境交易,也不符合《欧盟条约》第 5 条第 4 款合比例性基准下的"必要性"审查: 6.19

其一,在经营者与中小企业订立的合同(B2SMU)中,鉴于当事人意思自治广泛存在,加之中小企业也可选择适用《联合国国际货物销售合同公约》,此类合同并无必要纳入《欧洲共同买卖法》的规制范围。而在《欧洲共同买卖法》未涵盖的领域,则须始终援引成员国法律。所以,《欧洲共同买卖法》非但不能本着内部市场精神简化跨境交易,反将使跨境商事交易复杂化。

其二,在经营者与消费者订立的合同(B2C)中,也无必要制定选用性工具,因为这可能会(反向)刺激经营者排除适用欧盟基础性和派生性条款中的强制性保护规则。成员国消费者保护立法(未作协调)层面上的其余差异,似乎不会对跨境交易造成明显障碍,这些差异可以通过适用符合内部市场的《罗马条例 I》的冲突规则予以消除。

即便能够通过"必要性"审查,《欧洲共同买卖法》中似乎并未规定欧洲法院为控制欧盟立法[81]而制定的一致性标准(coherence criteria)。这一点可归咎于《欧洲共同买卖法》对"经营者与中小企业"交

---

[81] 参见 C-239/09 *Test-Achats* [2011] ECR I-773,para 21。

易和"经营者与消费者"交易的武断区分,也可归咎于《欧洲共同买卖法》对主体和实质适用范围的界定不明,还归咎于赋予可供成员国选择的方案,使得内部市场合同法的差异加剧,而不是像鉴于条款所承诺的那样有助于消除差异【边码6.13】。

四、欧盟反身性合同治理中协调、趋同和改进立法的开放方法

6.20　　对《欧洲共同买卖法》作为选用性工具的立法方法的批评,并不意味着这种方法一无是处。这里是指与"合同治理"(contract governance)有关的更广泛的一般性讨论。在一篇与"公司治理"范式相关的比较研究的综述论文中,默斯莱因(Möslein)和里森胡贝尔将"合同治理"的学理和实践意义划分为如下四个领域:

第一,"合同法治理"(governance of contract law),即合同法规则制定的制度框架;

第二,"合同治理"(governance of contracts),即合同法作为私人交易的制度框架;

第三,"通过合同法治理"(governance by means of contracts law),将合同法设计为指引行为和实现规制结果的工具,即合同法的规制功能(regulatory function);

第四,"通过合同治理"(governance through contract),将合同作为私主体自我指引(self-guidance)的制度框架和机制。[82]

---

[82] F. Möslein/K. Riesenhuber, "Contract Governance", ERCL 2009, 248 at 260.

在欧盟关于改进民事立法讨论中,关于合同治理的第一点和第三点尤为重要。《欧洲共同买卖法》是基于学界先前的比较法研究,尤其是《共同参考框架草案》制定的。在没有正式立法的情况下,《共同参考框架草案》不仅作为一个"工具箱",还可以作为一种"软法"机制,为欧盟当下的合同法问题(如果这些问题不具有强制性)提供及时、合法的解决方案。其虽非法律渊源,但一定是灵感来源。本着这一精神,在提呈欧洲法院审理的私法案件中,多位佐审官已将《共同参考框架草案》作为与欧盟相关的解决方案的来源【边码6.11】。佐审官特尔斯泰尼亚克在 2012 年 2 月 14 日的 *Camino* 案件意见中提到,欧盟近期有关《欧洲共同买卖法》的立法活动,将"对消费者保护法领域的进一步发展产生重要影响"[83]。这是否属实,本书不作展开。尽管欧盟民法基本原则的这种"渐进式发展"背后并没有欧盟委员会的政治承诺,也没有正式的法律依据[84],但它接近于欧洲法院前任佐审官范格文所称的"趋同的开放方法"(open method of convergence)[85]。

---

[83] C-618/10 *Banco Español de Credito v Camino* [2012] ECR I-(14.06.12).

[84] 这一发展的全面分析,参见 M. Hesselink, "The general principles of civil law: their nature, role and legitimacy", in: D. Leczykiewicz/S. Weatherill et al. (eds.), *The Involvement of EU Law in Private Law Relationships*, 2013, 131 at 175; M. Safjan/P. Miklaszewicz, "Horizontal effect of the general principles of EU law in the sphere of private law", ERPL 2010, 475; A. Hartkamp, *European Law and National Private Law*, 2012, 109;但更批判性的观点,参见 S. Weatherill, "The 'principles of civil law' as a basis for interpreting the legislative *acquis*", ERCL 2010, 74; J. Basedow, "The Court of Justice and private law: vacillations, general principles, and the architecture of the European judiciary", ERPL 2010, 443。

[85] W. van Gerven, "Needed: A Method of Convergence for Private Law", in: A. Furrer et al. (eds.), *Beiträge zum Europäischen Privatrecht*, 2006, 437, 456-460; W. van Gerven, "Bringing (Private) Laws Closer to Each Other at the European Level", in: F. Cafaggi (ed.), *The Institutional Framework of European Private Law*, 2006, 37, 74-77.

6.21　　《欧洲共同买卖法》广泛体现了合同法的规制功能（也有观点认为过于广泛），其中包含许多消费者合同的强制性规范[86]，而关于"经营者与中小企业"交易的条款却很少。然而，这一功能全系于合同强势方选择适用《欧洲共同买卖法》，这种强势方通常为经营者，而非消费者或中小企业。"强制"规制（"mandatory" regulation）合同强势方取决于其自愿受规制，这一结论似乎略为自相矛盾。但这并不意味着《欧洲共同买卖法》中的此举为多余。《欧洲共同买卖法》既可是欧盟和成员国（尤其法院）改进立法或司法的工具[87]，也可是经营者和消费者团体商定"更佳合同"的灵感源泉。这种方法，可能才是《共同参考框架草案》和包括《欧洲共同买卖法》在内的后续工具的真正价值之所在。《欧洲共同买卖法》作为"公平缔约"（fair contracting）之准则，欧盟委员会将就其实效、缺陷、改进数字内容规则的必要性（《欧洲共同买卖法》第100条至第105条）、更新不公平条款"黑名单"和"灰名单"（《欧洲共同买卖法》第83条至第87条）等问题作后续跟进。

　　在将合同治理的第一种和第三种模式联系起来时，欧盟委员会可以按照其在2010年7月1日绿皮书中备选方案三的设想提出建议（recommendation），并定期报告该建议在"合同市场"中的被接受状况。

---

[86]　参见 S. Grundmann, "Kosten und Nutzen eines Europäischen Optionalen Kaufrechts", Archiv für die civilistische Praxis (AcP) 2012, 502, 该文于2012年4月20日至21日在德国科隆举行的德国民法学者协会（German Zivilrechtslehrervereinigung）特别会议上提交。

[87]　相关讨论参见 M. Hesselink, "A Toolbox for European Judges", in: A. Neergaard et al. (eds.), *European Legal Method*, 2011, 185, 文中作者区分欧洲方法、传统方法和政治方法，艾登穆勒（Eidenmüller）等人批评其法律性质不明（不成熟）（immature legal character），参见 H. Eidenmüller et al., JZ 2012, 259 at 288。

须注意的是,甚至欧洲法院在 Alassini 案[88]的判例法中,似乎也认可了委员会建议的间接法律价值。

五、欧盟民事立法的"积极比例"原则:两则示例

(一)商事合同中的不公平条款

迄今为止,商事合同中的不公平条款一直被欧盟立法排除在外,尤其被排除在《不公平条款指令》之外。一个例外是 2011 年《迟延支付指令》第 7 条的"不公平合同条款和实践"(unfair contractual terms and practices)规则[89],该条扩展了 2000 年《迟延支付指令》[90],规定:

6.22

> (1)成员国应规定,与付款日期或期限、迟延支付利率或赔偿费用有关的合同条款或实践,如果对债权人显失公平(grossly unfair),则不可执行或可主张损害赔偿。
>
> 在确定合同条款或实践是否对债权人显失公平时……应考虑案件所有情况,包括:
>
> ——是否严重偏离良好商业实践,违背诚信和公平交易;
>
> ——产品或服务的性质;
>
> ——债务人是否有客观理由偏离迟延支付的法定利率……
>
> (2)就第 1 款而言,排除迟延支付利息的合同条款或实践应

---

[88] C-317/08 Rosalba Alassini et al v Telecom Italia [2010] ECR I-2213, para 40.

[89] [2011] OJ L 48/1;根据指令第 12 条的规定,成员国的指令转化期限截止至 2013 年 3 月 16 日。

[90] [2000] OJ L 200/35.

视为显失公平。

(3) 就第1款而言,排除赔偿费用的合同条款或实践……应被推定为不公平。

(4) 成员国应确保,为了债权人和竞争对手的利益,能够采取充分和有效的措施,以防止继续使用第1款意义上显失公平的合同条款和实践。

应于2013年3月16日前完成(成员国)转化的《迟延支付指令》第7条首次将"不公平(显失公平)条款"的概念扩展到商事交易【边码7.4】,尽管其范围比有利于债权人的支付条款要有限得多。不利于企业债务人(例如中小企业)的不公平条款不包括免责条款和允许单方面更改合同的条款。

就商事条款中的"不公平"概念,《共同参考框架草案》第II-9:401条及后续条款中已有较详细的规定。[91]《共同参考框架草案》第II-9:405条将商事合同中"不公平条款"的概念定义为"严重偏离良好商事实践,违背诚信和公平交易(的条款)",这与第II-9:403条中的消费者合同"不公平条款"概念形成鲜明对比,后者大致沿用了《不公平条款指令》第3条第1款的规定。《共同参考框架草案》第II-9:402条包含一项一般性透明度要求,只有消费者合同中违反该要求(的条款),才会被视为不公平条款。

《欧洲共同买卖法》采纳了《共同参考框架草案》的部分建议。根据《欧洲共同买卖法》第81条,有关不公平条款的规定是强制性的,显然,一旦当事人选择适用这些规定,就会产生上文所述的相当矛盾的

---

[91] 详细释义,参见 DCFR, full edition 2009;相关批评意见,参见 H.-W. Micklitz/N. Reich, "Unfair Terms in the DCFR", Juridica Int. 2008, 58 at 64。

结果。随后,《欧洲共同买卖法》第86条界定了商事合同中"不公平"的含义:

  1. 在经营者之间订立的合同中,仅在下列情形下,合同条款才构成本条意义上的不公平条款:
  ——其构成未经个别磋商条款的一部分……
  ——其性质严重偏离良好商事惯例,违反诚信和公平交易
  2. 在评估合同条款是否构成本条意义上的不公平条款时,应考虑以下因素:
  ——合同内容的性质
  ——合同订立时的主要情况
  ——其他合同条款
  ——合同所依赖的任何其他合同的条款。

上述行文目的并不是要对建议作出评估,而是指出,上述《欧洲共同买卖法》的规定仅适用于《欧洲共同买卖法》条例起始部分第7条所定义的中小企业(SMU)之间的合同,并且只涉及跨境交易。[92]当然,这并不意味着它们不能被一般化(generalised)为一项有关商事合同不公平条款的欧盟立法,从而沿循《迟延支付指令》的规范路径,其范围仅限于债权人保护。既如此,为何不能将其扩展到同样需要保护的企业债务人,尤其是中小企业呢?

---

[92] 参见 H.-W. Micklitz/N. Reich, "The Commission Proposal of a Regulation for an Optional 'Common European Sales Law'-Too broad or not broad enough?", EUI Working Papers Law 2012/04: www.ssrn-id2013183[1].pdf, Part I, paras 18-26。

(二)在"《欧洲共同买卖法》助力下"提升消费者合同立法的一致性：数字合同

6.23　　数字内容(digital content)规则首见于《消费者权利指令》【边码1.23】,其中指令鉴于条款第19条阐释了欧盟关于数字内容的新政策。《消费者权利指令》第2条第11款将"数字内容"定义为"以数字形式制作和提供的数据",第5条第1款第g项和第h项包括了对远程合同和场所合同的信息要求,第6条第r项和第s项则包括了对远程合同和场所合同的类似要求【边码2.7】,第14条第4款第b项和第16条第m项包含了有关撤回数字内容合同的特殊规定。

　　这些有关数字内容的消费者信息条款(consumer information provisions)被《欧洲共同买卖法》所采纳和扩充,特别是在与合同相符(conformity)、不符合合同的救济措施方面,而作为《欧洲共同买卖法》来源的专家组《可行性报告》【边码6.12】并不包含这些条款。这是一个有趣的发展,但不应受选择适用机制之限制。恰恰相反,如上所述【边码6.5】,"积极比例"原则要求将其纳入强制性欧盟消费者立法中,原因在于,数字内容合同的扩展确有必要[93],从而延续了《消费者权利指令》的规范进路。

　　相较于《消费者权利指令》,《欧洲共同买卖法》第2条j项对数字内容的定义要具体得多：

> 数字内容是指以数字形式制作和提供的数据,无论是否依买

---

[93] N. Helberger et al., *Digital Consumers and the Law*, 2013,其中包含大量法律和技术方面的论述。

受人定制,包括视频、音频、图片或书面数字内容(written digital content)、数字游戏、软件以及可使现有硬件或软件个性化的数字内容,但不包括:

1) 金融服务,包括网上银行服务

2) 以电子形式提供的法律或金融建议

3) 电子医疗服务

4) 电子通信服务和网络,以及相关设施和服务

5) 博彩

6) 消费者创建新的数字内容和修改现有数字内容,或与其他用户的创作进行的任何互动。

《欧洲共同买卖法》第5条第b款似乎表明,欧盟立法者将提供软件、音乐、视频、电子游戏等数字内容视为一种"准买卖合同"(quasi-sales contract),无论有无对价,也无论是在线提供还是以CD或DVD等有形载体提供。这似乎有别于传统的知识产权许可方式,在大多数成员国,知识产权许可被视为一类独立的合同。[94] 数字内容通过现代技术,尤其是网络下载实现了"商品化"(commodification),这就为数字内容的"商品化"提供了正当性,使得数字内容成为与传统买卖概念类似的标准化交易的标的。这种新方法也有若干例外,金融服务和博彩尤其如此。

《欧洲共同买卖法》第100条将与合同相符(conformity)概念明确

---

[94] 参见 P. Rott, "Extension of the Proposed Consumer Rights Directive to Cover the Online Purchase of Digital Products", study for BEUC, 2009; U. Grüber, *Digitale Güter und Verbraucherschutz*, 2010; N. Helberger et al., *Digital Consumers and the Law*, 2013, at 21。另见2011年为欧盟委员会撰写的关于数字内容合同未来规则的详细的"阿姆斯特丹研究"("Amsterdam Study" on Future Rules for Digital Content Contracts)。

扩展至数字内容。《欧洲共同买卖法》第 102 条包含了第三方索赔的规则,其中一些规则专门针对消费者合同中的数字内容,即第 107 条(免费提供数字内容的例外规则)规定:

> ……根据合同法或在无此类协议的情形下,根据买受人居所地的法律……数字内容……必须免于存在任何第三人的权利或来自第三人且并非明显毫无根据的主张,前提是……出卖人在订立合同时知道或应当知道;
> ——仅在消费者明知的情况下,出卖人才无须承担责任;
> ——消费者合同中不得减损本条的规定。

出卖人"与合同相符"的义务通常是一项严格责任,但在数字内容合同中,出卖人责任竟然取决于过错,此种做法的理由并不明确。此外,在一般合同条款(general contract terms)中对消费者(买受人)的使用限制(所谓的《信息社会著作权指令》[95]被认为是合理的)在数字内容下载合同中相当频繁与广泛,如何用"公平性"审查对其进行评估,这一点也不甚明确。[96] 滥用现象似乎经常发生,但这需要结合知识产权法和合同法概念另行研究。[97]

《欧洲共同买卖法》第 105 条第 4 款包含一项数字内容更新义务(obligation for updating of digital content)的特殊强制性条款,即经营者"必须确保数字内容在整个合同存续期间与合同相符"。当然,这项

---

[95] [2011] OJ L 167/10.

[96] 有关德国合同条款立法问题的讨论,参见 U. Grüber, *Digitale Güter and Verbracherschutz*, 2010, at 116;美国法律允许版权所有人几乎完全控制用户,尤其是所谓的"虚拟世界"(游戏等),对此进行批判性讨论的出色研究,参见 G. Lastowka, *Virtual Justice*, 2010, 93, 179 ff.

[97] 详见 N. Helberger et al., JCP 2013, 44.

更新的权利取决于(明示或默示的)合同条款,所以,即便消费者期望合同包含该条款,也可以通过在合同中省略该条款,来予以规避。[98]

尽管根据《欧洲共同买卖法》第 110 条,"数字内容的买受人"享有"要求履行合同的权利",但该法似乎并不包含任何与使用数字内容有关的消费者合同违约的具体救济。有些救济措施可能只涉及实体商品,例如修理。《欧洲共同买卖法》第 114 条第 2 款明确规定,非重大违约情形下的解除权也适用于"提供数字内容"情形。

《欧洲共同买卖法》第 29 条第 1 款规定,如果违反了数字内容的信息义务(《欧洲共同买卖法》第 20 条第 1 款第 g 项和第 h 项),经营者应就"因未履行信息义务而给相对方造成的任何损失"承担责任。《欧洲共同买卖法》第 29 条第 4 款也规定,经营者与消费者订立的合同也不得减损前述规定。此外,《欧洲共同买卖法》第 2 条第 c 款已对"损失"概念进行了界定。另外,一旦专业出卖人(professional seller)在诸如(数字内容)缺乏互操作性(interoperability)的情形中已按要求提供了信息,消费者将无权向出卖人主张救济。根据《欧洲共同买卖法》第 99 条第 3 款,这种信息要求事实上起到了免责条款的作用。[99]

显然,许多其他问题仍未得到解决,其中最重要的是消费者法和著作权法的关系问题。《欧洲共同买卖法》不包含任何有关私人复制数字内容(private copying of digital content)的条款。各成员国立法对仅是选用性的《信息社会著作权指令》第 5 条第 2 款第 b 项的规定存在

---

[98] N. Helberger et al., *Digital Consumers and the Law*, 2013, 99 and 109.
[99] N. Helberger et al., JCP 2013, at 48.

分歧。[100] 据此,应当重新考虑这种对消费者合理期待的有限保护。[101] 黑尔贝格尔(Helberger)等人写道:

> 可以认为,消费者合理期待标准(the reasonable consumer expectations standard)优先于著作权法分析中广泛存在的、以著作权人为中心的私人复制规范(norms on private copying)。[102]

然而,实践中真正的问题或在于免责条款(exclusion clauses),原因在于,根据《欧洲共同买卖法》第108条,消费者合同中禁止使用免责条款,但在商事合同中却允许使用。这使得本就难以区分的交易类型【边码6.13】变得更为关键,但交易类型在网络"虚拟世界"中几乎不可能核实。因此,本书建议增加一项推定,即数字内容合同属于消费者合同条款,除非交易的商事性质显而易见。

综上,本书建议,根据《消费者权利指令》,在现行消费者法中纳入一项单独的欧盟指令(或条例),对数字内容的消费者合同予以规范,并纳入前述《欧洲共同买卖法》中的(改进)条款。而鉴于数字内容合同的混合性质,本书不建议对1994年《消费品买卖指令》作出修订。

六、结语:比例原则作为欧盟立法的法律控制和支持工具

6.24 比例原则业已成为审查成员国立法是否符合欧盟有关基本自由

---

[100] [2001] OJ L 167/10.
[101] N. Helberger et al., *Digital Consumers and the Law*, 2013, at 97.
[102] N. Helberger et al., JCP 2013, at 47.

和基本权利要求的法律时最重要的标准之一,包括对这些权利和自由具有限制作用的强制性合同法条款。尽管欧洲法院采用了一般性的"显失比例"审查("obvious inappropriateness" test),但类似标准也应适用于欧盟立法措施,以决定其是否为实现基本自由和欧盟基本权利所"必需"。对欧盟民法(尤其是合同法)措施严格适用比例原则将产生双重效果:

在消极层面,它使欧盟在严格的必要性审查之外的编纂合同法的任何立法措施都受到质疑,包括本书批评的最近为创建选用性的《欧洲共同买卖法》所做的努力。

在积极层面,它要求欧盟在有利于内部市场和/或消费者保护的必要领域采取行动,例如规范商事合同中的不公平条款,并就消费者合同(广义的)的数字内容引入统一规则。

本章参考文献

1. J. Basedow, *The Law of Open Societies*, 2013.

2. C. Busch, "From European Sales Law to Online Contract Law: The CESL in the European Parliament", EUVR 2013, 33.

3. D. Caruso, "The Baby and the Bath Water: The American Critique of European Contract Law", American JCompL 2013, 479.

4. J. Dalhuisen, *Some Realism about a Common European Sales Law*, EBLR 2013, 299.

5. H. Eidenmüller et al., "The Common Frame of Reference for European Private Law-Policy Choices and Codification Problems", OJLS 2008, 659.

6. E. Ellis (ed.), *The Principle of Proportionality in the Laws of Europe*, 1999.

7. B. Fauvenarque-Cosson et al., *Principes contractuals commun-Projet de cadre*

commun de référence, 2008.

8. T. Harbo, "The Function of the Proportionality Principle in EU Law", ELJ 2010, 158.

9. A. Hartkamp, *European Law and National Private Law*, 2012.

10. M. Heidemann, "European Private Law at the Crossroads", ERPrL 2012, 1128.

11. N. Helberger et al., "Digital Content Contracts for Consumers", JCP 2013, 37.

12. N. Helberger et al., *Digital Consumers and the Law*, 2013.

13. C. Joerges/T. Ralli (eds.), *European Constitutionalism without Private Law-Private Law without Democracy*, 2011.

14. K. Lenaerts, "The European Court of Justice and Process Oriented Review", YEL 2012, 3.

15. E. Letowska, "Is the Optional Instrument (CESL) consistent with the principle of subsidiarity?", EUVR 2013, 28.

16. M. Loos/H. Schelhaas, "Commercial Sales: CESL Compared to the Vienna Sales Convention", ERPrL 2013, 105.

17. U. Magnus (ed.), *CISG vs. Regional Sales Law Unification*, 2012.

18. H.-W. Micklitz/F. Cafaggi (eds.), *European Private Law after the Common Frame of Reference*, 2010.

19. H.-W. Micklitz/B. De Witte (eds.), *The European Court of Justice and the Autonomy of Member States*, 2012.

20. H.-W. Micklitz/N. Reich, "The Commission Proposal for a Regulation on CESL-Too Broad or not Broad Enough?", EUI/Law Working Papers 2012/04, available at 〈www.ssrn-id2013183[1].pdf〉.

21. L. Moccia (ed.), *The Making of European Private Law: Why, How, What, Who*, 2013.

22. F. Möslein/K. Riesenhuber, "Contract Governance-A Research Agenda", ERCL 2009, 248.

23. MPI (Max Planck Institut für ausländisches und internationals Privatrecht),

"Policy Options for Progress Towards a European Contract Law", RabelsZ 2011, 373.

24. L. Niglia (ed.), *Pluralism and European Private Law*, 2013.

25. N. Reich, "How Proportionate is the Proportionality Principle? -Some critical remarks on the use and methodology of the proportionality principle in the internal market case law of the ECJ", in: H.-W. Micklitz/B. De Witte (eds.), *The European Court of Justice and the Autonomy of Member States*, 2012, 83.

26. N. Reich, "EU Strategies in Finding the Optimal Consumer Law Instrument", ERCL 2012, 1.

27. N. Reich, "Critique of the Draft Regulation for a Common European Sales Law (CESL) under the Concept of Reflexive Governance in the EU", Revija za Evropsko Pravo 2012, 5.

28. H. Rösler, *Europäische Gerichtsbarkeit auf dem Gebiet des Zivilrechts*, 2012.

29. G. Rühl, "Regulatory Competiton in Contract Law: Empirical Evidence and Normative Implications", ERCL 2013, 61.

30. C. Schmid, *Die Instrumentalisierung des Privatrechts durch die EU: Privatrecht und Privatrechtskonzeptionen in der Entwicklung der Europaischen Integrationsverfassung*, 2009.

31. M. Schmidt-Kessel (ed.), *Der Gemeinsame Referenzrahmen*, 2009.

32. M. Schmidt-Kessel (ed.), *Der Entwurf für eine Gemeinsames Europäisches Kaufrecht -Kommentar*, 2013.

33. R. Schulze (ed.), *Common European Sales Law (CESL)-Commentary*, 2012.

34. A. Somma (ed.), *The Politics of the Draft Common Frame of Reference*, 2009.

35. V. Trstenjak/E. Beysen, "Das Prinzip der Verhältnismäßigkeit in der Unionsrechtsordnung", EuR 2012, 265.

36. C. Twigg-Flesner, *A Cross-Border Regulation for Consumer Transactions in the EU-A Fresh Approach to EU Consumer Law*, 2012.

37. S. Whittaker, "The Optional Instrument of European Contract Law", ERCL 2011, 371.

第七章

新兴的诚信和禁止权利滥用原则?

目次

一、合同法上对诚信的一些误解:合同忠实协作义务的内容　268

二、商法中的诚信　272

三、针对不公平条款的《不公平条款指令》　276

　（一）不明确的"不公平性"审查　276

　（二）不公平的法律后果　282

　（三）欧盟特有的不公平条款"黑/灰"清单　284

四、消费者金融服务中银行诚信义务之缺位　285

五、作为间接诚信义务的"共同责任":若干示例　287

六、近期软法提案中的诚信要素　291

七、《欧盟基本权利宪章》第54条与欧盟权利滥用概念的相关性?　295

八、结语:发展中的诚信?　299

本章参考文献　301

一、合同法上对诚信的一些误解:合同忠实协作义务的内容

7.1　合同法上的"诚信"(good faith)概念,历来是欧盟成员国卷帙浩

繁的法律著述的主题。比较法学者通常会区分大陆法和英美法,大陆法上的诚信一般条款是包括缔约在内的债法总则的一部分[1],英美法则似乎忽视了这个一般概念。可以用于"佐证"的是,海塞林克引用了一位著名英国法官的表述:

> 在许多大陆法国家,以及或许在英美法以外的大多数国家的法律体系中,债法都承认并实施的一项首要原则是,当事人在订立和履行合同时应当诚信行事……英国法的特点在于,其并无此种首要原则,而是针对实际出现的不公平问题制定了一些零散的解决方案。[2]

在这种情况下,欧洲法院在 *Messner* 案【边码 5.9】中提到"民法原则,例如诚信原则"无疑是令人讶异的。这在德国合同法上当然不足为奇,但对英国律师而言一定是震惊的,而且,欧洲法院至今仍未解释这(诚信原则)在多大程度上仅指向可适用的法律,即德国法或一般意义上的欧盟民法,此即构成本章的研究对象。[3]有别于海塞林克的全面批评,本章试图将 *Messner* 案判决的影响限于欧洲法院审理的案件。在 *Messner* 案中,欧洲法院仅授权德国法院将德国诚信规则下的义务施加给消费者,该义务并未被纳入相关的《远程销售指令》,但

---

〔1〕 就法国法而言,卡莱·奥卢瓦(J. Calais-Auloy)提出了一个对消费者合同来说特别重要且极其谨慎的表述,参见 J. Calais-Auloy, in: S. Grundmann/D. Mazeaud (eds.), *General Clauses and Standards in European Contract Law*, 2006, 189。

〔2〕 M. Hesselink, "The General Principles of Civil Law", in: D. Leczykiewicz/S. Weatherill (eds.), *The Involvement of EU Law in Private Law Relationships*, 2013, 173 at note 157,作者引述了宾厄姆法官(Bingham LJ)在 *Interfoto Picture Library Ltd v Stiletto Visual Programmes Ltd* [1989] QB 433 案件中的表达。

〔3〕 S. Weatherill, "The 'principles of civil law' as a basis for interpreting the legislative acquis", ERCL 2010, 74。

现已被纳入新的《消费者权利指令》第 14 条第 2 款【边码 2.1】。至于欧洲法院后续有没有继续援引欧盟民法的诚信基本原则，笔者并不知晓。当然，一旦欧盟民法发展得更为连贯全面，也不排除诚信原则自主发展的可能性。

另一个区别在于"诚信"概念本身的模糊性，这一概念可以在更客观的意义上用于修正现行合同法的僵化之处，例如，因外部因素而无法偿还债务时，允许债务人以"困难"（hardship）、"情势变更"甚或是威廉姆森主张的"社会不可抗力"为由进行抗辩。[4] 另外，正如在关于避免欧盟消费者法或劳动法中强制性规定的"过度保护"的讨论中所看到的【边码 5.9 至 5.10】，"诚信"可能指向"权利滥用"或"不当得利"等相当主观、个别（individual）的概念。还有一些学者，例如海塞林克，则遵循英国传统的衡平观念，将诚信视为对司法续造的授权，而非规范本身。[5]

同样，齐默尔曼（Zimmermann）和惠特克（Whittaker）写道：

> 承认诚信原则并不要求在特定情形下产生特定结果，其仅意味着，存在允许产生特定结果的可能性，而由法院来决定是否应产生特定结果。由此观之，确实可以认为，如果英国或苏格兰接受诚信基本原则，并不会有实质性的法律变化。……我们研究的所有法律制度都已经或正在摆脱几乎只注重当事人意思自治的合同范式。相反，我们发现，当事人的忠实、信赖保护、（特定情

---

[4] T. Wilhelmsson, "Varieties of Welfarism in European Contract Law", ELJ 2004, 712 at 730.

[5] M. Hesselink, in: A. Hartkamp et al. (eds.), *Towards a European Civil Code*, 4th ed. 2011, 687, 700.

形下的)协作义务、考虑对方利益的必要性或合同的实质公平,愈发受到重视。[6]

这无疑是一项重要声明,表明在承认可能出现"诚信"基本原则的问题上,欧盟内部的不同司法辖区正有所调和。这一点也体现在欧洲合同法的许多"软法"提案中,这些提案构成现行共同法【边码7.14】的一部分。但能否认为,"诚信"原则已经成为共同体现行法的一部分?

7.2 齐默尔曼和惠特克的研究,是基于大陆法和英美法对诚信的不同而又趋同的方法和概念所展开的,引述这些著述可以构成本书研究的一个很好的起点。但正如绪言所界定的,本书专研欧盟民法。为证实新近欧盟民法中的忠实协作义务(a duty to loyal cooperation)构成(客观)的诚信概念,本章将尝试用一种"自下而上"的方法检视现行欧盟法律条款,主要是欧盟指令和欧洲法院对指令的解释(仍屈指可数),诚信概念在这些条款中发挥了突出而独特的作用【边码7.3至7.8】。但在金融服务这个似乎特别重要的领域,却并不存在诚信概念【边码7.9至7.10】。为了更主观地理解"诚信",本书将其与一些既有判例,尤其是欧洲法院判例法相联系,以找出在那些因立法过于僵化、形式化而似有不足的领域,判例法是否以及在多大程度上能使欧盟民法得到更细致的适用。本章还将展示,在民事法律关系中,根据欧盟法确立和实施忠实协作义务,这样的类似结果不一定要提及"诚信"一词,而可以用其他概念替代,例如,作为消费者的债权人在民事责任

---

[6] R. Zimmermann/S. Whittaker, *Good Faith*, 2000, 653, 作者提及所研究的案件(强调系后加)。

诉讼中调整债务人义务的"共同责任"(co-responsibility)【边码7.11至7.14】。本章第六部分【边码7.15至7.17】将简要提及不同的"软法"提案,其中的"诚信"概念通常被"公平交易"(fair dealing)的要求所强化,并在较原则性的现行共同法中得到了广泛使用,以补充不尽如人意的共同体现行法【边码0.10】。在结论部分,本章将对欧盟法律中"诚信"原则的零散现状作批判性概述【边码7.21】。

二、商法中的诚信

7.3　　1986年《商事代理人指令》第3条和第4条明确规定了代理人与委托人之间忠实协作的"诚信"义务。第3条规定:

　　1.商事代理人在开展活动时必须顾及委托人的利益,尽职尽责,诚信行事。

　　2.商事代理人尤其必须:

　　(a)付诸适当努力进行谈判,并在适当情况下达成受托处理的交易;

　　(b)向委托人传达他所掌握的一切必要信息;

　　(c)遵从委托人的合理指示。[7]

《商事代理人指令》第4条针对委托人规定了类似的诚信义务。

在某些情况下,对于确定代理人是否有权根据指令第17条获得赔偿或补偿而言,这项(诚信)义务尤为重要。欧洲法院在争议性的

---

〔7〕 [1986] OJ L 382/17.

Ingmar 案[8]中认为,即使是国际代理合同,也不能排除这一条款,欧洲法院的一些诉讼也涉及这一条款,于此不再赘述。《商事代理人指令》第 18 条允许在某些特定条件下免除委托人的责任,包括违反代理人诚信义务时的责任,而这是欧洲法院在 *Volvo* 案中必须裁定的问题。[9]遗憾的是,无论是 *Volvo* 案,还是更早的 *Honeyvem* 案,欧洲法院均未就代理合同当事人的这种相互的诚信义务作更详细分析。[10]在 *Poseidon* 案[11]中,欧洲法院重申了双方的诚信义务:

> 于此,应当指出,从《商事代理人指令》第 1 条第 2 款清楚可见,商事代理合同的特点就在于,代理人作为自雇的中间方(self-employed intermediary),由委托人雇佣并授权进行持续谈判。这一点从指令的若干条文中清晰可见,特别是指令第 3 条和第 4 条关于双方负有尽职尽责行事以及诚信相待义务的规定。

在 2010 年 7 月 3 日 *Volvo* 案的意见中,佐审官博特(Bot)就诚信条款下的代理人的义务有更明确的阐述:

> 《商事代理人指令》第 3 条要求商事代理人履行某些义务。因此,商事代理人必须履行受托事务,并报告受托事务的履行情

---

[8] C-381/98 *Ingmar GB Ltd v Eaton Leonard Technologies Inc.* [2000] ECR I-9305.

[9] C-203/09 *Volvo* [2010] ECR-10721.

[10] C-465/04 *Honeyvem Informazioni Commerciali v Mariealla de Zoti* [2006] ECR I-2879;另见 S. Grundmann in: S. Grundmann/D. Mazeaud (eds.), *General Clauses and Standards in European Contract Law*, 2006, 148;英美法视角下的相应评论,参见 F. Randolph/J. Davey, *The European Law of Commercial Agency*, 3rd ed. 2010, 56,作者将该问题留给成员国法解决。

[11] C-3/04 *Poseidon Chartering NV v Marianne Zeeship et al* [2006] ECR I-2505, para 24.

况。商事代理人履行受托事务的义务包括三个方面,即代理人必须遵从委托人的指示、勤勉尽责、忠实行事。就代理人遵从委托人的指示而言,必须指出,虽然在执行受托事务时,商事代理人通常享有相当大的自由,因为根据定义,代理人是自雇职业者,但他必须遵从委托人对特定受托事务(例如与客户签订合同的条件)给出的强制性指示(mandatory instructions)。此外,商事代理人必须勤勉完成受托事务,亦即必须"优秀专业"地履行合同。如果代理人不拜访客户,不够积极,在促销上未尽力推广(空间上或时间上),或者组织政策不能令人满意,那么他就未能履行这项义务。最后,商事代理人对委托人负有忠实义务。因此,代理人必须确保对有关委托人商业策略的信息保密,未经委托人同意,代理人不得同时代表与委托人业务存在竞争的企业。除履行受托事务的义务外,商事代理人还负有向委托人报告其行为(处理受托事务)的义务。这项义务包括随时向委托人通报受托事务的结果,并向委托人传达他所掌握的一切必要信息。例如,代理人必须提供与市场情况相关的所有有用信息,包括与目前市场上的竞争对手有关的信息。[12]

鉴于欧洲法院在 *Volvo* 案中的结论与佐审官(的意见)几乎相同,故可推定,佐审官的意见也表明了欧洲法院的立场。显然,这种对忠实义务的严格解释,是委托人与代理人之间存在特别密切关系的结果,而这种关系在"普通"的商事交易中并不存在。根据普通法和大陆

---

[12] C-203/09 *Volvo* [2010] ECR-10721,paras 39-45(强调系后加)。

法上的商事代理规则,这种关系具有信义性质(fiduciary character)[13],因此,不能超出有限的适用范围,来发展可以更普遍适用的合同中的"诚信"基本原则。

此外,能否通过类推,将诚信义务扩展到类似的信义关系,例如特许经营合同和其他分销协议,这也是一个未决问题。对此,欧洲法院尚无判例。欧盟竞争法在规范此类"纵向合作协议"(vertical cooperation agreements)上发挥了一定作用,但其更关注效率问题,而不是确定当事人的诚信义务【边码 1.16】。

根据佐审官瓦尔的新近案件意见,由于《商事代理人指令》是最低程度协调的指令,成员国可将其扩张到服务领域,或是补充指令第 17 条(看似替代性的)救济措施,进而创造出 1980 年《罗马公约》第 7 条(现为 2001 年《罗马条例 I》第 9 条第 1 款和第 2 款)*意义上的"优先适用的强制性规范",成员国法院可以适用法院地法中的强制性条款。[14]

最近新修订的 2000 年《延迟支付指令》【边码 6.22】,当属诚信原则在商事关系中的另一颇不寻常之适用,该指令延续了先前《关于打击商事交易的迟延支付指令》。[15] 与后者不同的是,《延迟支付指令》包含了一项违反"诚信和公平交易"的"显失公平条款"的规定。该规

7.4

---

[13] F. Randolph/J. Davey, *The European Law of Commercial Agency*, 3rd ed. 2010, at 55.
* 此处"《布鲁塞尔公约》第 7 条(现为《布鲁塞尔条例》第 9 条第 1 款和第 2 款)"(Article 7 of the Brussels Convention, now Article 9(1) and (2) of the Brussels Regulations 44/2001)应为作者笔误,结合上下文及原文,正确所指应为 1980 年《罗马公约》第 7 条(现为 2001 年《罗马条例 I》第 9 条第 1 款和第 2 款)。——译者注

[14] C-184/12 *UNAMAR v Navigation Maritime Bulgare*, opinion of AG Wahl of 15 May 2013, para 57.

[15] [2000] OJ L 2000/35.

定旨在保护商事交易中的债权人,而非债务人,使其免受"显失公平"的免责条款、单方面取消或提价等条款的影响。有建议称,应将这一诚信概念扩展到其他商事合同,但此种扩展须有赖于具体的欧盟立法。《欧洲共同买卖法》首次肯定了这种必要性,但法案目前尚未颁布,并且,如果合同一方为中小企业,双方当事人必须就《欧洲共同买卖法》的适用达成特别合意【边码6.13】。目前,似乎无法将诚信概念扩展为一项"欧盟民法基本原则"。

三、针对不公平条款的《不公平条款指令》

(一)不明确的"不公平性"审查

7.5 　《不公平条款指令》第3条第1款明确提及"诚信"概念,并将之作为判断消费者合同中未经单独磋商的合同条款公平性的标准。[16]该款规定:

> 如果未经单独磋商的合同条款违反诚信要求,导致双方在合同项下的权利义务严重失衡,从而损害了消费者的利益,该条款应被视为不公平。

鉴于《不公平条款指令》适用范围广泛,涵盖货物和服务合同的条款,甚至包括该指令第1条第2款范围内的公法性的合同条款,那么,能否将上述规则视为承认了诚信基本原则呢?至少在消费者合同

---

[16] 详见 H.-W. Micklitz/N. Reich/P. Rott, *Understanding EU Consumer Law*, 2009, para 3.20。

中是如此?[17]诚信原则在欧盟民法中是否与本书讨论的其他原则一样具有独立内涵?这是一个在欧盟法上备受争议的问题,欧洲法院相当混乱的判例法无疑是雪上加霜。在某种程度上,这是《不公平条款指令》规定本身含糊不清的结果,直至最近,(相关规定)似乎才变得更为清晰。[18]另一方面,《不公平条款指令》鉴于条款第16条提到的正是这样的一个自主概念:

> 鉴于……只要出卖人或供应商公平公正地与对方当事人进行交易,并顾及对方当事人的合法利益,那么出卖人或供应商就满足了诚信要求。

与鉴于条款略有矛盾的是,在广为人知的 *Freiburger Kommunalbauten* 案[19]中,欧洲法院似乎认为,这是一个全由成员国法律确定的概念,这一主张的依据是佐审官格尔赫德(Geelhoed)在2005年9月25日发表的立场鲜明的意见:

> 然而,欧洲法院对共同体法律的解释权,并不延伸至解释成员国法院审理的具体案件中的合同条款。毕竟,……这并不涉及共同体法律的问题。[20]

在2004年4月1日的判决中,欧洲法院多多少少地重申此点:

---

[17] 参见 H.-W. Micklitz/N. Reich/P. Rott, *Understanding EU Consumer Law*, 2009, para 3.15;以及欧洲法院判例 C-92/11 *RWE Vertrieb v Verbraucherzentrale NRW* [2013] ECR I-(21.03.2013) para 31,法院认为,仅是参考适用于其他合同类型(甚至关联合同类型)的强制性规范,也不符合《不公平条款指令》第1条第2款规定的豁免条件。

[18] H.-W. Micklitz/N. Reich/P. Rott, *Understanding EU Consumer Law*, 2009, para 3.1-3.6.

[19] C-237/02 *Freiburger Kommunalbauten v Hofstetter* [2004] ECR I-3403.

[20] C-237/02 *Freiburger Kommunalbauten v Hofstetter* [2004] ECR I-3403, para 26.

于此,应当注意,在提及诚信和当事人权利义务严重失衡的概念时,《不公平条款指令》第3条只是笼统界定了导致未经单独磋商的合同条款不公平的因素……有关《不公平条款指令》第3条第3款的指令附件,仅包含一份指示性、非穷尽性的清单,列出了可能被视为不公平的条款。清单所列条款不一定是不公平的,反之,清单未列的条款也可能被视为是不公平的……至于合同中某项条款是否公平,《不公平条款指令》第4条规定,(公平性之判断)应考虑合同中货物或服务的性质,并考量缔约时的所有情况。于此,应指出,还必须将该条款在合同应适用的准据法下的后果纳入考量。这就要求考虑成员国法。因此,正如佐审官在其意见第25点中所指出的,在根据《欧洲共同体条约》第234条解释共同体法律的管辖范围内,欧洲法院可以就共同体立法机构为界定不公平条款概念而使用的一般标准(general criteria)作出解释。但是,欧洲法院不应就此种一般标准是否适用于某项特定条款作出裁定,因为此点必须根据讼争个案情况加以考虑。[21]

在德国联邦法院提交的关于"由银行担保的建设工程合同中的预付款条款不公平性"的案件中,欧洲法院让成员国法院确定条款是否公平。一方面,就先予裁决程序的权限划分而言,这一(处理)结果似乎是正确的。但另一方面,欧洲法院本应就与"诚信"和"失衡"这两项标准有关的不公平概念本身为成员国法院提供解释指引,尤其是欧盟立法者是否使用了独立于成员国法律的自主的不公平概念。在

---

〔21〕 C-237/02 *Freiburger Kommunalbauten v Hofstetter* [2004] ECR I-3403, para 19-22.

其他民事案件中,尤其是在解释 1980 年《布鲁塞尔公约》的案件中,欧洲法院强调了"合同"和"侵权"等欧盟民法概念的自主性。[22] 欧洲法院本也可以坚持认为,讼争案件条款公平性判断的要点在于,当供应商因额外的银行担保而破产时,预付款条款是否并不会使消费者面临失去付款的风险。但法院并未如此行事,从而否定了该指令的任何(法律)协调功能。由此,"诚信"概念在各成员国的司法管辖区之间仍然存在差异:英国法似乎更倾向于程序性的诚信概念[23],大陆法似乎更倾向基于消费者合同中当事人利益平衡的更实质性的审查【边码 5.4 至 5.8】。

另一方面,欧洲法院对管辖权条款一直持批评态度,似乎认为这些条款本就不公平,这一观点首见于 *Océano* 案[24],并延续至 *Freiburger Kommunalbauten* 案: 7.6

> 诚然,在 *Océano Grupo Editorial* 一案中,欧洲法院认为,由出卖人预先拟定的条款,其目的是将因合同所产生的所有争议的管辖权,都赋予出卖人主要营业地的法院,该条款符合就指令规范目的而言被判定为不公平条款的所有必要标准。尽管如此,这一评估是针对一项仅对出卖人有利而对消费者不具有任何利益的条款作出的。无论合同性质如何,它都损害了指令赋予消费者

---

[22] 相关概述参见 N. Reich et al., *Understanding EU Internal Market Law*, 3rd ed. forthcoming, para 2.17。

[23] H.-W. Micklitz, *The Politics of Judicial Cooperation*, 2005, 401, 作者提到的案件,参见 *First National Bank* 案以及(当时为)上议院的判决([2001] UKHL 52, 481, per Lord Bingham);类似"前见"亦见诸新近的 *Abbey National* 案,参见本书边码 5.5。

[24] C-240-244/99 *Océano Groupo ed. et al v Quintero et al* [2001] ECR I-4941, para 23。

权利的法律保护的有效性。因此,可以认为,该条款是不公平的,而无须考虑与合同订立有关的所有情况,也无须根据合同的准据法评估该条款的利与弊。

与此前观点截然相反,在此,欧洲法院似乎接受了一个以诚信为基础的自主的不公平概念。本书也认为,消费者合同中当事人的忠实协作义务(duty to loyal cooperation)也沿循了这一概念。这种自主的不公平概念还与欧盟民法的有效司法保护原则相关联【边码4.15】,诸多后续案件亦确认了这一原则,其中以 Penzügyi Lizing 案最为明确:

> 必须指出,成员国法院在主要诉讼程序中审查的条款,如其目的是将合同项下产生的所有争议的管辖权都赋予出卖人或供应商的主要营业地的所在地法院,迫使消费者接受一个距其住所可能十分遥远的法院的专属管辖,那么这可能会给消费者出庭带来困难。当争议涉及的金额有限时,消费者出庭的相关费用可能会令其望而却步,使其放弃任何法律救济或抗辩。因此,这种合同条款就构成《不公平条款指令》附件第1条第q项意义上以排除或阻碍消费者采取法律诉讼或(行使任何其他法律救济)权利为目的或效果的条款……此外,该条款使经销商或供应商能够在同一法院处理与其贸易、业务或职业有关的所有诉讼,而该法院并非消费者的住所地法院,以便于经销商或供应商出庭,减轻了他们的出庭负担。[25]

例如,后续判例还涉及单方面提价(条款):

---

[25] C-137/08 *Penzügyi Lizing v F. Schneider* [2010] ECR I-10847, paras 54-55.

欧洲法院的管辖权延伸至《不公平条款指令》第3条第1款及其附件所用"不公平条款"概念的解释,以及成员国法院在根据指令审查合同条款时可以或必须适用的标准,但应谨记,应由成员国法院根据这些标准确定讼争案件中的某项条款是否确实不公平……因此,显而易见的是,欧洲法院在(先予裁决)答复中,必须仅限于向(提呈先予裁决的)成员国法院提供后者在评估争议条款公平性时必须考虑的因素……即便《不公平条款指令》附件内容本身不足以当然确定争议条款的不公平性,其也构成成员国法院评估争议条款公平与否的一项基本要素。……因此,在评估《不公平条款指令》第3条意义上的条款"不公平性"时,消费者能否以清晰易懂的标准,预见到出卖人或供应商对其所提供的与服务有关的费用的一般交易条件(general business terms)进行修改,这一点至关重要。[26]

在 *Freiburger Kommunalbauten* 案中,欧洲法院曾不屑一顾地否定"不公平"和"诚信"两个术语。有所不同的是,欧洲法院在上述案件中似乎承认,至少在消费者合同中,"不公平"和"诚信"已经成为欧盟民法的合同法基本原则,至少就英国法院对《不公平条款指令》的单纯程序性解释而言,英国法院的限制性方法(restrictive approach)已不再适用。

对此,2013年3月14日 *Aziz* 案的新近判决也予以确认【边码4.5】:

关于在何种情况下出现这种"违反诚信要求"的不平衡问

---

[26] C-472/10 *Nemzeti F. H. v Invitel* [2012] ECR I-(27.04.2012),paras 22-28;另参见边码4.8 的 *RWE* 案。

题,考虑到《不公平条款指令》鉴于条款第 16 条……为此,成员国法院必须评估,出卖人或供应商在与消费者进行公平公正的交易时,能否合理假定消费者在单独磋商中会同意该条款。[27]

以上判例证实,在欧盟法中,"诚信"这一新兴自主概念的发展取决于个案评估,必须由成员国法院根据"理性供应商标准"(reasonable supplier standard),来评估消费者是否会同意该条款。正如鉴于条款第 16 条所述,这意味着,在未进行《不公平条款指令》第 3 条第 2 款意义上"单独磋商"的情形下,供应商必须理性考虑消费者的议价能力,不能仅追求自身商业利益和合同效率,而罔顾消费者的合理期待(legitimate expectations)。在此意义上,不同于托依布纳(Teubner)的批评[28],"诚信"并不是一项"刺激因素"(irritant),而是可以成为欧盟民法上的一项不可或缺的原则,尽管这里的欧盟民法仅限于前文定义的狭义意义上的共同体现行法,而不是(更广泛意义上的)现行共同法【边码0.10】。

这项消费者合同中的新兴原则能否扩展至商事关系,这仍是一个未决问题。但正如后文所述【边码7.9】,商事关系中的诚信原则似已初露端倪。

(二)不公平的法律后果

7.7 与诚信这项欧盟民法自主原则相关的另一项重要内容,是如何确定消费者合同中不公平条款的后果。当合同包含不公平条款时,消

---

〔27〕 C-415/11 *Mohamed Aziz v Catalunyacaixa* [2013] ECR I-(14.04.2013), para 69.
〔28〕 G. Teubner, "Legal Irritants: Good Faith in British Law or How Unifying Law Ends Up in New Divergencies", ModLR 1998, 1.

费者能否依其主观偏好拒绝整个合同？还是说，只要去掉不公平条款之后的合同对供应商来说仍具有商业可行性，那么消费者就必须继续接受此种去掉不公平条款之后的合同。对消费者而言，主观方法似乎更为有利，客观方法则更符合作为一般诚信义务一部分的忠实协作义务，忠实协作义务不仅为经营者，也（在一定程度上）为消费者设定了义务。欧洲法院在 Pereničová 案[29] 中显然更倾向于客观方法，从而遵循了佐审官特尔斯泰尼亚克在 2011 年 11 月 29 日发表的案件意见，这似乎证实了本书的观点，即在消费者合同中，"诚信"包含了当事人忠实协作的概括义务：

> 至于合同在除去不公平条款后能否继续存续的评估标准，必须指出，《不公平条款指令》第 6 条第 1 款的文义和对经济活动的法律确定性要求，均主张以客观的方法解释该条款，因此，正如佐审官在意见第 66 点至第 68 点所言，不能将合同一方当事人（本案为消费者）的情况作为合同命运的决定性标准。因此，《不公平条款指令》第 6 条第 1 款不能被解释为，在评估包含一项或多项不公平条款的合同能否在除去这些条款的情况下继续存在时，审理案件的法院可以仅根据合同整体无效对消费者可能带来的益处来作出决定。

佐审官特尔斯泰尼亚克写道：

> 最后，必须根据《不公平条款指令》的进一步目标，来评估有必要"维护当事人自由安排事务的原则，和保证出卖人或供应商

---

[29] C-453/10 *Pereničová and Perenič v SOS financ*［2012］ECR I-(15.03.2012), paras 32-33.

与消费者之间的合同关系的均衡性"的论点。应谨记,正如指令鉴于条款第1条所言,颁布《不公平条款指令》是为了逐步建立内部市场。从指令鉴于条款第2条和第3条中可以看出,该指令旨在消除各成员国立法在消费者合同中不公平条款方面的明显分歧。除了为消费者提供更好的保护,根据指令鉴于条款第7条,立法机构还希望促进指令适用范围内的商业活动("将因此帮助商品销售商和服务供应商在本国和整个内部市场销售商品和提供服务")。然而,只有在确保经济主体的法律确定性的前提下,商业活动才能得到发展。这包括保护经济主体对合同关系持久性的信心。倘若整个合同的有效性仅取决于一方当事人的利益,那么这种做法不仅无益于增强信心,而且从长远来看甚至可能会动摇信心。正如出卖人或供应方与消费者签订合同的意愿可能会因此而下降一样,建立内部市场的目标也有可能会落空。《不公平条款指令》第6条正是考虑到了这一点,所以仅限于确保合同关系的均衡性。[30]

(三)欧盟特有的不公平条款"黑/灰"清单

7.8　　基于这一新兴的"不公平"自主概念,欧洲法院似乎正在制定一份"黑清单"或"灰清单",列出欧盟民法上被视为不公平的特定条款(事实由成员国法院确定)。到目前为止,这份清单虽然提供了一项参照点,但不具有《欧洲共同买卖法》第84条和第85条所规定的

---

〔30〕　C-453/10 Pereničová and Perenič v SOS financ [2012] ECR I-(15.03.2012), paras 67.

拘束力【边码6.13】。这种欧盟特有的不公平概念,在某种程度上落实了上述欧盟民法基本原则,本书仅举几例:

其一,"有限"自治原则,保护弱势一方免受单方面放弃民事权利之影响【边码2.8】;

其二,非歧视原则,要求统一男女保险费率【边码3.17】;

其三,有效原则,将"管辖权条款"列入黑清单【边码4.15】,将抵押合同中限制违约债务人抗辩的条款列入灰清单【边码4.17】;

其四,在预先拟定的合同条款中,需要平衡与价格因素有关的条款中间冲突的利益【边码5.8】;

其五,对单方面提高价格的严格限制【边码7.5】。

四、消费者金融服务中银行诚信义务之缺位

目前,欧盟民法对金融服务合同的影响仅是边缘性的。2008年《消费者信贷指令》第22条第3款包含一项禁止规避行为的一般规则: 7.9

> 成员国应……确保其在转化本指令而通过的规定不会因协议起草方式而被规避,特别是将属于本指令范围内的提款或信贷协议纳入信贷协议中,而这些协议的性质或目的有可能使其规避本指令之适用。[31]

然而,在诸如评估消费者的信用度等方面,债权人对消费者并不负有任何诚信义务。《消费者信贷指令》第8条第1款将(债权人的

---

〔31〕 [2008] OJ L 133/67.

义务)限于"酌情"从消费者处或"必要时"通过查询数据库获得的信息。指令并未规定银行在违反第8条时须承担的后果,加之指令规定银行的义务仅在"适当"或"必要时"存在,这种对义务的不确切表述,使得指令未规定银行应承担的、可作为其直接效力依据的任何明确和不附条件的义务。《消费者信贷指令》鉴于条款第26条强调了债权人(银行)不得进行不负责任的贷款或在未经事先评估信用度的情况下发放贷款的重要性,但却将相关制裁措施留给成员国,而且,在违反这一(不准确)义务的情况下,指令也未规定任何民法救济措施。同时,指令还提醒消费者"谨慎行事,遵守其合同义务"。《消费者信贷指令》草案中关于负责任借贷(responsible lending)的最初建议已被完全淡化,取而代之的是仅仅要求告知消费者。[32]

7.10 针对在欧盟开展的投资服务营销,2004年《金融工具市场指令》第19条第1款包含一项有关"商业行为义务"(Conduct of Business Obligations)的一般条款,可将其解释为包含了提供者(指令用语中指投资公司,通常为银行)对(非专业,私人属性的)零售客户的诚信义务:

> 成员国应要求投资公司在提供投资服务时……诚实、公平、专业行事,维护客户的最佳利益。[33]

《关于对投资公司组织要求和经营条件的第2006/73号指令》第26条和第27条的欧盟派生性立法对此作了具体规定,涉及所谓的诱

---

[32] 相关批判参见 H.-W. Micklitz/N. Reich/P. Rott, *Understanding EU Consumer Law*, 2009, para 5.16。

[33] [2004] OJ L 145/1; S. Grundmann in: S. Grundmann/D. Mazeaud (eds.), *General Clauses and Standards in European Contract Law*, 2006, at 142 and 149; O. Cherednyshenko, "The Regulation of Retail Investment Services in the EU: Towards the Improvement of Investor Rights?", JCP 2010, 355 at 406.

导(inducements)和向客户提供的信息问题。[34] 这些规定可被视为投资公司对其客户(应承担)的诚信和公平交易义务。遗憾的是,这一标准并非欧盟合同标准,而是一种由监管机构实施的标准。该标准能否成为《金融工具市场指令》第4条第1款第12项意义上银行与零售客户的合同或先合同关系中义务的一部分,必须由成员国法律决定。尽管可以说合同法必须在这个意义上进行解释,但《金融工具市场指令》对此并无任何建议。[35] 但在最近的 Genil 案判决中,欧洲法院裁定:

> 如果提供投资服务的投资公司未能遵守《金融工具市场指令》第19条第4款和第5款的评估要求,在遵守对等原则和有效原则的前提下,应由各成员国的本国法律秩序来确定合同后果。[36]

五、作为间接诚信义务的"共同责任":若干示例

欧洲法院的判例法在某种程度上间接承认了消费者合同中债权人对消费者的诚信义务。欧洲法院援引民法(基本)原则,以避免"过

7.11

---

[34] [2006] OJ 241/26.

[35] O. Cherednychenko, "The legal matrix for retail investment services in the EUI: where is the individual investor", in: J. Devenny/M. Kenny (eds.), *Consumer Credit*, *Debt*, *and Investment in Europe*, 2012, 253; O. Cherednychenko, JCP 2010, 409(荷兰、德国和英国例子的间接影响); N. Reich, "The interrelation between rights and duties in EU Law: Reflections on the state of liability law in the multilevel governance system of the Union-Is there a need for a more coherent approach in European private law?", YEL 2010, 112 at 150-160; S. Grundmann, *European Company Law*, 2nd ed. 2012, 525。

[36] C-604/11 Genil et al v Bankinter et al [2013] ECR I-(30.05.2013).

度保护"消费者【边码5.9】,并遏制劳动者通过"滥用权利"【边码5.10】以达到滥用自由流动权的目的。依照欧洲法院的 Weber-Putz 案判决【边码4.18】[37],在消费者买卖法(consumer sales law)中,根据《消费品买卖指令》第3条,购买不符合规格产品的消费者有权要求出卖人将瑕疵产品更换为符合规格的产品,并由出卖人承担费用,但费用范围应限于"与货物无瑕疵时的价值以及货物瑕疵严重程度成比例之金额"【判决第74段】。

从这一相当杂乱、在某种程度上不相连贯的判例法中,或可推导出一项一般性的"诚信"义务,这种义务不仅适用于合同关系的经营者一方,也适用于消费者和劳动者一方。但尚不明确的是,这是否是一个真正的欧盟民法概念,还是欧洲法院只是想为成员国法院提供一种可能性,让成员国法院能将本国法上特定的诚信和权利滥用概念适用于其认为违反本国民法原则的情形。本书倾向于扩大"诚信"概念的适用范围,将"诚信"扩展为一个适用于整个欧盟的更一般性的概念,或至少能适用于欧盟(基础性和派生性)法律范围内的合同或民事责任问题。

7.12 默示承认诚信原则的另一示例,是将"共同责任"规则(the rule on "co-responsibility")作为对欧盟法上权利的限制。例如,成员国因违反欧盟法律面临损害赔偿时,将"共同责任"规则作为对损害赔偿的

---

[37] 参见合并审理案件 C-65/09+C-87/09, Gebr. Weber et al v J. Wittmer et al [2011] ECR I-5257,批判性评论参见 A. Johnson/H.Unberath,CMLRev 2012,793 at 804;尽管在方法论上存在问题,但德国联邦法院仍然效仿,参见 BGH, VIII ZR 70/08 NJW 2012,1073;但德国联邦法院并未将该原则扩展到商事交易,参见 VIII ZR 226/11 of 17.10.2012,EuZW 2013,157。

一种抗辩。在 *Brasserie* 案[38] 中,欧洲法院坚持包括"纯粹"经济损失在内的完全赔偿原则,明确指出必须将利息涵盖在内。[39] 但是,成员国可以引入规则,要求受害方尽到合理努力以控制损失或损害的范围,否则,受害方就可能面临无法主张赔偿或赔偿减少的风险。[40] 新近的 *Danske-Slagter* 案[41] 证明,成员国法的这种规定有其合理性,就(本可避免)但因个人故意或过失地没有用法律救济措施来避免的那些损失或损害,个人不能获得赔偿,"前提是可以合理地要求受害方利用这种救济措施,这一问题应由成员国法院综合诉讼所有情况加以确定"【判决第69段】。

7.13　如前所述【边码4.11】,欧洲法院在 *Courage* 案[42] 中认为,英国法上"任何人不得因其恶行而得利"的规则禁止反竞争协议的一方当事人主张损害赔偿,但该规则并不适用于竞争侵权(competition infringements)的赔偿主张。欧洲法院以英国法的这一规则妨碍了共同体法律的充分实效为由将之撤销。但对反竞争行为的受害人而言,这一后果并不排除对受害人损害赔偿权利所固有的"诚信"限制:

> 同样,在遵守对等原则和有效原则的前提下……对于被认定为对扭曲竞争负有重大责任的一方,共同体法律并不排除成员国法剥夺其从另一缔约方获得赔偿的权利。根据大多数成员国法

---

[38] 合并审理案件 C-46+48/93 *Brasserie de Pêcheur et al v BRD*〔1996〕ECR I-1029,para 87。

[39] 另参见 C-271/91 *Marshall II*〔1993〕ECR I-4367,para 32。

[40] 合并审理案件 C-46+48/93 *Brasserie de Pêcheur et al* v BRD〔1996〕ECR I-1029,para 84;T. Tridimas,*The General Principles of EU Law*,2nd ed. 2006,458。

[41] C-445/06 *Danske-Slagter*〔2009〕ECR I-2119。

[42] C-453/99 *Courage v Crehan*〔2001〕ECR I-6297。

律体系所承认的一项原则,欧洲法院也曾适用这一原则……证据确凿时,诉讼当事人不得从自己的非法行为中获利。因此,成员国管辖法院应考虑的事项包括当事人所处的经济和法律背景以及……合同双方各自的议价能力和行为。[43]

令人讶异的是,欧洲法院在此提到的是一项被欧盟大多数(但非全部)法律体系承认的原则。在 2001 年 3 月 22 日的案件意见中,佐审官米朔说得更加具体:

为了评估主张损害赔偿的一方当事人所承担的责任,必须考虑到双方所处的经济和法律背景,以及英国政府所提议的,应考虑双方各自的议价能力和行为。尤其应确定一方当事人的地位是否明显弱于另一方。这种弱势地位使人严重质疑其能否自由选择合同条款。最后,必须补充的是,一方当事人承担过失责任的这一事实并不排除其提供证据的义务,当事人仍应证明其为限制损害范围尽到了合理努力。[44]

7.14 欧盟派生性法律也对"共同责任"有所规定,这些内容可以用损害赔偿请求权人应具备的"主观诚信"(subjective good faith)概念来解释。例如,根据《产品责任指令》[45]第 8 条第 2 款,在产品责任案件中,或是根据《包价旅游指令》[46]第 5 条第 4 款,在对包价旅游公司主张赔偿的案件中,受损害的消费者必须发出通知:

---

[43] C-453/99 *Courage v Crehan* [2001] ECR I-6297, paras 31-32.
[44] C-453/99 *Courage v Crehan* [2001] ECR I-6297, paras 73-75.
[45] [1985] OJ L 210/29.
[46] [1990] OJ L 158/59.

消费者必须第一时间以书面或其他合理形式向相关服务的提供者、组织者和/或零售商告知(communicate)其当场发现的合同不履行情况。这项义务必须在合同中明确规定。

成员国必须对(消费者)不作通知的后果作出规定。目前尚不明确的是,未作通知是否会导致消费者的赔偿主张被拒绝或赔偿数额被削减,或者,通知是否仅构成减轻消费者最终所主张的赔偿的一项证据要素。[47] 笔者认为,正如第六章【边码 6.3 至 6.5】所述,消费者完全丧失或大幅减少获得赔偿的权利似乎有悖于比例原则这一欧盟民法基本原则。这与欧洲法院在 Leitner 案[48] 中坚持认为赔偿消费者的假期损失(包括非物质损失)的重要性相一致。消费者未进行通知,或将增加消费者主张损害赔偿的举证难度,但不会排除损害赔偿或使赔偿大幅降低。

六、近期软法提案中的诚信要素

《欧洲合同法原则》【边码 0.10】明确提及诚信和公平交易原则: 7.15

第 1:201 条 诚信和公平交易(Good Faith and Fair Dealing)

(1)各方均须依诚信和公平交易原则行事。

(2)各方不得排除或限制此项义务。

第 1:202 条 协作义务(Duty to Co-operate)

---

[47] 参见 H.-W. Micklitz, in: N. Reich/H.-W. Micklitz, *Europaisches Verbraucherrecht*, 4th ed. 2004, 692。

[48] C-168/00 Simone Leitner v TUI Deutschland [2002] ECR I-2631, paras 19-23.

为使合同充分有效,各方均有义务与对方协作。

国际统一私法协会的《国际商事合同通则》第1.7条也有类似表述,据称英国律师对此原则并不熟悉。[49] 福根瑙尔(Vogenauer)对承认其为(国际)合同法的"基本原则"持怀疑态度:

第1.7条当然不是全球合同法共同核心(common core)的"国际重述"(international restatement)。即便在成员国法层面,诚信和不诚信交易的标准也远未确定……成员国对诚信概念的不同立场,不仅反映了各国对纯技术问题之关切,而且更涉及成员国对司法职能和合同法功能的理解,而这种理解在各成员国普遍存在。[50]

因此,不能认为《国际商事合同通则》第1.7条表达了成员国法律的共同原则。鉴于欧盟并未参加《欧洲合同法原则》或《国际商事合同通则》,因此不能将其视为欧盟民法的一项原则。其既未表达现行共同法,也未表达共同体现行法。

7.16 《共同参考框架草案》【边码0.10和6.6】详细规定了诚信原则。《共同参考框架草案》第I-1:103条将诚信定义为:

(1)"诚信和公平交易"是指一种行为标准,其特点是诚实、公开和考虑到相关交易关系另一方的利益。

法律评注对这一基本原则的重要性作了如下解释:

---

[49] S. Vogenauer, "Die UNIDROIT-Grundregeln 2010", ZEuP 2013, 7 at 11.
[50] S. Vogenauer/J. Kleinheisterkamp (eds.), *PICL Commentary*, 2009, Article 1.7 at para 4(强调系后加)。

对另一方利益的考虑取决于包括合同性质在内的具体情况。在许多商事合同中,双方当事人的权利义务都有严格规定,以至于在正常情况下,对诚信和公平交易的考虑完全处于次要地位。[51]

《共同参考框架草案》第 II-1:102 条将诚信原则确立为当事人意思自治的一部分:

(1)当事人可以自由订立合同或从事其他法律行为并决定其内容,但必须遵守诚信和公平交易规则以及任何其他适用的强制性规则。

(2)除另有规定外,当事人可以排除下列任何有关合同或其他法律行为或由此产生权利和义务的规则之适用,或者减损、改变其效力。

(3)规定当事人不得排除某项规则之适用,或减损、变更其效力者,不妨碍一方当事人放弃已经产生且已知悉之权利。

《共同参考框架草案》第 III-1:103 条是债法总则的一项具体规则:

(1)在行使履行请求权、就合同不履行主张救济或提出抗辩,或者行使终止债务或合同关系的权利时,当事人有义务按照诚信和公平交易原则行事。

(2)前款义务不得通过合同或其他法律行为排除或限制。

评注对这一义务解释如下:

---

[51] *DCFR*, full ed. 2009, Vol. I, 89.

该义务的作用……是为双方当事人提供一项直接、一般性的指引,其目的是在法律交易中落实得体和公平的共同体标准(community standards of decency and fairness)。法律期望当事人按照诚信和公平交易的要求行事。[52]

7.17　　选用性的《欧洲共同买卖法》条例草案【边码6.12】非常明确地在适用范围内的所有交易中引入了一般诚信义务,涵盖了"企业与中小企业之间"和"经营者与消费者之间"的交易。诚信原则被直接规定在第1条的合同自由基本原则之后,该原则的重要性从其在草案中的突出位置可见一斑。本着这一精神,《欧洲共同买卖法》第2条将"诚信和公平交易"规定为:

(1)每一方都有义务按照诚信和公平交易行事……

(2)违反这一义务可能使违反义务的一方无法行使或享有其本应享有的权利、救济或抗辩,或可能使一方对因此给另一方造成的任何损失承担责任。

(3)当事人不得排除本条之适用,也不得减损或改变本条之效力。

《欧洲共同买卖法》第3条规定了双方在履行各自合同义务时的协作义务。

但正如绪言所述,即使诚信原则作为一项强制性规则被规定于《欧洲共同买卖法》,这种对诚信原则是现行共同法之一部分【边码0.10】的承认,也并不一定使其成为共同体现行法的一部分。第2条和

---

[52] *DCFR*, full ed. 2009, Vol. I, 89, at 677.

第 3 条仍有可能会成为欧盟民法基本原则,但目前仍为时尚早。

七、《欧盟基本权利宪章》第 54 条与欧盟权利滥用概念的相关性?

《欧盟基本权利宪章》第 54 条关于禁止滥用权利的规定,能否被视为欧盟法律中诚信原则的(有限)"宪法化"? 它是否得到立法和司法实践的支持?   7.18

第 54 条内容如下:

> 本宪章不得解释为授予任何权利,以参与或从事任何以破坏本宪章所承认的任何权利和自由,或超越本宪章所允许的限制范围为目的的活动或行为。

《欧盟基本权利宪章》前言的解释表明,第 54 条是从《欧洲人权公约》第 17 条原样照搬而来的。但由于该条措辞本身的限制性,其在欧洲人权法院(ECtHR)的判例法中的作用极为有限,这在宪法背景下是可以理解的。[53] 在民法中则需要一种更灵活的表述,将其与诚信原则相关联,但目前尚无先例。第 54 条的后半部分可以从这一意义上解释,因为其中提到,对权利的限制"超越(本宪章)允许的范围",此种规范表达略显模糊,司法实践也尚未对其进行具体考量。

---

[53] 参见 C. Grabenwarter/K. Pabel, *EMRK*, 5th ed. 2012, para 23.5; J.A. Frowein/W. Peukert, *Kommentar zur EMRK*, 3rd ed. 2009, Article 17 para 4, 作者在第 17 条评注的第 4 段引用了仇恨言论(hate speech)案例,仇恨言论构成对《欧洲人权公约》第 10 条规定的言论自由权的滥用,因此不受保护。

德国学者金格伦(Kingreen)坚持认为[54]，第 54 条是针对作为基本权利主体的私人的，私人不得超出《欧盟基本权利宪章》的规范目的去限制民事权利。

《欧盟基本权利宪章》第 54 条既可适用于消费者合同，也适用于劳动关系。在这些关系中，对弱势一方的保护首先被承认为欧盟民法"'有限'自治"基本原则的一部分【边码 2.1】，但欧洲法院司法实践对"过度保护"设定了特定限制【边码 5.9 至 5.11】。

7.19　　在"权利滥用"的背景下作上述推理，那么，《欧盟基本权利宪章》第 38 条的消费者保护原则及由此产生的派生性立法将适用于消费者。另一方面，必须谨记，根据《欧盟基本权利宪章》第 16 条，经营者享有缔约自由【边码 1.13】。无论是经营者还是消费者，在适用《欧盟基本权利宪章》第 47 条关于有效救济的权利的规定时【边码 4.10】，都不应超出该权利的范围，特别是不应剥夺或不必要地限制相对方的权利和自由。例如，如果消费者签订的是一份远程合同，而他不仅打算对产品进行检验，还想在撤回期内完整使用该产品，然后再将其退回(著名的婚纱只用一次的例子)，正如欧洲法院在 Messner 案判决所指出的【边码 5.9】，这将构成(权利)"滥用"和违反"诚信"原则。[55]

在类似情况下，劳动者享有包括社会福利在内的优厚的自由流动权，而雇主也有权基于《欧盟基本权利宪章》第 16 条享有合同自由(营业自由)，但第 16 条允许对营业自由设置某些限制。以类似 Pal-

---

[54] T. Kingreen, in: C. Calliess/M. Ruffert, *Kommentar EUV/AEUV*, 4th ed. 2011, Article 54 Charta, Rdnr. 2.

[55] C-489/07 *Messner v Firma Stefan Krüger* [2009] ECR I-7315.

etta 案的方式使用自由流动权,可能构成(权利)"滥用",因为这不必要地扩大了雇主在劳动者在国外(真正)生病时支付工资的合同义务,在帕莱塔一家在休假期间屡次生病的情况下,雇主无须就(雇员存在)恶意承担证明责任。欧洲法院将欺诈作为权利滥用的限制因素的做法似乎过于狭隘【边码 5.11】。

格伦德曼(Grundmann)认为:

> 权利滥用在欧共体法上的作用非常突出,比任何其他一般条款或标准更具一般性,并有许多与《不公平条款指令》并无直接关联的有趣例子。[56]

基于略有不同的理念,梅茨格分析了"滥用"(abuse)概念在欧盟合同法中的重要性,但并未提及《欧盟基本权利宪章》第 54 条。他对更普遍地适用欧盟特有的权利滥用原则持怀疑态度,理由是:

> (权利滥用原则)既未得到欧盟立法的支持,也未得到欧洲法院判例法的认可。尽管这一概念确实出现在个别指令的一些不甚重要的规则和欧洲法院判例法的个别案件中,但这些片段并不等于承认一项基本法律原则。[57]

然而,前文提及的《消费者信贷指令》中的"规避"(circumvention)规则【边码 7.4】可以被视为明确禁止银行和债权人滥用权利来订立贷

7.20

---

[56] S. Grundmann in: S. Grundmann/D. Mazeaud (eds.), *General Clauses and Standards in European Contract Law*, 2006, 147;然而,作者主要指公司法,不属于本书研究范围。

[57] A. Metzger, "Abuse of Law in EU Private Law: A (Re-)Construction from Fragments", in: R. de la Feria/S. Vogenauer (eds.), *Prohibition of Abuse of Law-A New Principle of EU Law*?, 2011, 235 at 251.

款协议,以规避转化该指令的成员国法律中的保护性条款。这一规则似乎宣告了一项欧盟民法的新兴原则,即通过规避法律(Gesetzesumgehung)来滥用权利,这一原则现已在欧盟自由流动法律、税法和金融法中得到了承认。[58] 与其说这是基于以欺诈方式行使权利的人的滥用意图,倒不如说,是基于赋予行为人(经营者、消费者、劳动者)合法权利的目的与违背这一目的的权利行使方式之间的差异。这可被视为是对欧盟民法上禁止权利滥用基本原则的默示承认。禁止权利滥用原则与诚信原则的具体关系如何,仍有待详述,本书于此建议,作为在(消费和雇佣)市场中经济主体的一般行为准则,禁止权利滥用原则还包括禁止在欧盟民法的横向关系中滥用权利。

福根瑙尔对欧盟法上滥用法律和权利原则的重要性进行了总结分析,概述了使用这一概念的不同案例、领域和理论,尤其是自由流动和税法:

> 基于法官法形成的禁止滥用欧盟法律的规定,欧盟法律的某项规则在下列情形下不适用:(1)规则文义明确无误地涵盖了一组特定事实;(2)适用该规则的结果将违背规则的规范意旨;(3)个人适用规则是滥用性的……该理论具备所有必要属性,因此可被承认为欧盟法律的基本原则……但这一基本原则仍在形成之中,仍待普遍承认,其理论基础仍不稳固,其概念框架尚未统一。[59]

---

[58] 参见 R. de la Feria/S. Vogenauer (eds.), *Prohibition of Abuse of Law-A New Principle of EU Law?*, 2011, 235 at 251, 对于权利滥用原则的范围和重要性, 这些著述中有着不同的评价。

[59] R. de la Feria/S. Vogenauer (eds.), *Prohibition of Abuse of Law-A New Principle of EU Law?*, 2011, at 571.

当然，必须谨慎使用权利滥用理论，以避免出现佐审官特尔斯泰尼亚克在 Gybrechts 案意见中所说的"过度的公正变成不公正"的情况，她批评了比利时的一项规定，根据该规定，在远程合同中，出卖人不得在撤回权失效之前将消费者的信用卡号作为担保：

> 在有可能同时给予消费者和出卖人绝对保护的情况下，消费者得到了绝对保护，而出卖人却没有任何保护，这种情况可以被称为是"过度的公正变成不公正"（sumum ius summa iniuria）。在使用其他付款方式时无法同时保护消费者和出卖人，这一点并不能使我信服，在允许某种付款方式的情况下，无法为双方提供保护。[60]

八、结语：发展中的诚信？

欧盟民法中的诚信原则，呈现出一种明显的法律拼凑现象。诚信原则俨然成为消费者合同的一部分，不再被视为（托依布纳语中的）"法律刺激因素"（legal irritant）。但截至目前的欧洲法院新近判决，诚信原则的适用也只是限于不公平条款实践。尽管最近发生了金融危机，但在其他领域，尤其是相关指令规定的消费者信贷或投资服务领域，在审查消费者的信用度或在对"零售客户"作投资适当性调查时，银行的诚信义务仍然是缺位的。在商事合同中，除了一些极不一致的例外情形，诚信几乎无迹可寻。欧盟在"旧"《商事代理人指令》和"新"《迟延支付指令》中的规定，似乎也仅是零敲碎打，全未以

7.21

---

[60] C-205/07 Gysbrechts [2008] ECR I-9947, opinion of 17 July 2008, para 87.

诚信原则为导向。

此外,在欧盟法律规定合同双方(包括消费者合同)承担某种共同责任并允许被告以权利滥用为由进行抗辩(事实上这一点已经在《欧盟基本权利宪章》第54条中得到了宪法承认)的若干实例中,可以发现对诚信原则的间接承认。但所有这些规定都缺乏法律明确性,并且在采取客观方法还是主观方法上摇摆不定。最后,与共同体现行法形成一定反差的是,欧盟的一些软法和立法提案都十分强调诚信原则,可以认为,诚信原则在现行共同法中得到了普遍承认。

诚信原则是否"正在"成为欧盟民法基本原则,取决于欧盟后续立法和欧洲法院判例。在笔者看来,这种趋势肉眼可见,使我们谈论"半项基本原则"(half a general principle)成为可能。当然,这需要更多的学术研究,以超越比较法的视角,来找出诚信原则在欧盟民法中的具体地位、作用和功能。诚信原则在英国法上的缺失和在金融服务领域中的缺位,不应成为发展诚信原则的绊脚石。

在经济分析层面,库特(Cooter)和谢弗(Schäfer)新近的专著[61]提出了商事合同中的"创新的双重信任困境"(double trust dilemma of innovation):不信任意味着缺乏诚信和公平交易,进而阻碍了创新。用库特和谢弗的话来说,创新者担心投资者"窃取"其创新成果,反之亦然,投资者担心创新者"盗走"其财富金钱,如此一来,双方就不可能订立可靠的合同。有效的合同法应避免这种两难局面。由于欧盟政策以刺激投资和创新为目标,因此,在内部市场缔约中普遍承认诚信

---

[61] *Solomon's Knot*, 2013, at 27.

原则,将是朝这个方向发展的一项有效工具。[62] 2011 年的《迟延支付指令》可被视为对"双重信任困境"的首次承认。

本章参考文献

1. R. Brownsword/N. Hird/G. Howells, *Good Faith in Contract: Concept and Context*, 1999.

2. C. Calliess/M. Ruffert (eds.), *EUV-AEUV -Das Verfassungsrecht der EU mit Europäischer Grundrechtscharta, Kommentar*, 4th ed. 2011.

3. O. Cherednychenko, "The legal matrix for retail investment services in the EUI: where is the individual investor", in: J. Devenny/M. Kenny (eds.), *Consumer Credit, Debt, and Investment in Europe*, 2012, 253.

4. O. Cherednychenko, "The Regulation of Retail Investment Services in the EU: Towards the Improvement of Investor Rights?", JCP 2010, 403.

5. H. Collins (ed.), *Standard Term Contracts in Europe, A Basis and a Challenge to European Contract Law*, 2008.

6. R. D. Cooter/H.-B. Schäfer, *Solomon's Knot-How Law Can End the Poverty of Nations*, 2013.

7. S. Grundmann, *European Company Law*, 2nd ed. 2012.

8. S. Grundmann/D. Mazeaud (eds.), *General Clauses and Standards in European Contract Law: Comparative Law, EC Law, and Contract Law Codification*, 2006.

9. M. Hesselink, "The Concept of Good Faith", in: A. Hartkamp et al. (eds.), *Towards A European Civil Code*, 4th ed. 2011, 619.

10. M. Hesselink, "The General Principles of Civil Law", in: D. Lezykiewicz/S. Weatherill (eds.), *The Involvement of EU Law in Private Law Relationships*, 2013, 131.

11. N. Jansen, "Legal Pluralism in Europe: National Laws, European Legislation,

---

[62] *Solomon's Knot*, 2013, at 93, 作者说明了大陆法系和普通法系法官的不同态度。

and Non-legislative Codifications", in: L. Niglia, *Pluralism and European Private Law*, 2013, 109-132.

12. M. Mekki/M. Kloepfer-Pelèse, "Good faith and fair dealing in the DCFR", ERCL 2008, 338.

13. A. Metzger, "Abuse of Law in EU Private Law: A (Re-)Construction from Fragments", in: R. de la Feria/S. Vogenauer (eds.), *Prohibition of Abuse of Law-A New Principle of EU Law*?, 2011, 235.

14. H.-W. Micklitz, *The Politics of Judicial Cooperation*, 2005.

15. H.-W. Micklitz, "Reforming Unfair Contract Terms Legislation in Consumer Contracts", ERCR 2010, 347.

16. H.-W. Micklitz/N. Reich/P. Rott, *Understanding EU Consumer Law*, 2009.

17. L. Niglia, *Pluralism and European Private Law*, 2013.

18. F. Randolph/J. Davey, *The European Commercial Agency Law*, 3rd ed. 2010.

19. N. Reich, "The Tripartite Function of Modern Contract Law in Europe: Enablement, Regulation, Information", in: F. Werro/T. Probst (eds.), *Le droit privé Suisse face au droit communautaire européen*, 2004, 145-172.

20. N. Reich, "The interrelation between rights and duties in EU Law: Reflections on the state of liability law in the multilevel governance system of the Union-Is there a need for a more coherent approach in European private law?", YEL, 2010, 112.

21. N. Reich/H.-W. Micklitz, "Unfair Terms in the DCFR", Juridica Int. 2008, 58.

22. G. Teubner, "Legal Irritants: Good Faith in British Law or How Unifying Law Ends Up in New Divergencies", ModLR 1998, 1.

23. T. Tridimas, *The General Principles of EU Law*, 2nd ed. 2006.

24. S. Vogenauer/J. Kleinheisterkamp (eds.), *PICL Commentary*, 2009.

25. S. Weatherill, "The 'principles of civil law' as a basis for interpreting the legislative acquis", ERCL 2010, 74.

26. S. Whittaker, "Assessing the Fairnesss of Contract Terms", ZEuP 2004, 75.

27. R. Zimmermann/S. Whittaker (eds.), *Good Faith in European Contract Law*, 2000.

结语
七项论点和一项结论

第一,本书所理解的欧盟民法基本原则,既源于共同体现行法及其与《欧盟基本权利宪章》中权利和原则的联系,也来自具有宪法上重要性的欧盟早期文件。《欧盟条约》第19条第1款可以为欧盟民法基本原则提供合法性依据,根据该条,欧洲法院必须"确保在解释和适用条约时遵守法律"(绪言)。

第二,欧盟民法基本原则,包含三项实体性原则,即第一章至第三章的"有限"自治原则、弱势主体保护原则和非歧视原则;一项救济性原则,即第四章的有效原则;以及两项方法论原则,即第五章和第六章的平衡原则和比例原则。另有半项"诚信"原则正在形成之中,但目前成熟度有限。

第三,欧盟民法基本原则的首要功能是解释现行法。正如本书第一章至第三章的许多例子所示,在先予裁决程序(《欧盟运行条约》第267条)的框架内,这项任务主要由欧洲法院承担。成员国的各级法院都参与了这一进程。实体性原则之间的冲突必须通过平衡的方法加以解决(第五章)。欧洲法院的司法裁判则存在个人主义"前见"。

第四,欧盟民法基本原则的第二项更具争议性的功能是漏洞填补,主要涉及有效原则的涤除性、解释性和救济性三个方面。基本原则的漏洞填补功能必须与所谓的成员国程序自主相协调,进而可能导致"救济措施混合",例如依职权控制不公平条款,或者针对严重侵犯欧盟授予的公民权利的行为确立损害赔偿救济措施。

第五,欧盟行为(以及广义上"转化"欧盟法的成员国法律)的合法性,主要通过诉诸比例原则(第六章)来进行监督,正如具有争议性的 *Test-Achats* 案判决提到的"一致性"标准。这不利于通过立法建构某种全面性的欧盟合同法或买卖法,即便是像《欧洲共同买卖法》这样的选用性工具的形式亦是如此。但在以政策为导向的背景下,欧盟或须在商事合同和消费者合同等特定的合同法问题上积极作为。

第六,欧盟民法基本原则之主张,绝不会扩大《欧盟条约》第5条第1款和《欧盟基本权利宪章》第51条第1款意义上欧盟权限的适用范围。

第七,以《欧盟基本权利宪章》为基础的基本原则本身在"横向关系"中并无直接效力。然而,通过"尽力"解释(根据 *Pfeiffer* 案),甚至是废除与这些原则相抵触的成员国法律(*Kücükdevici* 方法),基本原则可由此在私主体间的关系中"升级"欧盟派生性法律。

第八,欧盟民法有着全然不同于成员国民法的特性。欧盟民法以功能为导向,而非以体系(法典)或商业(普通法)为导向。欧盟民法立足于《欧盟基本权利宪章》,发展了欧盟自己的(基本)原则,以指引欧盟法律的解释、漏洞填补和合法性分析。欧盟民法不会、也不应取代成员国民法,而应在本书所述的特定领域,发挥补充成员国民法的功能。处于欧洲司法网络中的欧洲法院和成员国法院的强有力的司法承诺,是欧盟民法的立基之本。

附录一 欧洲法院判例

【字母顺序】

案件信息	边码
A	
ABSL v Bosman (C-415/93) [1995] ECR I-4921	1.7, 3.3, 4.28
AGM-COSMET (C-470/03) [2007] ECR I-2749	3.8
Aklagaren v H. A. Fransson (C-617/10) [2013] ECR I-(26.03.2013)	3.2
Albany Int. BV v Stichting Bedrijfspensioenfonds Textielindustrie (C-67/96) [1999] ECR I-5751	1.18
Albore (C-423/98) [2000] ECR I-5965	1.6
Aldona Malgorzata Jany et al v Staatssecretaris van Justitie (C-268/99) [2001] ECR-8615	4.28
Alsthom Atlantique v Compagnie de construction mécanique Sulzer SA (C-339/89) [1991] ECR I-107	1.4
Andrew Owusu v NB Jackson et al (C-281/02) [2005] ECR I-1383	5.12
Annelore Hamilton v Volksbank Filder (C-412/06) [2008] ECR I-2383	0.3, 5.9, 6.11
Anton Cas v PSA Antwerp (C-202/11) [2013] ECR I-(16.04.2013)	1.10
AOK-Bundesverband v Ichthyol-Gesellschaft Cordes et al (C-264/01 etc.) [2004] ECR I-2493	4.28
Arblade (C-369+376/96) [1999] ECR I-8453	6.13
Arcelor Atlantique and Lorraine et al (C-127/07) [2008] ECR I-9835	3.1
Asociatia ACCEPT v CNPCD (C-81/12) [2-13] ECR I-(25.04.2013)	3.8
Association de médiation sociale v CGT (C-176/12) (opinion of AG Cruz Villalón of 18.07.2013)	0.3

(续表)

案件信息	边码
Ass. Belge Test-Achats et al (C-236/09) [2011] ECR I-773	3.15, 6.19
Asturcom v Christina Rodrigues Nogueria (C-40/08) [2009] ECR I-9579	4.15
Audiolux (C-101/08) [2010] ECR I-9823	0.3, 3.22
B	
Banco Español de Credito v Camino (C-618/10) [2012] ECR I-(14.06.2012)	4.18
Bayr. Hypotheken und Wechselbank v Dietzinger (C-45/96) [1998] ECR I-1199	2.9
BECTU v Secretary of State for Trade and Industry (C-173/99) [2001] ECR I-4881	2.1
Belov v CHEZ (C-394/11) [2013] ECR I-(31.01.2013) (opinion of AG Kokott of 20.09.2012)	3.13
Benincasa (C-269/95) [1997] ECR I-3767	2.9
Berliner Kindl Brauerei v A. Siepert (C-208/98) [2000] ECR I-1741	2.9
Bond van Adverteerders v The Netherlands State (352/88) [1988] ECR I-2085	1.5
Brasserie du Pêcheur v Germany and R v Secretary of State for Transport, ex parte Factortame Ltd (C-46 and C-48/93) [1996] ECR I-1029	4.24
Brennet v Paletta (C-206/94) [1996] ECR I-2357	5.11
BRT v SV SABAM (127/73) [1974] ECR 314	4.24
C	
Caixa Bank France v Ministère de Finances (C-442/02) [2004] ECR I-8961	1.11
Caja de Ahorros y Monte de Piedad de Madrid v Asocación de Usuarios de servicios bancarios (Ausbanc) (C-484/08) [2010] ECR I-4785	5.8
Carmen Media (C-46/08) [2010] ECR I-8149	1.5, 6.1
Car Trim v Key Safety (C-381/08) [2010] ECR I-1255	6.15

(续表)

案件信息	边码
Casati (203/80) [1981] ECR 2595	1.6
Centrum voor gelijkheid van kansen en voor racismebestrijding (CGKR) v Firma Feryn NV (C-54/07) [2008] ECR I-5187	3.4, 4.36
CIA Security International SA v Signalson SA and Securitel SPRL (C-194/94) [1996] ECR I-2201	0.8
CIVS v Receveur des Douanes de Roubaix (C-533/10) [2012] ECR I-(14.06.2012)	4.5
CMC Motorradcenter v P. B. (C-93/92) [1993] ECR I-5009	1.4
Codorniú Sa v Council (C-309/89) [1994] ECR I-1853	3.1
Comet (45/76) [1976] ECR 2043	4.1, 4.3
Commission v Anic (C-49/92P) [1999] I-4125	4.27
Commission v Belgium (C-478/98) [2000] ECR I-7587	1.6
Commission v France (C-381/93) [1994] ECR I-5145	5.14
Commission v Italy (C-518/06) [2009] ECR I-3491	1.10
Commission v Italy (C-565/08) [2011] ECR I-2101	1.10
Commission v Netherlands (C-144/99) [2001] I-3541	4.10
Coote v Granada Hospitality (C-185/97) [1998] ECR I-5199	4.13
Courage Ltd v Crehan (C-453/99) [2001] ECR I-6297	4.5, **4.25**, 7.12
Crailsheimer Volksbank (C-229/04) [2005] ECR I-9294	4.21
D	
Danske-Slagterier (C-445/06) [2009] ECR I-2119	4.5, 7.11
DEB Deutsche Energiehandels-und Beratungsgesellschaft mbH v Bundesrepublik Deutschland (C-279/09) [2010] ECR I-13849	3.2, 4.30
Dekker v Stichting Vormingscentrum voor Jong Volwassenen (VJV-Centrum) Plus (177/88) [1990] ECR I-3941	4.13

(续表)

案件信息	边码
Delimitis v Henninger-Bräu (C-234/89) [1991] ECR I-935	1.15
Dellas (C-14/04) [2005] ECR I-10253	2.3
Deutscher Handballbund eV v Maros Kolpak (C-438/00) [2003] ECR I-4135	4.28
di Pinto (C-361/89) [1991] ECR I-1189	2.9
D. McDonagh v Ryanair (C-12/11) [2013] ECR I-(31.01.2013)	2.1, 5.10
Dominguez v CICOA (C-282/10) [2012] ECR I-(24.01.2012)	2.1, 2.4
Draempaehl v Urania (C-180/95) [1997] ECR I-2195	4.13
Driancourt v M. Cognet (355/85) [1986] ECR 3231	1.8
Dynamik Medien Vertriebs GmbH v Avides Media AG (C-244/06) [2008] ECR I-505	5.18
E	
EARL de Kerlast v Union régionale de coopératives agricoles (Unicopa) and Coopérative du Trieux (C-15/95) [1997] ECR I-1961	3.1
Eco Swiss China Time v Benetton International NV (C-126/97) [1999] ECR I-3055	4.23
E. M. M. Claro v Centro Movil Milenium (C-168/05) [2006] ECR I-10421	4.15
EP v Council (C-436/03) [2006] ECR I-3733	6.13
EP v Council (C-540/03) [2006] ECR I-5769	2.4, 3.1
Eric Libert et al v Gouvernement flamand (Joined Cases C-197+C-203/11)[2013] ECR I-(05.05.2013)	1.6
Eugen Schmidberger v Austria (C-112/00) [2003] ECR I-5659	5.14
Europese Gemeenschap v Otis et al (C-199/11) [2012] ECR I-(06.11.2012)	4.26

(续表)

案件信息	边码
F	
Fachverband der Buch-und Medienwirtschaft v LIBRO Handelsgesellschaft (C-531/07) [2009] ECR I-3717	1.4
Football Association Premier League Ltd v QC Leisure et al (C-403+429/08) [2011] ECR I-9086	1.11
Francovich et al v Italy (C-6+9/90) [1991] ECR I-5357	4.24
Frederico Cipolla et al v Rosaria Fazari, née Portolese et al (C-94+202/04) [2006] ECR I-1142	1.10
Freiburger Kommunalbauten v Hofstetter (C-237/02) [2004] ECR I-3403	7.4
Friz (C-215/08) [2010] ECR I-2749	0.3, 5.9, 6.11
G	
Garcia Avello (C-148/02) [2003] ECR I-11613	3.11
Gebhard v Consiglio dell' Ordine degli Advocati e procuratori di Milano (C-55/94) [1995] ECR I-4165	1.9, 6.1
Gebrüder Weber+Putz v Wittmer+Medianess El. (C-65+89/09) [2011] ECR I-5257	2.5, **4.18**, 6.17, 7.10
Genil et al v Bankinter et al (C-604/11) [2013] ECR I-(30.05.2013)	7.10
G. Defrenne v SABENA (43/75) [1976] ECR 455	3.4
Germany v Parliament and Council (C-376/98) [2000] ECR I-8419	0.11, 6.4
Groener v Minister for education and City of Dublin Vocational Committee (379/87) [1989] ECR 3967	3.3
Grunkin and Paul (C-353/06) [2008] ECR I-7639	3.11
Günaydin v Freistaat Bayern (C-36/96) [1997] ECR I-5143	5.11
Günter Fuß v Stadt Halle (C-243/09) [2010] ECR I-9849	2.3
Gysbrechts (C-205/07) [2008] ECR I-9947	1.9, 5.8, 7.19

(续表)

案件信息	边码
H	
Hartlauer Handelsgesellschaft v Wiener Landesregierung et al (C-169/07) [2009] ECR I-1721	5.4
Heininger v Bayr. Hypo und Vereinsbank (C-481/99) [2001] ECR I-9945	4.20
H. J. Banks & Co. Ltd v British Coal Corporation (C-128/92) [1994] ECR I-1209	4.25
Hoffmann-La Roche v Commission (85/76) [1979] ECR 461	1.17
Honyvem Informazioni Commerciali v Mariealla de Zoti (C-465/04) [2006] ECR I-2879	7.3
I	
IATA and ELFAA v Department for Transport (C-344/04) [2006] ECR I-403	6.4
Idealservice (C-541+542/99) [2001] ECR I-9049	2.9
Ingmar GB Ltd v Eaton Leonard Technologies Inc. (C-381/9)8 [2000] ECR I-9305	7.3
International Transport Workers Federation (ITW) and Finnish Seamans Union (FSU) v Viking Line (C-438/05) [2007] ECR I-10779	3.3, 4.28, 5.12
J	
J. C. J. Wouters et al v Algemene Raad von de Nederlandse Ordre van Advocaaten (C-309/99) [2002] ECR I-1577	3.3, 4.28
Johann Gruber v Bay Wa AG (C-464/01) [2005] ECR I-439	2.9
Jürgen Römer v Freie und Hansestadt Hamburg (C-147/08) [2011] ECR I-359	3.8
K	
Kadi et al v Council of the EU (C-402+415/05P) [2008] ECR I-6351	4.30
Katharina Rinke v Ärztekammer Hamburg (C-25/02) [2003] ECR I-8349	3.4

(续表)

案件信息	边码
Kefalas et al v Greece (C-367/96) [1998] ECR I-2843	5.11
KHS v Winfrid Schulte (C-214/10) [2011] ECR I-(22.11.2011)	2.4
Kiel v Jaeger (C-151/02) [2003] ECR I-8389	2.1, 2.3
L	
Ladbrokes Betting & Gaming Ltd et al v Stichting de Nationale Sportstotalisator (C-238/08) [2010] ECR I-4757	6.4
Land Nordrhein-Westfalen v Beata-Pokrzeptowicz-Meyer (C-162/00) [2002] ECR I-1049	4.28
Laserdisken (C-479/04) [2006] ECR I-8089	1.6
Laval & partneri v Bygnadds (C-341/05) [2007] ECR I-11767	3.3, 4.28, 5.12
Levez v Harlow Pools (C-326/96) [1998] I-7835	4.5
Lisa Jacqueline Grant v South-West Trains (C-249/96) [1998] ECR I-621	3.6
Luisi and Carbone v Ministero del Tesoro (326+286/83) [1984] ECR 377	1.6
M	
Mohamed Aziz v Catalunyacaixa (C-415/11) [2013] ECR I-(14.04.2013)	4.5, 4.15
Mangold v Helm (C-144/04) [2005] ECR I-9981	0.3, 3.6, 4.14
Maria Chiara Spotti v Freistaat Bayern (C-272/92) [1993] ECR I-5185	3.3
Markus Stoß (C-316/07) [2010] ECR I-8099	1.5
Marshall (II) v Southampton Health Authority (C-271/91) [1993] ECR I-4367	4.13, 7.11
Masdar v Commission (C-47/07P) [2008] ECR I-9761	0.8
Mietz v Intership Yachting (C-99/06) [1999] ECR I-2277	2.9

(续表)

案件信息	边码
Mono Car Styling (C-12/08) [2009] ECR I-6653	4.30
N	
Nelson et al v Lufthansa et al (C-528+619/10) [2012] ECR I-(24.10.2012)	0.6, 4.8
Nemzeti Fogyaszróvédelni Hatóság v Invitel (C-472/10) [2012] ECR I-(26.04.2012)	4.15, 4.30, 7.5
O	
Océano Grupo ed. v Quintero et al (C-240-244/98) [2000] ECR I-4941	4.15
Omega Spielhallen- und Automatenaufstellungs-GmbH v Oberbürgermeisterin der Bundesstadt Bonn (C-36/02) [2004] ECR I-9609	5.14
Öst. Gewerkschaftsbund, Gewerkschaft öffentlicher Dienst/Republik Österreich (C-195/98) [2000] ECR I-10497	4.30
P	
Palacios de la Villa (C-411/05) [2007] ECR I-8531	3.6
Pannon v Erzsébet Sustikné Györfi (C-243/08) [2009] ECR I-4713	4.15, 5.5
Pavel Pavlov et al v Stichting Pensioenfonds Medische Specialisten (C-180-185/98) [2000] ECR I-6451	1.18
Pereničová and Perenič v SOS financ (C-453/10) [2012] ECR I-(15.03.2012)	4.30, 6.16, 7.5
Pfeiffer et al v DRK (C-397-403/01) [2004] ECR I-8835	2.3
Pia Messner v Firma Stefan Krüger (C-489/07) [2009] ECR I-7315	0.3, 5.9, 6.11, 7.10
Pilar Allué and Carmel Mary Coonan et al v Universitá degli studi di Venezia and Università degli studi di Parma (C-259, 331+332/91) [1993] ECR I-4309	3.3
Poseidon Chartering NV v Marianne Zeeship et al (C-3/04) [2006] ECR I-2505	7.3

(续表)

案件信息	边码
Productores de Música de España (*Promusicae*) *v Telefónica de España SAU* (C-275/06) [2008] ECR I-271	1.6, 3.1, 5.1
Q	
Quelle v Bundesverband der Verbraucherzentralen (C-404/06) [2008] ECR I-2685	5.8, 6.17
R	
Raccanelli (C-94/07) [2008] ECR I-5939	3.3, 4.28
REWE Central Finanz (33/76) [1976] ECR 1989	4.1, 4.3
Robinson-Steele et al v Retail Services et al (C-131 and C-257/04) [2006] ECR I-2531	2.4
Roman Angonese v Casa di Risparmio di Bolzano (C-281/98) [2000] I-4139	1.7, 3.3, 4.28
Rosalba Alassini et al v Telecom Italia (C-317/08) [2010] ECR I-2214	4.5, 6.21
R. Prigge et al v Lufthansa (C-447/09) [2011] ECR I-(13.09.2011)	3.6
R v Secretary of State for the Home Department, ex parte Wieslaw and Elzbieta Gloszczuk (C-63/99) [2001] ECR I-6369	4.28
R v Secretary of State for the Home Department, ex parte Eleanora Ivanova Kondova (C-235/99) [2001] ECR I-6427	4.28
R v Secretary of State for the Home Department, ex parte Julius Barkoci and Marcel Malik (C-257/99) [2001] ECR I-6557	4.28
R v Secretary of State for Health, ex parte British American Tobacco (*Investments*) *Ltd et al* (C-491/01) [2002] ECR I-11453	6.4
RWE Vertrieb v Verbraucherzentrale NRW (C-92/11) [2013] ECR I-(21.03.2013)	5.8, **7.4**
Ruckdeschel (117/76+16/77) [1977] ECR 1753	3.1
S	
San Georgio (199/82) [1983] ECR 3595	4.1
S. Bulicke v DBS (C-249/09) [2010] ECR I-7003	4.5

(续表)

案件信息	边码
Schulte (C-350/03) [2005] ECR I-9215	4.21
Schulze-Hoff et al v DRB (C-350+520/06) [2009] ECR I-179	2.4
S. Coleman v Attridge Law et al (C-303/06) [2008] ECR I-5603	3.9
Seda Kücükdevici v Swedex (C-555/07) [2010] ECR I-365	0.7, 3.6, 4.14
Shearson Lehmann Hutton v TVB Treuhandgesellschaft (C-89/91) [1993] ECR I-139	2.9
Sky Österreich v Österreichischer Rundfunk (C-283/11) [2013] ECR I-(22.01.2013)	1.13, 3.21, 5.1
Simap (C-303/98) [2000] ECR I-7963	2.3
Simone Leitner v TUI Deutschland (C-168/00) [2002] ECR I-2631	4.12, 7.13
Société de Vente de Ciments et Bétons v Kerpen &Kerpen (319/82) [1983] ECR 417	1.15
Société Technique Minière v Maschinenbau Ulm (56/65) [1966] ECR 235	1.15
Société thermale d' Eugénie-les-Bains v Ministère de l' Économie, des Finances et de l' Industrie (C-277/05) [2007] ECR I-6428	1.2
Sonja Chacón Navas v Eurest Colectividades (C-13/05) [2006] ECR I-6467	3.9
Steen v Deutsche Bundespost (C-332/90) [1992] ECR I-341	1.8
Sturgeon et al (C-402/07 and C-432/07) [2009] ECR I-10923	0.6
T	
The Society for the Protection of Unborn Children v Grogan (C-159/90) [1991] ECR I-4685	1.5
TV10 v Commissariaat v. d. Media (C-23/93) [1994] ECR I-4795	5.11
U	
Unibet v Justiekanslern (C-432/05) [2007] ECR I-2271	4.30

(续表)

案件信息	边码
Unilever Italia v Central Food (C-443/98) [2000] ECR I-7535	0.8
Union Syndicale Solidaires Isère (C-428/09) [2010] ECR I-9961	2.2
UK v Council (C-84/94) [1996] ECR I-5755	0.11, 2.2
V	
Van Binsbergen v Besteuur von de Bedrijfsverening voor de Metaalnijverheid (33/74) [1974] ECR 1299	5.11
Van Schijndel and Van Veen v Stichting Pensioenfonds (C-430-432/93) [1995] ECR I-4705	4.15
VB Penzügji Lizing v Schneider (C-137/08) [2010] ECR I-10847	2.5, 4.15, 6.11, 7.5
Vicenzo Manfredi et al v Lloyd Adriatico Asssicurazioni SpA et al (C-295-298/04) [2006] ECR I-6619	4.5, **4.25**
Vodafone (C-58/08) [2010] ECR I-4999	6.3
Volvo (C-203/09) [2010] ECR I-10721	7.3
Von Colson and Kamann v Land Nordrhein-Westfalen (14/83) [1984] ECR 1891	4.12
VZ HH v O2 (C-19/03) [2004] ECR I-8183	1.2
W	
Wachauf v Bundesamt für Ernährung (5/88) [1989] ECR I-2609	3.2
Walt Wilhelm et al v Bundeskartellamt (14/68) [1969] ECR 1	1.8

附录二 欧洲法院判例
【时间顺序】

案件信息	边码
56/65 Société Technique Minière v Maschinenbau Ulm [1966] ECR 235	1.15
14/68 Walt Wilhelm and others v Bundeskartellamt [1969] ECR 1	1.8
127/73 BRT v SV SABAM [1974] ECR 314	4.24
33/74 Van Binsbergen v Besteuur von de Bedrijfsverening voor de Metaalnijverheid [1974] ECR 1299	5.11
43/75 G. Defrenne v SABENA [1976] ECR 455	3.4
33/76 REWE Central Finanz [1976] ECR 1989	4.1, 4.3
45/76 Comet [1976] ECR 2043	4.1, 4.3
85/76 Hoffmann-La Roche v Commission [1979] ECR 461	1.17
117/76+16/77 Ruckdeschel [1977] ECR 1753	3.1
203/80 Casati [1981] ECR 2595	1.6
199/82 San Georgio [1983] ECR 3595	4.1
319/82 Société de Vente de Ciments et Bétons v Kerpen & Kerpen [1983] ECR 417	1.15
14/83 Von Colson and Kamann v Land Nordrhein-Westfalen [1984] ECR 1891	4.12
326+286/83 Luisi and Carbone v Ministero del Tesoro [1984] ECR 377	1.6
355/85 Driancourt v M. Cognet [1986] ECR 3231	1.8
379/87 Groener v Minister for Education and City of Dublin Vocational Committee [1989] ECR 3967	3.3
5/88 Wachauf v Bundesamt für Ernährung [1989] ECR I-2609	3.2

(续表)

案件信息	边码
177/88 *Dekker v Stichting Vormingscentrum voor Jong Volwassenen* (*VJV-Centrum*) *Plus* [1990] ECR I-3941	4.13
352/88 *Bond van Adverteerders v The Netherlands State* [1988] ECR I-2085	1.5
C-234/89 *Delimitis v Henninger-Bräu* [1991] ECR I-935	1.15
C-309/89 *Codorniú SA v Council* [1994] ECR I-1853	3.1
C-361/89 *di Pinto* [1991] ECR I-1189	2.9
C-339/89 *Alsthom Atlantique v Compagnie de construction mécanique Sulzer SA* [1991] ECR I-107	1.4
C-6+9/90 *Francovich et al v Italy* [1991] ECR I-5357	4.24
C-159/90 *The Society for the Protection of Unborn Children v Grogan* [1991] ECR I-4685	1.5
C-332/90 *Steen v Deutsche Bundespost* [1992] ECR I-341	1.8
C-89/91 *Shearson Lehmann Hutton v TVB Treuhandgesellschaft* [1993] ECR I-139	2.9
C-259, 331+332/91 *Pilar Allué and Carmel Mary Coonan et al v Universitá degli studi di Venezia and Università degli studi di Parma* [1993] ECR I-4309	3.3
C-271/91 *Marshall* (*II*) *v Southampton Health Authority* [1993] ECR I-4367	4.13, 7.11
C-49/92P *Commission v Anic* [1999] ECR I-4125	4.27
C-93/92 *CMC Motorradcenter v P. B.* [1993] ECR I-5009	1.4
C-128/92 *H. J. Banks & Co. Ltd v British Coal Corporation* [1994] ECR I-1209	4.25
C-272/92 *Maria Chiara Spotti v Freistaat Bayern* [1993] ECR I-5185	3.3
C-23/93 *TV10 v Commissariaat v. d. Media* [1994] ECR I-4795	5.11
C-46+48/93 *Brasserie du Pêcheur v Germany and R v Secretary of State for Transport, ex parte Factortame Ltd* [1996] ECR I-1029	4.24, 7.11
C-381/93 *Commission v France* [1994] ECR I-5145	5.14
C-415/93 *ABSL v Bosman* [1995] ECR I-4921	1.7, 3.3, 4.28
C-430-432/93 *Van Schijndel and Van Veen v Stichting Pensioenfonds* [1995] ECR I-4705	4.15

(续表)

案件信息	边码
C-55/94 *Gebhard v Consiglio dell' Ordine degli Advocati e procuratori di Milano* [1995] ECR I-4165	1.9, 6.1
C-84/94 *UK v Council* [1996] ECR I-5755	0.11, 2.2
C-194/94 *CIA Security International SA v Signalson SA and Securitel SPRL* [1996] ECR I-2201	0.8
C-206/94 *Brennet v Paletta* [1996] ECR I-2357	5.11
C-15/95 *EARL de Kerlast v Union régionale de coopératives agricoles (Unicopa) and Coopérative du Trieux* [1997] ECR I-1961	3.1
C-180/95 *Draempaehl v Urania* [1997] ECR I-2195	4.13
C-269/95 *Benincasa* [1997] ECR I-3767	2.9
C-36/96 *Günaydin v Freistaat Bayern* [1997] ECR I-5143	5.11
C-45/96 *Bayr. Hypotheken und Wechselbank v Dietzinger* [1998] ECR I-1199	2.9
C-67/96 *Albany Int. BV v Stichting Bedrijfspensioenfonds Textielindustrie* [1999] ECR I-5751	1.18
C-249/96 *Lisa Jacqueline Grant v South-West Trains* [1998] ECR I-621	3.6
C-326/96 *Levez v Harlow Pools* [1998] ECR I-7835	4.5
C-367/96 *Kefalas et al v Greece* [1998] ECR I-2843	5.11
C-369+376/96 *Arblade* [1999] ECR I-8453	6.13
C-126/97 *Eco Swiss China Time v Benetton International NV* [1999] ECR I-3055	4.23
C-185/97 *Coote v Granada Hospitality* [1998] ECR I-5199	4.13
C-180-185/98 *Pavel Pavlov et al v Stichting Pensioenfonds Medische Specialisten* [2000] ECR I-6451	1.18
C-195/98 *Öst. Gewerkschaftsbund, Gewerkschaft öffentlicher Dienst v Republik Österreich* [2000] ECR I-10497	4.30
C-208/98 *Berliner Kindl Brauerei v A. Siepert* [2000] ECR I-1741	2.9
C-240-244/98 *Océano Grupo ed. et al v Quintero et al* [2000] ECR I-4941	4.15,7.5

(续表)

案件信息	边码
C-281/98 *Roman Angonese v Casa di Risparmio di Bolzano* [2000] ECR I-4139	1.7, 3.3, 4.28
C-303/98 *Simap* [2000] ECR I-7963	**2.3**
C-376/98 *Germany v Parliament and Council* [2000] ECR I-8419	0.11, 6.4
C-381/98 *Ingmar GB Ltd v Eaton Leonard Technologies Inc.* [2000] ECR I-9305	7.3
C-423/98 *Albore* [2000] ECR I-5965	1.6
C-443/98 *Unilever Italia v Central Foods* [2000] ECR I-7535	0.8
C-478/98 *Commission v Belgium* [2000] ECR I-7587	1.6
C-63/99 *R v Secretary of State for the Home Department, ex parte Wieslaw and Elzbieta Gloszczuk* [2001] I-6369	4.28
C-144/99 *Commission v Netherlands* [2001] I-3541	4.10
C-173/99 *BECTU v Secretary of State for Trade and Industry* [2001] ECR I-4881	2.1
C-235/99 *R v Secretary of State for the Home Department, ex parte Eleanora Ivanova Kondova* [2001] ECR I-6427	4.28
C-257/99 *R v Secretary of State for the Home Department, ex parte Julius Barkoci and Marcel Malik* [2001] ECR I-6557	4.28
C-268/99 *Aldona Malgorzata Jany et al v Staatssecretaris van Justitie* [2001] ECR I-8615	4.28
C-309/99 *J. C. J. Wouters et al v Algemene Raad von de Nederlandse Ordre van Advocaaten* [2002] ECR I-1577	3.3, 4.28
C-453/99 *Courage Ltd v Crehan* [2001] ECR I-6297	4.5, **4.25**, 7.12
C-481/99 *Heininger v Bayr. Hypo und Vereinsbank* [2001] ECR I-9945	**4.20**
C-541+542/99 *Idealservice* [2001] ECR I-9049	2.9
C-112/00 *Eugen Schmidberger v Austria* [2003] ECR I-5659	5.14
C-162/00 *Land Nordrhein-Westfalen v Beata-Pokrzeptowicz-Meyer* [2002] ECR I-1049	4.28
C-168/00 *Simone Leitner v TUI Deutschland* [2002] ECR I-2631	4.12, 7.13
C-438/00 *Deutscher Handballbund eV v Maros Kolpak* [2003] ECR I-4135	4.28

(续表)

案件信息	边码
C-264/01 etc. *AOK-Bundesverband v Ichthyol-Gesellschaft Cordes et al* [2004] ECR I-2493	4.28
C-464/01 *Johann Gruber v Bay Wa AG* [2005] ECR I-439	2.9
C-397-403/01 *Pfeiffer et al v DRK* [2004] ECR I-8835	**2.3**
C-491/01 *R v Secretary of State for Health, ex parte British American Tobacco (Investments) Ltd et al* [2002] ECR I-11453	6.4
C-25/02 *Katharina Rinke v Ärztekammer Hamburg* [2003] ECR I-8349	3.4
C-36/02 *Omega Spielhallen-und Automatenaufstellungs-GmbH v Oberbürgermeisterin der Bundesstadt Bonn* [2004] ECR I-9609	5.14
C-148/02 *Garcia Avello* [2003] ECR I-11513	3.11
C-151/02 *Kiel v Jaeger* [2003] ECR I-8389	2.1, 2.3
C-237/02 *Freiburger Kommunalbauten v Hofstetter* [2004] ECR I-3403	7.4
C-281/02 *Andrew Owusu v NB Jackson et al* [2005] ECR I-1383	5.12
C-442/02 *Caixa Bank France v Ministère de Finances* [2004] ECR I-8961	1.11
C-19/03 *VZ HH v O2* [2004] ECR I-8183	1.2
C-350/03 *Schulte* [2005] ECR I-9215	4.21
C-436/03 *EP v Council* [2006] ECR I-3733	6.13
C-470/03 *AGM-COSMET* [2007] ECR I-2749	3.8
C-540/03 *EP v Council* [2006] ECR I-5769	2.4, 3.1
C-3/04 *Poseidon Chartering NV v Marianne Zeeship et al* [2006] ECR I-2505	7.3
C-14/04 *Dellas* [2005] ECR I-10253	2.3
C-94+202/04 *Frederico Cipolla et al v Rosaria Fazari, née Portolese et al* [2006] ECR I-1142	1.10
C-131+257/04 *Robinson-Steele et al v Retail Services et al* [2006] ECR I-2531	2.4
C-144/04 *Mangold v Helm* [2005] ECR I-9981	0.3, 3.6, 4.14

(续表)

案件信息	边码
C-229/04 *Crailsheimer Volksbank* [2005] ECR I-9294	4.21
C-295-298/04 *Vicenzo Manfredi et al v Lloyd Adriatico Asssicurazioni SpA et al* [2006] ECR I-6619	4.5, **4.25**
C-344/04 *IATA and ELFAA v Department for Transport* [2006] ECR I-403	6.4
C-465/04 *Honeyvem Informazioni Commerciali v Mariealla de Zoti* [2006] ECR I-2879	7.3
C-479/04 *Laserdisken* [2006] ECR I-8089	1.6
C-13/05 *Sonja Chacón Navas v Eurest Colectividades* [2006] ECR I-6467	3.9
C-168/05 *E. M. M. Claro v Centro Movil Milenium* [2006] ECR I-10421	4.15
C-277/05 *Société thermale d' Eugénie-les-Bains v Ministère de l' Économie, des Finances et de l' Industrie* [2007] ECR I-6428	1.2
C-341/05 *Laval &partneri v Bygnadds* [2007] ECR I-11767	3.3, **4.28**, 5.12
C-402+415/05P *Kadi et al v Council of the EU* [2008] ECR I-6351	4.30
C-411/05 *Palacios de la Villa* [2007] ECR I-8531	3.6
C-432/05 *Unibet v Justiekanslern* [2007] ECR I-2271	4.30
C-438/05 *International Transport Workers Federation (ITW) and Finnish Seamans Union (FSU) v Viking Line* [2007] ECR I-10779	3.3, 4.28, 5.12
C-99/06 *Mietz v Intership Yachting* [1999] ECR I-2277	2.9
C-244/06 *Dynamik Medien Vertriebs GmbH v Avides Media AG* [2008] ECR I-505	5.18
C-275/06 *Productores de Música de España (Promusicae) v Telefónica de España SAU* [2008] ECR I-271	1.6, 3.1, **5.1**
C-303/06 *S. Coleman v Attridge Law et al* [2008] ECR I-5603	3.9
C-350+520/06 *Schulze-Hoff et al v DRB* [2009] ECR I-179	2.4
C-353/06 *Grunkin and Paul* [2008] ECR I-7639	3.11
C-404/06 *Quelle v Bundesverband der Verbraucherzentralen* [2008] ECR I-2685	5.8, 6.17

(续表)

案件信息	边码
C-412/06 *Annelore Hamilton v Volksbank Filder* [2008] ECR I-2383	0.3, 5.9, 6.11
C-445/06 *Danske-Slagterier* [2009] ECR I-2119	4.5, 7.11
C-47/07P *Masdar v Commission* [2008] ECR I-9761	0.8
C-54/07 *Centrum voor gelijkheid van kansen en voor racismebestrijding (CGKR) v Firma Feryn NV* [2008] ECR I-5187	3.4, 4.36
C-94/07 *Raccanelli* [2008] ECR I-5939	3.3, 4.28
C-127/07 *Arcelor Atlantique and Lorraine et al* [2008] ECR I-9835	3.1
C-169/07 *Hartlauer Handelsgesellschaft v Wiener Landesregierung et al* [2009] ECR I-1721	5.4
C-205/07 *Gysbrechts* [2008] ECR I-9947	1.9, 5.8, 7.19
C-518/06 *Commission v Italy* [2009] ECR I-3491	1.10
C-316/07 *Markus Stoß* [2010] ECR I-8099	1.5
C-402+432/07 *Sturgeon et al* [2009] ECR I-10923	0.6
C-489/07 *Pia Messner v Firma Stefan Krüger* [2009] ECR I-7315	0.3, 5.9, 6.11, 7.10
C-531/07 *Fachverband der Buch-und Medienwirtschaft v LIBRO Handelsgesellschaft* [2009] ECR I-3717	1.4
C-555/07 *Seda Kücükdevici v Swedex* [2010] ECR I-365	0.7, 3.6, **4.14**
C-12/08 *Mono Car Styling* [2009] ECR I-6653	4.30
C-40/08 *Asturcom v Christina Rodrigues Nogueria* [2009] ECR I-9579	4.15
C-46/08 *Carmen Media* [2010] ECR I-8149	1.5, 6.1
C-58/08 *Vodafone* [2010] ECR I-4999	6.3
C-101/08 *Audiolux* [2010] ECR I-9823	0.3, 3.22
C-137/08 *VB Penzügji Lizing v Schneider* [2010] ECR I-10847	2.5, 4.15, 6.11, 7.5
C-147/08 *Jürgen Römer v Freie und Hansestadt Hamburg* [2011] ECR I-359	3.8

(续表)

案件信息	边码
C-215/08 *Friz* [2010] ECR I-2749	0.3, 5.9, 6.11
C-238/08 *Ladbrokes Betting & Gaming Ltd et al v Stichting de Nationale Sportstotalisator* [2010] ECR I-4757	6.4
C-243/08 *Pannon v Erzsébet Sustikné Györfi* [2009] ECR I-4713	4.15, 5.5
C-317/08 *Rosalba Alassini et al v Telecom Italia* [2010] ECR I-2214	4.5, 6.21
C-381/08 *Car Trim v Key Safety* [2010] ECR I-1255	6.15
C-403+429/08 *Football Association Premier League Ltd v QC Leisure et al* [2011] ECR I-9086	1.11
C-484/08 *Caja de Ahorros y Monte de Piedad de Madrid v Asocación de Usuarios de servicios bancarios* (*Ausbanc*) [2010] ECR I-4785	5.8
C-565/08 *Commission v Italy* [2011] ECR I-2101	1.10
C-65+89/09 *Gebrüder Weber+Putz v Wittmer+Medianess El.* [2011] ECR I-5257	2.5, **4.18**, 6.17, 7.10
C-203/09 *Volvo* [2010] ECR-10721	7.3
C-236/09 *Ass. Belge Test-Achats et al* [2011] ECR I-773	**3.15**, 6.19
C-243/09 *Günter Fuß v Stadt Halle* [2010] ECR I-9849	2.3
C-249/09 *S. Bulicke v DBS* [2010] ECR I-7003	4.5
C-279/09 *DEB Deutsche Energiehandels-und Beratungsgesellschaft mbH v Bundesrepublik Deutschland* [2010] ECR I-13849	3.2, 4.30
C-428/09 *Union Syndicale Solidaires Isère* [2010] ECR I-9961	2.2
C-447/09 *R. Prigge et al v Lufthansa* [2011] ECR I-(13.09.2011)	3.6
C-214/10 *KHS v Winfrid Schulte* [2011] ECR I-(22.11.2011)	**2.4**
C-282/10 *Dominguez v CICOA* [2012] ECR I-(24.01.2012)	2.1, 2.4
C-453/10 *Pereničová and Perenič v SOS financ* [2012] ECR I-(15.03.2012)	4.30, 6.16, 7.5
C-472/10 *Nemzeti Fogyaszróvédelni Hatóság v Invitel* [2012] ECR I-(26.04.2012)	4.15, 4.30, 7.5

(续表)

案件信息	边码
C-533/10 *CIVS v Receveur des Douanes de Roubaix* [2012] ECR I-(14.06.2012)	4.5
C-528+619/10 *Nelson et al v Lufthansa et al* [2012] ECR I-(24.10.2012)	0.6, 4.8
C-617/10 *Aklagaren v H. A. Fransson* [2013] ECR I-(26.03.2013)	3.2
C-618/10 *Banco Español de Credito v Camino* [2012] ECR I-(14.06.2012)	4.18
C-12/11 *D. McDonagh v Ryanair* [2013] ECR I-(31.01.2013)	2.1, 5.10
C-92/11 *RWE Vertrieb v Verbraucherzentrale NRW* [2013] ECR I-(21.03.2013)	5.8, **7.4**
C-197+C-203/11 *E. Libert et al v Gouvernement flamand* [2013] ECR I-(05.05.2013)	1.6
C-199/11 *Europese Gemeenschap v Otis et al* [2012] ECR I-(06.11.2012)	4.26, 4.30
C-202/11 *Anton Cas v PSA Antwerp* [2013] ECR I-(16.04.2013)	1.10
C-283/11 *Sky Österreich v Österreichischer Rundfunk* [2013] ECR I-(22.01.2013)	1.13, 3.21, 5.1
C-394/11 *Belov v CHEZ* [2013] ECR I-(31.01.2013) (opinion of AG Kokott of 20.09.2012)	3.13
C-415/11 *Mohamed Aziz v Catalunyacaixa* [2013] ECR I-(14.04.2013)	4.5
C-604/11 *Genil et al v Bankinter et al* [2013] ECR I-(30.05.2013)	7.10
C-81/12 *Asociatia ACCEPT v CNPCD* [2013] ECR I-(25.04.2013)	3.8, 4.36
C-176/21 *Association de médiation sociale v CGT* (opinion of AG Cruz Villalón of 18.07.2013)	0.3

附录三 索引[1]

原文	中译	边码
A		
abus de droit	权利滥用	5.11, 6.11, **7.1**, **7.18**
acquis commun	现行共同法	0.10, 6.8, 7.1
acquis communautaire	共同体现行法	0.10, 6.8, 7.1
Acquis principles	《现行私法原则》	1.3, 6.9
anti-competitive agreements	反竞争协议	1.14
——block exemptions	——集体豁免	1.16
——collective bargaining	——集体谈判	**1.18**
——cooperation agreements	——合作协议	1.16
——nullity	——无效	1.15
——price fixing	——固定价格	1.16
arbitration clauses	仲裁条款	4.15
B		
bank charges cases (UK/Germany)	银行收费案件(英国/德国)	**5.4**, **5.7**
broadcasting services	广播电视服务	3.21
C		
CISG (Vienna Convention on International Sale of Goods)	《联合国国际销售合同公约》	6.15
commercial agents	商事代理人	**7.3**

---

[1] 以粗体数字标注的边码内容延续了多个段落。

(续表)

原文	中译	边码
Common European Sales Law (CESL)	《欧洲共同买卖法》	0.11, 6.3, **6.12**, **7.16**
competence (of the EU in civil law matters)	（欧盟在民法事项上的）权限	0.11, 6.3
consumer protection	消费者保护	2.1, **2.5**
——average consumer	——普通消费者	2.11
——concept of vulnerable consumer	——弱势消费者概念	**2.11**
——double purpose/mixed contracts	——双重目的/混合合同	2.9, 6.6, 6.13
——information	——告知/信息	2.6
——paternalism	——家长主义	2.5
——withdrawal rights	——撤回权	2.7
co-responsibility	共同责任	**7.11**
core terms (in pre-formulated contract clauses)	（预先拟定合同条款中的）核心条款	**5.4**
contract governance	合同治理	**6.20**
culpa in contrahendo	缔约过失	4.12, 4.20
D		
digital content	数字内容	6.12, 6.16, **6.23**
direct effect	直接效力	0.6
——collective restrictions	——集体限制	4.28
——competition rules	——竞争规则	1.15, **4.23**
——horizontal effect	——横向效力	0.2, 1.21, **3.3**
——negative effect	——消极效力	0.7, **4.14**
——vertical effect	——纵向效力	0.9
discrimination (combating)	（打击/反对）歧视	3.1
——age	——年龄	3.6, 4.14
——access to goods and services	——提供/获取商品和服务	3.12, **3.15**

(续表)

原文	中译	边码
——citizenship	——公民身份	**3.10**
——disability	——残疾	3.9
——fundamental right/principle	——基本权利/原则	3.2
——EU nationality	——欧盟国籍	**3.3**
——*Honeywell* judgment	——*Honeywell*判决	3.7
——insurance (unisex tariffs)	——(统一男女)保费	**3.15**
——indirect	——间接	3.3
——minority shareholders	——小股东	3.22
——racial and ethnic	——种族	3.5, 4.36
——sex-based	——基于性别	3.4
——sexual orientation	——性取向	**3.8**, 4.36
Draft Common Frame of Reference (DCFR)	《共同参考框架草案》	0.10, 5.9, **6.6**, 7.16
E		
effectiveness	有效性	**4.1**
——elimination rule	——涤除规则	4.2, **4.3**
——hermeneutical principle	——解释性原则	4.2, **4.7**
——hybridisation approach	——混合进路	4.11, 4.33
——remedial function	——救济功能	4.2, **4.10**
equivalence	对等	4.3, 4.30
ex officio control (of unfair terms)	依职权控制(不公平条款)	**4.15**
F		
financial services	金融服务	7.9
freedom of contract	合同自由	**1.12, 3.2**
freedom of establishment	营业自由	1.11
free movement-general	自由流动——一般	1.4

(续表)

原文	中译	边码
——of capital	——资本自由流动	1.6
——of goods	——货物自由流动	1.4
——of persons	——人员自由流动	1.7
——of services	——服务自由流动	1.5
G		
Gebhard test (of proportionality)	(合比例性的) *Gebhard* 审查	1.9, **6.1**
H		
Heininger saga (mortgage credit negotiated at the doorstep)	(上门交易方式订立的抵押贷款合同)的 *Heininger* 案	4.20
I		
individualistic concept/*Vorverständnis* (of EU civil law)	(欧盟民法的)个人主义概念/前见	1.8, 2.2, 2.12, 5.3, 5.20
J		
jurisdiction clauses	管辖权条款	**4.15**, 7.8
L		
liability rules	责任规则	
——competition law	——竞争法	4.5, **4.25**, 7.13
——free movement	——自由流动	4.28
——state (*Francovich*)	——国家/成员国(*Francovich*)	7.12
——strict	——严格(责任)	4.18
M		
mandatory provisions	强制性规范	0.9, 1.5, **2.8**
minimum harmonisation	最低程度协调	1.9, **5.8**
N		
network services	网络服务	2.1, 2.12
O		
optional instrument	选用性工具	6.7, 6.14

(续表)

原文	中译	边码
——blue button approach	——蓝色按钮方法	6.7, 6.14
——conflict of law provisions	——法律规定的冲突	6.18
over-protection	过度保护	5.9, 7.1
P		
pacta sunt servanda	契约严守	1.2
prescription periods	诉讼时效	4.5
Principles of European Contract Law (PECL)	《欧洲合同法原则》	0.10, 6.8, 7.15
Principles of International Commercial Contracts (PICC)	《国际商事合同通则》	0.10, 7.15
procedural autonomy	程序自主	4.4, 4.11, 4.15, 4.31
"purely internal matters/situations"	"纯粹内部事务/情形"	1.9
R		
regulatory civil law	规制性民法	0.9
res judicata	既判力	4.15
reverse discrimination	反向歧视	1.8
rule of law (*Rechtsstaatlichkeit/ état de droit*)	法治(法治国)	0.2
S		
sales law	买卖法	2.8
services of general economic interest	普遍经济利益的服务	3.19
——solidarity	——团结	3.19
——universal service obligation	——普遍服务义务	3.19, 3.19a
social action (by trade unions)	(工会的)社会行动	5.12
social justice/policy	社会正义/政策	1.20, 2.1, **2.8**
social market economy	社会市场经济	1.1, 5.14

(续表)

原文	中译	边码
subjective rights under EU law	欧盟法上的主观权利	0.6, **4.31**
substantive justice (*Sachgerechtigkeit*)	实质正义	0.2
T		
transparency	透明度	5.2, 5.8, **7.5**
U		
unfair terms	不公平条款	
——in B2B	——商事合同中的不公平条款	6.13, 6.22, 7.4
——in B2C (*see also ex officio* control)	——消费者合同中的不公平条款（亦参见依职权审查）	7.5
——black and grey lists	——灰清单和黑清单	7.8
ubi ius ibi remedium	有权利，就有救济	4.7, **4.10**, 4.27
W		
working time	工作时间	2.1
——Directive (WTD)	——《工作时间指令》	2.2
——on call duties	——待命义务	2.3
——paid annual leave	——带薪年假	2.4

著作权合同登记号　图字:01-2017-2183
图书在版编目(CIP)数据

欧盟民法基本原则/(德)诺贝特·赖希著;金晶译.--北京:北京大学出版社,2024.8.--ISBN 978-7-301-35469-8

Ⅰ.D950.3
中国国家版本馆CIP数据核字第2024XJ9904号

General Principles of EU Civil Law, by Norbert Reich
© 2014 Intersentia nv Publishing
本书原版由Intersentia出版公司于2014年出版。本书简体中文版由原版权方授权翻译出版。

书　　　名	欧盟民法基本原则 OUMENG MINFA JIBEN YUANZE
著作责任者	〔德〕诺贝特·赖希（Norbert Reich） 著 金　晶 译
策划编辑	陆建华
责任编辑	陆建华　李 蹊
标准书号	ISBN 978-7-301-35469-8
出版发行	北京大学出版社
地　　　址	北京市海淀区成府路205号　100871
网　　　址	http://www.pup.cn　http://www.yandayuanzhao.com
电子邮箱	编辑部 yandayuanzhao@pup.cn　总编室 zpup@pup.cn
新浪微博	@北京大学出版社　@北大出版社燕大元照法律图书
电　　　话	邮购部 010-62752015　发行部 010-62750672 编辑部 010-62117788
印 刷 者	南京爱德印刷有限公司
经 销 者	新华书店
	880毫米×1230毫米　A5　11.375印张　262千字 2024年8月第1版　2024年8月第1次印刷
定　　　价	69.00元

未经许可,不得以任何方式复制或抄袭本书之部分或全部内容。
版权所有,侵权必究
举报电话:010-62752024　电子邮箱:fd@pup.cn
图书如有印装质量问题,请与出版部联系,电话:010-62756370